高等职业教育"双高"建设成果教材
高职院校公共基础课能工巧匠系列教材·劳动教育类
高等职业教育新形态一体化教材

劳动实践指导手册

主编　王兴立　张毅哲　田朝晖

副主编　朱学荣　李彬　郭宇　王艳龙　高妍　刘泽利

主审　谭属春

中国教育出版传媒集团
高等教育出版社·北京

内容提要

本书是高等职业教育"双高"建设成果教材，是高等职业教育新形态一体化教材。本书贯彻落实党的二十大关于发展素质教育、弘扬劳动精神的相关要求，落实立德树人根本任务，紧扣中共中央、国务院印发的《关于全面加强新时代大中小学劳动教育的意见》和教育部印发的《大中小学劳动教育指导纲要（试行）》文件精神，由多所高职院校共同编写。

全书分为四篇：走进生活劳动，创造美好生活；体验不同职业，感悟劳动精神；投身社会服务，领悟劳动真谛；提高安全意识，保障劳动权益。通过"劳动观摩站""劳动体验站""劳动赋能站""劳动提升站"，以故事讲道理，树立劳动榜样和职业模范，根据职业岗位设计实践体验项目，帮助学生由外而内地理解劳动精神、劳模精神、工匠精神在具体劳动中的作用，从而形成良好的劳动品质和职业素养，成为新时代的高素质技术技能人才和能工巧匠。

本书以二维码链接的形式辅以生动的职业体验视频，让学习者身临其境地感受职业魅力，同时配套开发了教学课件、电子教案等数字资源，方便学习者使用。

本书既可作为高等职业院校劳动教育课程的实践教材，也可作为将劳动教育融入专业教育的参考书籍。

图书在版编目（CIP）数据

劳动实践指导手册 / 王兴立，张毅哲，田朝晖主编
. -- 北京：高等教育出版社，2023.9
ISBN 978-7-04-060697-3

Ⅰ．①劳⋯ Ⅱ．①王⋯ ②张⋯ ③田⋯ Ⅲ．①劳动教育 – 高等职业教育 – 教材 Ⅳ．① G40-015

中国国家版本馆 CIP 数据核字（2023）第 109051 号

LAODONG SHIJIAN ZHIDAO SHOUCE

策划编辑	李聪聪	责任编辑	田伊琳	封面设计	李树龙	版式设计	徐艳妮
责任绘图	杨伟露	责任校对	窦丽娜	责任印制	赵　振		

出版发行	高等教育出版社	网　址	http://www.hep.edu.cn
社　址	北京市西城区德外大街 4 号		http://www.hep.com.cn
邮政编码	100120	网上订购	http://www.hepmall.com.cn
印　刷	唐山嘉德印刷有限公司		http://www.hepmall.com
开　本	787mm×1092mm　1/16		http://www.hepmall.cn
印　张	14.5		
字　数	290 千字	版　次	2023 年 9 月第 1 版
购书热线	010-58581118	印　次	2023 年 9 月第 1 次印刷
咨询电话	400-810-0598	定　价	34.80 元

本书如有缺页、倒页、脱页等质量问题，请到所购图书销售部门联系调换
版权所有　侵权必究
物 料 号　60697-00

前言

实践教学是职业教育的主要教学内容之一，是提高职业院校人才培养质量的重要保障，也是职业教育的特色所在，它与理论教学共同构成了职业教育完整的人才培养体系。在职业院校劳动教育中，劳动实践更是具有不可替代的作用，职业院校迫切需要建立实践导向的劳动教育体系，职业院校劳动实践的有效开展，也需要一本适应职业院校劳动教育特点的劳动教育教材予以指导。2020 年 3 月 20 日，中共中央、国务院印发的《关于全面加强新时代大中小学劳动教育的意见》（以下简称《意见》）明确提出，要根据需要编写劳动实践指导手册，明确教学目标、活动设计、工具使用、考核评价、安全保护等劳动教育要求。根据《意见》的要求和职业院校劳动教育实践的需要，我们组织编写了这本《劳动实践指导手册》。

本书的劳动实践项目，分为日常生活劳动、生产劳动和服务性劳动三大类。日常生活劳动项目选取整理收纳和奶茶饮品制作，帮助学生认识到生活劳动不仅是人们日常生活的需要，而且随着社会的发展和人民生活水平的不断提高，掌握生活劳动技能对自己今后的职业发展也很有益处，甚至生活劳动本身也能成为一门职业，从而引导学生形成追求美好生活的观念。生产劳动项目从学生未来职场的真实场景出发，选取农林牧渔大类、土木建筑大类、装备制造大类、财经商贸大类、交通运输大类、电子与信息大类、医药卫生大类、文化艺术大类、教育与体育大类等九个专业大类，指导学生体验不同的职业岗位，了解不同专业大类生产劳动的特点和职业素养，在具体的生产劳动中领悟劳动精神、劳模精神和工匠精神。服务性劳动项目选取志愿服务和社会实践，鼓励学生在服务社会的过程中提高劳动能力和劳动素养。此外，本书还设计了应急调查评估和维护劳动权益两个实践活动，引导学生树立正确的劳动安全意识和劳动权益保护意识。

本书主要有以下特点：

一是紧扣党和国家要求及相关文件精神。首先，本书深入贯彻落实党的二十大关于弘扬劳动精神、奋斗精神、奉献精神、创造精神、勤俭节约精神的相关要求，围绕我国"建成现代化经济体系，形成新发展格局，基本实现新型工业化、信息化、城镇化、农业现代化"的发展目标来选取供学生实践体验的专业大类，密切联系"高质量发展""科教兴国""人才强国""创新驱动发展""绿色发展""劳动者权益保障"等内容，引导学生尊重知识、尊重人才、尊重创造，走技能成才、技能报国之路。其次，本书依据《意见》，按日常生活劳动、生产劳动、服务性劳动进行了篇章设计，并在此基础上，结合职业教育实践特点，考虑到劳动安全和劳动权益对职业院校毕业生在从事具体职业时的重要性，增加了"提高安全意识　保障劳动权益"的章节，由此构成了本书的四个部分。再次，《意见》指出，劳动教育的目标是培养学生的劳动精神、劳模精神、工匠精神。因此，我们在具体的劳动实践体验项目后，设计了"总结、反思与评价"环节，重点引导学生领悟劳动精神、劳模精神、工匠精神，从而提升学生的劳动技能、劳动面貌及劳动素养，为学生未来的职业发展和专业成长提供坚实的保障。最后，教育部印发的《大中小学劳动教育指导纲要（试行）》强调，职业院校的劳动教育要融入专业教育，本书的实践体验项目覆盖了多个专业大类，职业院校可以用本书指导学生进行劳动实践体验，也可以参考书中的劳动实践体验项目进行专业课程或实训课程设计，从而促进劳动教育与专业教育的深度融合。

二是突出职业教育和实践教学特色。实习实训是职业院校开展劳动教育的主渠道，但如果不在实习实训中贯穿正确的劳动教育，不注重劳动精神、劳模精神、工匠精神和劳动品质的培养，没有让学生明白"为什么要劳动""应该怎样劳动"，就会导致"有劳动而无教育"。因此，将劳动教育融入专业实习实训和社会实践，是职业院校劳动教育的一个重要特点。为此，本书按专业大类来设计劳动实践体验项目，考虑到不同专业的学生具有不同的职业体验需求，我们设计了十一个不同的职业岗位实践体验项目，拓展了教材的覆盖面和使用范围。这在以往的教材中是少有的。学生除了体验自己所学专业大类的劳动实践项目，还可以依据自己的兴趣体验其他专业大类的劳动实践项目。为此，我们在选择体验的职业岗位时，尽可能选择具有一定普适性的岗位，即使学生学的不是这个专业，也能体验这个专业劳动实践项目的乐趣。同时，在劳动实践项目的选择、设计及实施过程中，我们注意对接相关职业要素的操作性和工作成果的可测性，通过巩固理论知识和淬炼技艺的方式，使学生通过生存锻炼、劳动参与、社会体验，坚定劳动信念、巩固劳动价值观，让学生获得更好的成长和发展。

三是突出以学生为中心的育人特色。首先，在教育目标上，本书紧紧围绕着培养德智体美劳全面发展的学生这一理念，在劳动教育中培养学生的劳动品质，提升学生的劳动素养，让学生养成良好的劳动习惯。在"劳动赋能站"环节，除了引导学生感悟劳动精神、劳模精神、工匠精神，我们还引导学生总结在劳动实践体验中的收获和感受，以提升其职业认同感；引导学生对劳动态度、劳动效率、劳动技能等方面进行评价，以提升学生的劳动素养，使其养成良好的劳动习惯。其次，在教材内容的选择上，本书充分考虑学生专业成长和职业发展的需要，案例主人公以贴近学生的职业院校毕业生为主，有助于学生产生共鸣，以达到育人效果。同时，我们在选择体验的职业岗位时，以学生毕业后可能从事的岗位为主，为学生日后的职业规划和职业发展提供实践经验。最后，尊重学生的主体地位，注重学生的实践体验。全书没有通篇进行理论灌输，而是让学生在劳动实践中自我体验，从而领悟劳动真谛，提升劳动能力。

四是体例新颖、可读性强。本书采用"故事+体验+反思+拓展"四位一体的编写体例。"劳动观摩站"以故事讲道理，树立劳动榜样和职业模范，并创新地设立了"某职业岗位工作人员的一天"，让学生能够了解劳动者真实的工作状态；"劳动体验站"以具体的职业岗位设计实践体验项目，使学生能够体验到具体而真实的职业岗位，切身接触到具体岗位的工作要点和操作流程，由外而内地理解劳动精神、劳模精神、工匠精神在具体劳动中的作用；"劳动赋能站"着重引导学生对劳动精神和劳动品质进行总结和反思，让学生既有劳动获得感，又能反思并提高自身的劳动素养和劳动能力；"劳动提升站"引导学生在具体职业岗位体验中，形成对各专业大类生产劳动特点与职业素养要求的认识和理解，并通过拓展阅读，提升专业劳动素养，塑造劳动品质。在呈现方式上，本书尽量贴近当代职业院校学生的兴趣特点，尽可能减少长篇大论，以图片或表格形式呈现教学内容，使教材内容更加直观，并以二维码的形式链接了视频等资源，丰富了教材内容的表现形式。在语言表达上，本书用通俗易懂的语句对知识、理论进行生动的讲解，提高了教材的可读性。

本书由深圳职业技术大学联合内蒙古建筑职业技术学院、呼伦贝尔职业技术学院等职业院校共同编写而成，成立了跨省区协作的劳动教育教材研究与编写团队。本书是集体智慧的结晶，主编及编写组成员都是长期深耕于职业教育教学实践一线的学者、教师和思想政治教育工作者，具体编写分工如下：王兴立、张毅哲、田朝晖担任主编，朱学荣、李彬、郭宇、王艳龙、高妍、刘泽利担任副主编，谭属春担任主审。全书由张毅哲设计编写思路，王兴立拟订写作框架，前言由王兴立、张毅哲、田朝晖撰写，第一章由李玥衡撰写，第二章由袁懿撰写，第三章由朱学荣、李彬、郭宇、高妍、魏波撰写，第四章由杨柳撰写，第五章由龚涛、甘增康、任雨、嵇建成、廖芝俊撰写，第六章由王威撰写，第七章由张毅哲、刘泽利、林佳铭撰写，第八章由吴志远撰写，第九章由张莎莎撰写，第十章由谢贤盼撰写，第十一章由吴玲楠撰写，第十二章由王兴立撰写，第十三章由刘青撰写，第十四章由杨鑫刚撰写，第十五章由吴小波、袁帅、李锦怡撰写，王兴立、张毅哲、王艳龙完成统稿工作。

在本书编写过程中，我们参考了大量学术界关于劳动教育的理论研究和实践探索成果，海涵律师事务所劳法团队在"保障劳动权益"的内容上提出了专业的指导，农业农村部规划设计研究院杨照、内蒙古通辽市开鲁县农业技术推广中心刘波等同志在"现代农业生产劳动"的内容设计、资料搜集方面给予了专业指导。高等教育出版社克服时间紧、任务重的困难，为本书的出版做了大量工作，编辑李聪聪、田伊琳对本书提出了不少建设性意见。在此一并致以衷心的感谢！

受编写团队水平所限，本书难免存在不足之处，敬请广大师生批评指正。

编　者
2023 年 4 月

目录

第三篇　投身社会服务　领悟劳动真谛

第四篇　提高安全意识　保障劳动权益

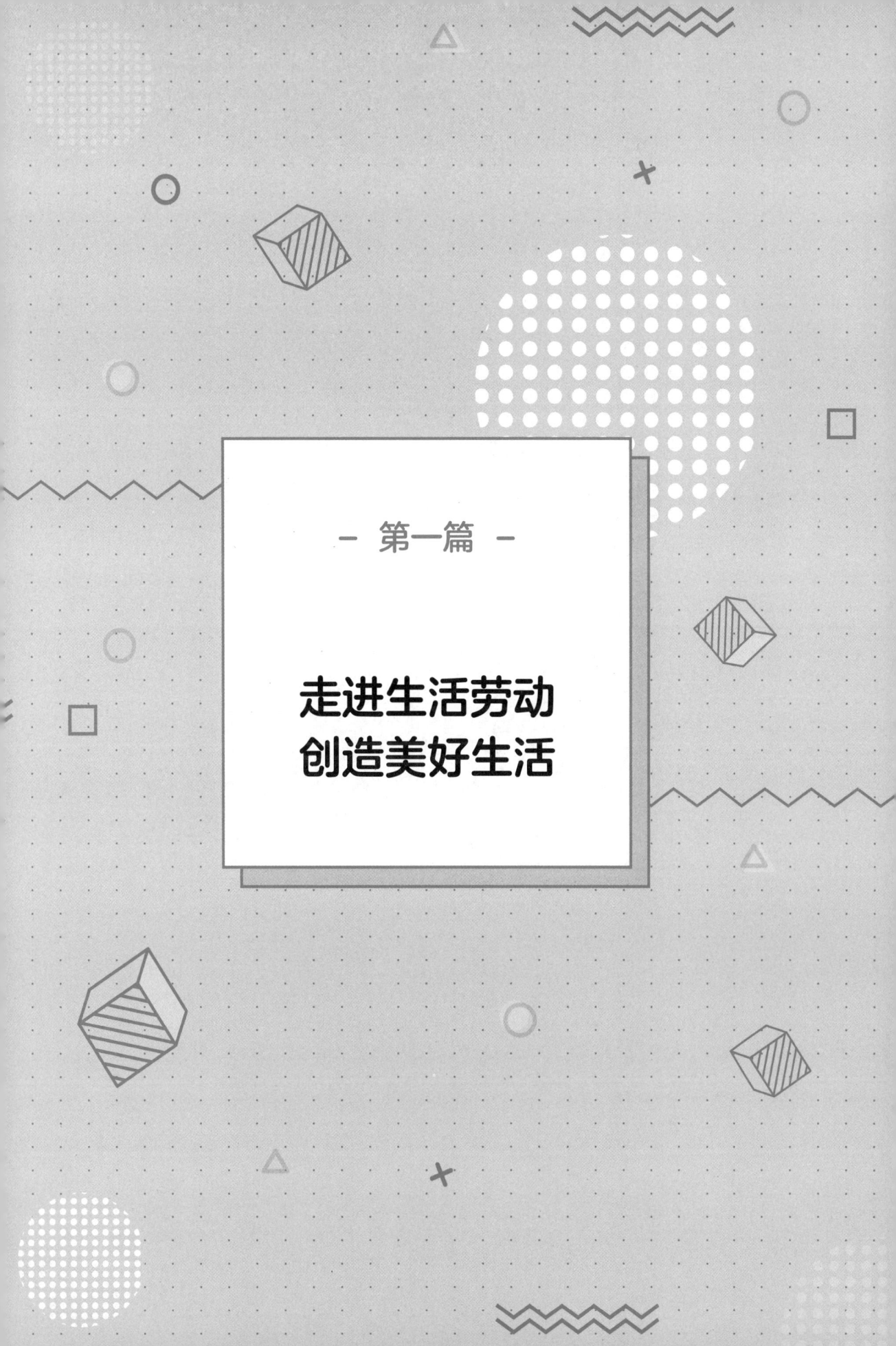

- 第一篇 -

走进生活劳动
创造美好生活

第一章

追求美好的整理收纳师

学习目标

1. 知识目标： 通过学习整理收纳方法，了解整理收纳的意义和价值，掌握整理收纳的正确思路、步骤、方法，掌握空间动线设计的基本思维。

2. 能力目标： 通过完成个人空间的整理收纳，具备管理物品和生活空间的能力，具备对物品进行分类、取舍的能力，以及空间结构利用的能力，提升动手能力。

3. 素养目标： 通过学习、体验、反思、拓展，提高自身的劳动素养，树立正确的生活观，具有追求美好生活的意识。弘扬勤俭节约、珍惜劳动成果、热爱劳动的精神。

随着人们对美好生活的不断追求，整理收纳成为人们追求高质量生活的必备技能之一。整理收纳也是大学生宿舍生活的重要部分，整洁、干净、有序的宿舍环境，可以营造良好的学习氛围，提高宿舍生活质量。

2021 年 7 月，《中华人民共和国职业分类大典（2022 年版）》正式将整理收纳师纳入职业范畴。整理收纳服务的诞生是家庭生活服务从传统代劳型服务向智力咨询型服务的进阶，是生活服务的全新业态。未来，整理收纳领域还将不断细分，如衣橱整理、儿童空间整理、企业公司办公环境整理，等等。整理收纳师将通过提供服务与传授技能，帮助人们收获高效的生活方式，从而提升生活品质。本章将带领同学们体验整理收纳师的职业劳动。

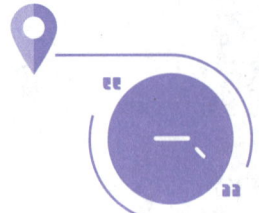

一、劳动观摩站：整理收纳师的成长之路

（一）劳动金句

人民对美好生活的向往，就是我们的奋斗目标。

——习近平《人民对美好生活的向往，就是我们的奋斗目标》

（二）职业讲堂

整理收纳师的职业成长之路

整理收纳课程（一）

李玥衡是一名热爱美、创造美的创业者，拥有十多年的形象美学教育经验，她的学员多达3万人。在为人们做形象服务的过程中，她发现，衣橱凌乱给人们的服饰搭配、形象管理带来了很大的困扰，尤其是居家空间物品严重堆积、凌乱不堪，这已经成为令越来越多人烦恼的问题。2017年，李玥衡结合整理收纳系统知识开始设计"衣橱魔法"专业教学体系，并进行了知识产权申报。2021年，整理收纳师正式成为人社部认证的新职业之一。在市场需求的推动下，李玥衡的教学范畴开始由原来的形象管理，拓宽到全屋整理收纳服务以及空间美学的教学。

"每一个家都可以变得更美。梳理物品其实就是在审视自己过往的消费习惯，更深地去关注自己的需求。生活的品质不是盲目消费就能带来的，盲目消费带来的往往只是堆积和凌乱，那是更大的压力和浪费。生活的品质是让一切井然有序，整理收纳的目的不仅仅只是为了整齐，而是真正让物品更好地为人服务。"李玥衡这样说。她把这种管理物品、创造空间美感的能力生动地称为"美家魔法"。

李玥衡的"美家魔法"是在一次又一次的整理收纳服务中积累出来的。在每次上门为顾客做服务之前，李玥衡和她的团队伙伴都会提前与顾客进行深度的需求交流，了解顾客的家庭成员、工作形态和生活习惯。同时，她还会提前上门了解顾客家的居住面积和房屋结构特点，根据顾客想要解决的问题，结合房屋格局、家居收纳容量、物品体量等现状，为客户定制专业的整理收纳解决方案。

到达顾客家之后，李玥衡团队的每一位整理收纳师都会带上白手套，在门口换上拖鞋，根据前期详尽、专业的整理收纳方案，开始有条不紊地实施整理收纳的每一步。从物品分类到收纳，再到空间调整，经过一天的整理收纳，原本杂乱无章的家变得井然有序、焕然一新。

李玥衡说："整理收纳不是清洁打扫，也不是简单的家政服务。真正的整理收纳需要对人、对空间、对物品、对生活有很细微的观察力和感受力，这是一种用空间创造美的能力。"

除了希望通过自己和团队专业的服务带给顾客美好的居家环境以外，李玥衡更希望传播一种美好的生活方式。为此，李玥衡在平时也会经常进行沙龙分享，开展有关收纳整理的线上和线下课程教学。她希望让更多的人学会管理空间、管理物品、创造美，减少物品的随意消费、囤积甚至丢弃，用更环保的方式打造美好的生活。这种生活方式和劳动能力的传播，可以增加人的生活幸福感。做这样的事情，李玥衡觉得非常有价值、有意义。

案例分析：在李玥衡身上我们可以看到，日常生活劳动不仅能美化自己的生活，而且能成为一种职业，从而实现自己的人生价值。从一名形象美学老师转变为一名整理收纳师，不断拓宽自己的专业范畴和实践领域，不仅体现了李玥衡对生活的热爱、对美好生活的追求，也展现了她崇尚劳动、热爱劳动、辛勤劳动、诚实劳动的精神。

（三）整理收纳师的一天

7:00—7:30　吃好早餐，与今日一起工作的伙伴电话梳理需要准备的工具和物品，然后出发去顾客家。

8:15—8:50　团队在顾客家楼下集合，为今日的整理收纳上门服务做集中检查。检查形象，调整状态，梳理流程，检视工具。

8:50—9:00　准时到达顾客家门口。佩戴白手套，换拖鞋，做自我介绍，准备开始工作。

9:00—9:30　与顾客沟通今日整理收纳工作的顾客须知，就整理收纳方案和步骤与顾客再次商议并达成共识。

9:30—10:30　开始定位工作区域，集中整理工作。小组分工、分区域开展，先从主卧衣橱开始。

10:30—12:00　与顾客一起对物品进行集中整理分类，并做取舍，将不需要的物品筛选出来，做流通处理。

12:00—13:00　午餐时间，稍做休息。

13:00—15:00　开始对物品进行收纳。将不同类别的物品，用合适的收纳方式、收纳工具进行收纳，过程中需考虑物品的使用频率和放置位置。

15:00—15:15　稍做休息。

15:15—17:00　分区域收纳，考虑物品之间的关联性，将物品有序入柜，定位放置。

17:00—18:00　用标签对物品进行标注。为顾客讲解物品放置位置及收纳思路。

18:00　请顾客签名确认今日的整理收纳服务。

18:00—19:00　离开顾客家并返程回家。

二、 劳动体验站：体验整理收纳

（一）整理收纳实践准备

1. 了解整理收纳的意义

（1）整理收纳是一种"智慧"。整理收纳是充满智慧的劳动，其本质是在"人""物品""空间"之间创造一种平衡与和谐的关系。整理收纳需要对空间功能进行整体规划，仔细观察环境结构，充分了解客户需求，充分尊重他人价值观。在实施整理收纳的过程中，整理收纳师还需要发挥创造力，运用不同的工具和方法，实现物品的有序摆放，创造美好的空间。因此，整理收纳绝不是单纯的体力活，而是不能缺失"智慧"的劳动。

（2）收拾与整理的差异。收拾并不完全等于整理。很多时候，收拾只是表面上将物品摆放整齐，而没有对物品进行有意识地分类和归纳。整理则是着重于梳理物品，了解物品的类别和数量。整理不需要每天进行，定期（如三个月、半年、一年）进行一次就可以。如果在一次彻底整理之后，始终保持物品适量、及时归类的状态，你的生活空间就能长久保持有序。可以说，整理更多的是在有意识、有目标地梳理物品与使用者之间的关系。

（3）整理收纳的积极作用。一是节省金钱和时间。整理的关键在于把不需要、不想要和不喜欢的东西清理掉，把物品精简至可管可控的数量，从而帮助人们轻松找到需要的物品。在商品供应丰富时代，我们有时很难分辨自己是否有消费需求，因此主动选择和放弃变得更有难度。整理能使人厘清自己物品的类别与数量，不必再花冤枉钱去购买重复的东西，节省了金钱和时间，从而提高家庭财务的管理效率。二是改善空间状态。人对空间的感受取决于空间的状态和使用者的整理习惯。干净、有序、整洁的空间不仅能让人心情愉悦，还能给个人形象加分。三是提升自信、放松身心。干净、整齐的居所环境能提升人的自信，使人身心得到放松，而且能够帮助人们抵御购买不必要物品的诱惑，从而有更多的时间做更有意义的事。

2. 明确整理收纳的目标

整理收纳的终极目标并不是将空间清理干净，而是将整理变成习惯。即使房间变得乱七八糟，我们也可以使其井井有条；即使生活发生变化，我们也可以立刻针对现状做相应调整。为了实现这个目标，应该从明确自己的价值观开始。具体的方法是：问问自己"我到底喜欢什么""我到底在乎什么""我想过怎样的生活"等一系列问题，把自己当作服务对象，通过询问自己，我们就能确定自己内心的优先顺序，在决定物品的取舍和配置时，就会减少很多犹豫和困惑。

3. 设计空间分区

观察空间的面积、结构、界面、功能分区。空间整理规划的依据是生活空间一定要"像极了主人"，专业的空间整理收纳师会根据居住者的年龄、性别、性格、爱好、习惯等来规划整个房间物品的摆放。让居住者感觉最顺手、最舒服。具体规划如下：

（1）根据居住者的身体数据（如身高、体重等）来进行空间尺寸的初步规划。

（2）根据不同居住者（如老人、儿童、成年人、残障人士等）的各种行为习惯（如移动、坐、躺、立、换鞋、拿取物品、刷牙洗脸、换衣服等），对不同空间进行细节考虑。

（3）规避或改变居住者不合理的行为习惯。

4. 准备收纳工具

（1）在收纳工具的选择上，有"四个适合"要注意。

① 工具要适合物品的数量。无论面对哪类物品的整理，首先需要确定的是物品数量，如果同类物品数量过多，会带来视觉压力和心理压力。同时，如果不考虑需要收纳的物品实际数量，就无法确定所需收纳工具的数量，很可能工具准备不足或者剩余。

② 工具要适合物品的形态。要考虑物品的形状特点，选择适合物品形态的收纳工具。收纳工具要贴合物品形态，方便拿取。

③ 工具要适合物品的属性。针对不同物品的属性选择不同的收纳工具，比如厨房用水区的收纳工具需要选择不怕潮湿的材质和类型，某些药品需要遮光收纳等。

④ 工具要适合收纳的位置。给所有物品一个合适且固定的收纳场所，方便使用者快速找到。需要充分利用好现有的空间结构，贴合空间尺寸。为了最大限度地发挥柜体的收纳效用，应该量好柜体内部的净尺寸，再挑选与之匹配的统一容器。

整理收纳课程（二）

（2）统一收纳工具。如果说收纳有捷径的话，"统一容器"必然是其中最迅捷的一条。

统一收纳工具可以提升空间收纳容量，同时摒除杂乱信息对眼睛和大脑过多的干扰，具有隐藏物品的作用，给人以空间更大、更加整洁的感觉。统一收纳工具可以从不起眼的衣架开始（大多数家庭的衣架大小、材质、颜色都非常不统一）。

在容器的选择上，要注意以下五个关键点：

① 优选方形。选择容器时，不要轻易选择那些外观独特、造型华丽的，实用、高效应该放在第一位。从空间有效利用的角度看，容器的外观应首选简洁朴素的长方体（图1-1），因为它的容量比同样规格的圆柱形和异形容器大得多。

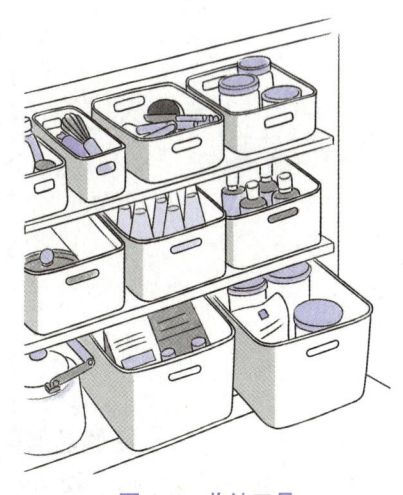

图1-1 收纳工具

② 易于堆放。为了充分利用垂直空间，容器需要易于堆放。如果容器材质选取塑料布艺的、底面窄小的或盖子有凸起的，显然不能满足堆放要求。

③ 外表美观。选择容器之前要判断这个容器是展示出来的，还是放在柜子里面纯粹收纳物品用的，因为两者的选择标准截然相反。放在外面的容器，它本身就是家中美好细节的一部分，可以挑选材质与家中装饰风格相匹配的、外形美观耐看又不显突兀的收纳工具，如可以选择做工精良的塑料容器或藤编、铁皮、玻璃、纸艺、布艺容器等。

④ 方便查找。如果要放在柜子里面盛放杂物，尽量选择透明可视的收纳工具，这样即使不打开盖子也能一目了然。收纳高频使用的物品可以不带盖子，因为一旦带了盖子，不但看不清里面的具体物品，拿和放的步骤也会变得烦琐。至简的收纳，应使人在拿取物品和将物品放回原处时，仅用一个步骤就可以完成，让物品可随时归位。

⑤ 多处通用。收纳容器应尽量多采购"通用型容器"，避免配置过度细分的"专用型容器"。比如家中常备药品很多，这时无须购买专门的药品箱，而是可充分利用家里不同的柜体空间，根据物品数量变化灵活调整，相互置换调用，充分发挥"统一容器"的便利性。

（二）整理收纳过程与操作要点

1. 物品整理分类

整理是梳理物品的类别以及数量，并建立物品的分类规则。以类别来进行物品管理是设计收纳方案的前提，将物品进行分类归纳，用规则代替记忆。

分类需要做得层层深入、清晰、具体、有指向性。分类做得越深入、越细致，物品的秩序越清晰，使用时就越容易找到各类物品的具体位置。分类规则没有唯一性，可以根据不同的使用者、不同的生活工作场景采用不同的物品分类规则，一切以便于使用者记忆为原则。图1-2展示了学生个人空间物品分类的一种方式。

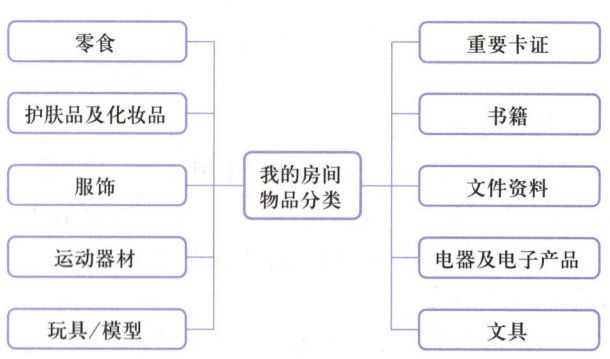

图 1-2
学生自我空间物品分类范例

2. 物品取舍与流通

（1）物品的取舍方法。对集中起来的同类物品进行取舍时，不应只关注物品本身的属性，而应从使用的角度出发，按照"物品会不会被再次使用"为标准将物品分为三类。第一类是还会再次使用的物品，这类物品要放入保留区，准备分类收纳；第二类是已经不会再次使用的物品，这类物品要放入流通区；第三类是不知道会不会再次使用、暂时做不了取舍决定的物品，这类物品可以放入待定区。待定区的物品可以继续进行筛选、取舍，也可以单独存放起来，并设定一个期限，如一个月、三个月、半年、一年等，在此期限内如果从没想起过或使用过，就可以将物品放入流通区。

整理收纳课程（三）

取舍物品时最重要的是速度。面对集中的物品，从手边的物品开始，一件一件拿在手上筛选判断，可以用手机定时，10秒之内决定物品是去、是留，还是待定。快速取舍时需要密集地做决定，决断力弱的人在取舍过程中会很快感到疲劳和焦虑。快速做决定可以培养和提升决断力，也有利于提升专注力。

在取舍时进行适当的记录很重要。可以建立整理工作的专门文件夹，保存你的整理计划、整理前后的对比照片、整理过程记录的物品保留数量和流通数量，并制成一目了然的表格等。

（2）物品的流通方法。① 送。送给亲朋好友，也可以进行捐赠（应确认对方需要再送）。② 卖。通过二手闲置品交易平台进行转卖。③ 换。邀请朋友一起来家里进行物品交换，将物品再次分配。④ 吃。将准备舍弃但仍可以食用的食物，尽快吃掉。⑤ 扔。对不会再使用的物品或已无价值的物品，可以直接当作垃圾分类处理。

3. 物品收纳

收纳是整理后给物品安家的过程，核心要求就是让物品好拿好放。收纳要考虑使用者、物品、环境，考虑放什么、放哪里、怎么放。分好类别的物品应根据其使用频率、使用场景，再考虑不同的空间结构，分别采用不同的收纳方式，收纳在不同位置。

（1）集中原则。终结散乱，唯有集中。在收纳时，同一类别、同一用途、同一个人的物品以及同一场合需要使用的物品可以集中收纳。按物品类别集中收纳是家庭收纳系统的基础。集中收纳最大的好处是分区明确，同类物品有多少量和能使用多久一清二楚，既能避免盲目购买，也方便寻找。为了方便每个家庭成员管理自己的物品，同一个人的物品也应尽可能地集中收纳。每个物品都有自己的收纳位置，有需要时就能知道去哪里找；在打扫收拾时，个人的物品也方便自己来整理。集中收纳以后，物品有多少量、日常会有哪些生活场景、完成一件事情需要哪些流程和哪些物品，都会越来越清晰，这也是一个自我认识、自我探索的过程。

（2）竖立原则。竖立指的是家中所有一切能竖立起来或借辅助收纳工具能竖立起来的物品，都可以竖立起来收纳，最典型的就是书籍。实际上，家里的衣服、书籍、文具、工具、锅具、碗盘、玩具等都可以竖立起来收纳（图1-3）。与竖立收纳相对的是平铺收纳。这两种方法的不同点有：平铺收纳时，物品是一层叠一层，而竖立收纳时物品之间是相互独立的；平铺收纳时上层物品会压着下层物品，有些比较脆或容易变形的物品就不能铺太多层，最多竖立收纳则没有这个限制；平铺收纳时，从中间或下层拿物品时会打乱上层的物品，但竖立收纳时，取放物品都不会扰乱周边的物品，非常方便。

整理收纳课程（四）

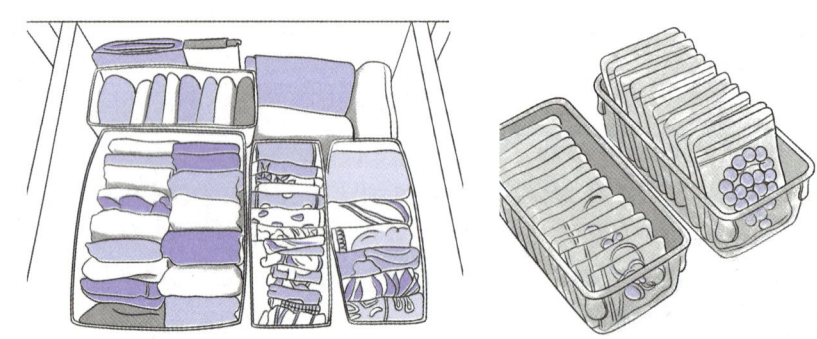

图 1-3
竖立原则的物品摆放

要让衣服、书籍、文具、工具、锅具、碗盘、玩具甚至塑料袋等都能实现竖立收纳，需要一定的方法，有时需要借助能够竖立的辅助工具，如餐盘架、文件盒、书立等。

（3）规律性。规律性指同类型的物品在展示时往往长度、形状、朝向都一样，悬挂间隙也一致，达成统一，呈现出几何美感，这种陈列美学也可以运用到生活空间的整理中。

（4）留空原则。家中所有能看到的空间，如台面、桌面、墙面、地板等，都是可视收纳空间，应尽量留空。居住空间不单单是睡觉休息的地方，更是放松身心、体验愉悦的场所，使用者必须拥有足够的伸展空间。留空这一条原则可以用来检验家中物品的流动性是否良好，个人对待物品采购是否足够的清醒和克制。生活是动态的，物品在时间轴上总会有过期或者过时的时候，想要在空间上和视觉上做到适当留空，就需要减少家中物品的总量，或者更换更大的居住空间。但是不管采用什么办法，最终呈现出来的空间状态都取决于人。如果不改变个人的生活方式和消费习惯，即使空间再大，物品也会不知不觉地塞满整个空间。

（5）收纳的具体手法。根据不同的空间、不同物品的特点，需要用到各种不同的收纳手法与工具。而各种各样的收纳手法背后的思路都可以归纳为"摆、挂、叠、卷"四大类。根据不同的空间特点和物品数量的多少，可从这四大类收纳手法来具体考虑物品收纳的解决方案。

① 摆放。摆放是适用于所有平面空间的常用收纳手法。摆放最常用于桌面、台面、承板、柜体内部隔板。餐具、书籍、化妆品、工艺品、提包、帽子等不适合叠压的物品，都适合运用摆放的收纳手法。

② 挂放。挂放主要运用在纵面空间。在平面空间有限的情况下，可以将纵面空间的收纳容量充分拓展。借助适当的收纳工具，衣物、提包、帽子、各种劳

动工具等都可以通过挂放来收纳。挂放可以充分拓展墙面、门板、柜体内部、挂杆等的收纳容量。

③ 叠放。叠放是衣物、布艺制品的常用收纳手法。叠放可以让衣橱扩容25% ~ 100%，用有限的空间最大限度地收纳服装。叠放最适用于叠放区、抽屉。但是传统的叠放，一层叠一层，物品相互堆叠、遮挡，不易拿取，而且特别容易散乱。在专业的衣橱管理中，衣物、裤子、袜子等都可以通过专业的折叠方式来叠放，并且保持竖立原则，让衣物能站着就不躺着。好的叠放要让物品在不需要移动其他物品的情况下可以独立出入，以最少的拿取动作发挥叠放的最大优势。

整理收纳课程（五）

④ 卷放。卷放是叠放的配合，也是衣物和布艺制品常用的收纳手法，卷放同样非常节约空间。

（6）收纳思维黄金三角。收纳方式、收纳工具、收纳位置都是灵活变化的。既然整理收纳是在平衡人、物品、空间的关系，那么在设计空间收纳方案的时候，最重要的是培养一种整理收纳思维，即"整理收纳思维黄金三角"（图1-4）：收什么、收哪里、决定用什么样的收纳工具和收纳方法。有了正确的思维方式就能举一反三，相同物品在不同生活场景下，需要灵活采用不同的收纳工具和方法。

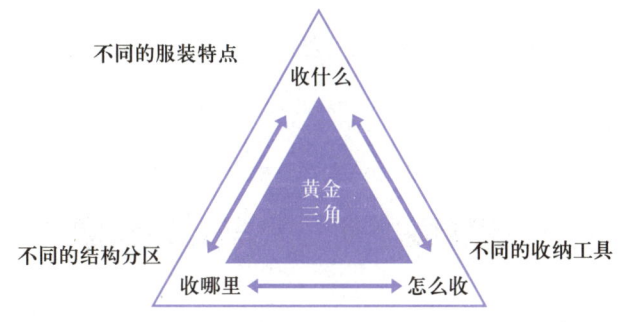

图 1-4
收纳思维黄金
三角

4. 物品位置保持

可以用标签对整理收纳过的物品进行标注，拿取时更加直观，有利于及时还原物品，从而养成长久的习惯。在使用过程中，对于特别容易复乱的区域，要继续思考物品的收纳方式或者放置位置是否合理，从物品分类、放置位置以及收纳方式各方面来思考如何进一步调整和优化。好的收纳会让使用者伸手即取、随手还原，让物品的位置易于保持。

5. 大学生宿舍收纳整理的简易步骤及注意事项

（1）宿舍空间整理收纳简易步骤。① 梳理自我需求。② 了解自己要整理收纳的空间状况，进行尺寸测量。③ 物品分类、取舍，统计数量。④ 为自己做出整理收纳方案。⑤ 选购收纳工具。⑥ 实施整理收纳。⑦ 标识／定位。⑧ 呈现实操成果。⑨ 让自己持续养成习惯。

（2）宿舍整理收纳的注意事项。宿舍是同学们共同生活和学习的集体空间。

宿舍里有公共区域和个人区域，针对个人的床位、书桌和衣柜的整理收纳，可以更多地考虑自己的习惯和需求。对于宿舍的过道、洗漱间等公共区域，需要宿舍成员共同探讨整理收纳方案，包括物品的取舍、物品放置位置、收纳工具的统一，这些同样需要考虑他人的需求以及他人的使用习惯。在动手整理公共区域的时候，应本着尊重他人、尊重集体的态度，这样才能让公共区域整齐有序并长久保持。

宿舍空间是一个整体空间，需要平衡每个人的个性和宿舍的共性。在保留个人喜好的基础上，应尽量加强宿舍整理收纳的统一性，打造整洁美观、统一有序的宿舍空间。

（三）整理收纳成果的展示与分享

整理收纳课程（六）

1. 图片展示

对整理收纳后的房间、宿舍、书桌、衣柜等进行拍照，作为整理收纳的成果展示。

2. 视频展示

录制短视频，记录你的整理收纳过程，将你的成果展示给大家。

3. 体验分享

对比物品、空间整理收纳前后的状态，用文字或语言描述你的感受。

三、劳动赋能站：劳动科学知识积累

（一）整理收纳师的劳动特点

1. 服务对象的个性化

不同的客户有不同的整理收纳需求，整理收纳师需根据服务对象的特点来提供个性化的服务。

2. 劳动环境的不确定性

整理收纳师需要到每个客户的家中，现场进行整理收纳的指导和服务。因此，整理收纳师的工作环境并不是固定在办公室里，而是要经常外出到不同客户的住所，在不同的工作环境中工作。

3. 劳动内容的实践性

整理收纳工作不能只停留在授课或口头指导，很多时候需要整理收纳师亲身示范，或与客户一起完成整理收纳项目。面对不同的整理收纳需求，所采取的整理收纳方案也不同，这些都体现了整理收纳是一项实践性很强的劳动。

4. 劳动时间的灵活性

整理收纳师为客户提供整理收纳方案，到客户住所进行整理收纳指导和服务，都要以客户的时间为主，大多数客户喜欢选择工作日晚上或周末，这就要求整理收纳师的工作时间具有灵活性。

5. 劳动内容的递进化

整理收纳不等于收拾，整理收纳的范围也不单是对空间、物品的整理，还可以是对环境、心灵甚至人生进行规划从而提升生活质量与幸福感。

（二）整理收纳师的职业素养

1. 良好的空间感

整理收纳是基于空间的物品管理，整理收纳师只有具备良好的空间感，才能够设计出合理的空间布局，完成带有美感的空间设计。优秀的整理收纳师应根据不同客户居住空间的大小、布局，制定出科学、合理、舒适、具有美感的整理收纳方案。

2. 积极的生活态度

整理收纳是人们日常生活劳动的一部分，其目的是使生活更加美好。整理收纳师一定是一个热爱生活、懂得生活，并追求美好生活的人，难以想象一个生活邋遢的人能够为别人设计整理收纳方案。同时，整理收纳师要把热爱生活、热爱劳动的精神传递给客户，帮助越来越多的人养成良好的生活习惯。

3. 良好的沟通协调能力

整理收纳师的服务对象是人，每项整理收纳业务都要先和客户沟通，了解客户的困扰、需求以及现有的居住空间等，只有充分掌握这些信息，才能为每个客户量身定做整理收纳方案，满足不同客户的需求。同时，整理收纳师可能还要负责一些线上或线下课程的讲授，这也要求其具有良好的沟通表达能力。此外，整理收纳是一个团队协作的过程，整理收纳师必须具备组织能力，协调好团队工作。

4. 较强的审美素养

整理收纳师的工作就是将空间的美展现出来。有的业主会要求整理收纳师进行一些家居搭配，因此，整理收纳师需要具备一定水平的审美能力，了解当下时代的美学趋势。

（三）整理收纳师职业的意义与发展

1. 整理收纳师职业的意义

（1）整理收纳师是美好生活的建设者和传播者。当前我国社会的主要矛盾已经转化为人民日益增长的美好生活需要和不平衡不充分的发展之间的矛盾。整理收纳职业关注美好、创造美好，与百姓生活息息相关，整理收纳师是美好生活的建设者和传播者。

（2）整理收纳师是给家庭带来幸福的职业。生活空间的状态是影响家庭幸福的一个重要因素。当居住的空间变得整洁有序时，生活在其中的人也能感受到美感和愉悦感，从而不知不觉使家庭中的各种关系，如夫妻关系、亲子关系等得到改善。

（3）整理收纳师是美和环保的使者。在进行生活空间整理收纳指导时，从业人员会结合自身的专业技能为客户量身打造一个美的空间，在这个空间中生活的人，能够通过空间的布局感受到生活中的美。同时，整理收纳师在进行空间整理时，会帮助客户把大量的旧物清理出来，帮助客户按照可以回收再利用、可以闲置流通、可以转赠亲友等处理方式对物品进行分类，使得旧物处理更加环保。从这个角度来说，整理收纳师也是环保的使者。

2. 外国生活空间管理师职业的产生和发展

（1）美国生活空间管理师职业的产生和发展。美国生活空间管理师职业产生于 20 世纪 80 年代。当时的美国，消费主义、享乐主义泛滥，人们在衣食住行方面过分追求品牌与品质。这一时期也是美国购物中心的黄金发展期，丰富的商品、便利的交通、便宜的价格，这些都为人们过度消费提供了良好的条件，也为"整理收纳"的发展提供了物质基础。1985 年，美国整理师协会（NAPO）正式成立，这是整理收纳发展史上第一个全国性质的职业协会。协会发展至今已经拥有约 3 500 名成员，他们一直致力于为个人、家庭和公司提供整理服务，以改善其生活秩序及工作效率。可以说，美国整理师协会的成立是"整理收纳"走向职业化和科学化的标志。

（2）日本生活空间管理师职业的产生和发展。截至 2021 年 3 月，日本人口约有 1.26 亿，人口密度达每平方千米 300 多人（是中国的两倍多）。正因如此，日本住宅非常注重收纳空间的设计。与美国类似，20 世纪 80 年代的日本，整个社会也曾陷入消费狂潮中，"拥有 = 快乐"的思想氛围在社会上持续蔓延，但是日本人的小型住宅容纳不了过多的物品，于是"展示型收纳"应运而生。人们通过各种开放式的高柜，尽可能多地把物品都摆放进去，在容纳更多物品的同时，还要保证一眼就能看到自己拥有的一切。这个时期的"整理收纳"披着收纳的外衣，实则还是为了炫耀自己的消费水平。小空间中的"展示型收纳"风气一直持续到 2000 年，大部分人才开始意识到房间已经无法容纳更多的物品。这时，人们迫切地想要从满屋子物品的状态中解放出来，在这种情形下，"舍弃物品，过上简单生活"的理念逐渐流行。以"扔"为前提的整理收纳方式，开始在日本大受欢迎。2003 年，日本整理收纳专家协会成立，把日式整理推向了新高度。

3. 我国整理收纳师职业的产生与发展

随着生活水平的提高，人们对城市生活环境、家庭生活环境越来越重视，对于美好生活多层次、多维度的需求，让更多人重视起生活环境的打造与空间舒适度的提升。相比过去，更多的人开始追求幸福感和获得感，也更愿意花时间和精力去学习生活空间管理技能，而没有时间学习的人，也更愿意寻求专业服务，从而获得干净整洁的空间环境和居住环境。

在互联网技术快速发展的今天，物流便利，交易便捷，人们足不出户就能购物到家。在轻松获得丰富物质的同时，生活空间杂乱的现象也越来越严重，尤其在一、二线城市，空间的有限与物品的不断增多之间的矛盾愈加凸显。

整理收纳师在中国属于新兴职业，2021年1月人社部正式将整理收纳师纳入职业范畴。《2020中国整理行业白皮书》指出，目前全国接受过职业整理收纳师培训的人数为7 000余人；2019年至2020年，全国新增职业整理收纳师2 200余人，增长势头迅猛。

四、 劳动提升站：总结、反思与评价

（一）整理收纳实践总结

1. 素材总结

整理本次整理收纳工作前后的照片素材，照片能直观地表现整理收纳带给居住空间的变化；对比后，记录自己的感受。

2. 数据总结

总结这次整理收纳的时长、实际使用的收纳工具和耗材，如衣架、不同规格收纳盒的实际使用数量。如果进行了衣橱管理，可统计你所整理收纳的不同类型服装的数量。

3. 经验总结

不断总结实践过程中的经验能帮助自己更快地提升。总结与他人交流的情况，如整个流程的流畅度、效率、配合性、统筹性等。

（二）整理收纳实践反思与感悟

完成整理收纳实践后，要进行自我反思和感悟，从而提升对日常生活劳动的认识，提高整理收纳的能力，并加深对劳动精神的理解。请同学们反思本次实践的过程，填写整理收纳实践反思与感悟表（表1–1）。

表1–1　整理收纳实践反思与感悟表

时间：	地点：	整理收纳效果：
主要整理与收纳的物品与区域		

我的优势（本次实践体验中我做得好的方面）	
我的劣势（本次实践体验中我做得不足的方面）	
我的反思（自己过往不必要的消费习惯和行为习惯）	
我的感悟（对热爱生活、勤俭节约、热爱劳动的精神感悟）	

（三）整理收纳实践自我评价

完成整理收纳实践后，请进行自我评价，填写整理收纳自我评价表（表1-2），为本次实践体验画上一个圆满的句号，为下次实践积累经验。

表1-2　整理收纳自我评价表

姓名：	
整理收纳类别：	
整理收纳区域：	
胜任情况：A. 完全胜任　　B. 基本胜任　　C. 不胜任	
期望尝试整理收纳的区域：	
劳动态度（劳动态度是否积极正面）： 劳动态度积极、主动，时常保持良好的状态完成工作并解决问题	优秀 良好 一般 较差
劳动技能（应用相关知识的能力）： 能掌握比较全面、专门的收纳整理知识，熟悉整理收纳的流程和方法	优秀 良好 一般 较差
劳动效率（完成整理收纳的速度与预期的标准相比）： 高于预期效率，能早于期限完成	优秀 良好 一般 较差

	优秀
执行力（落实并完成整理收纳）： 快速完成常规任务和家庭成员／宿舍室友指派的临时任务	良好
	一般
	较差

拓展资料

1. 书籍：《怦然心动的人生整理魔法》(近藤麻理惠著)

这是一本整理书，也是一本心灵疗愈书。作者按照心动的标准选择物品，在梳理和取舍物品的过程中关注自己的感受，只保留让自己心动的物品，按照物品类别，进行一次性的、彻底的、完善的整理，使人通过整理找回人生决断力，打造美好的空间，找到怦然心动的幸福人生。

2. 书籍：《断舍离》(山下英子著)

本书叙述了"断舍离"的含义，记录了如何做到"断舍离"的具体过程——从"断舍离"的思考模式，到领悟"断舍离"的思想，再到真正进行"断舍离"，本书帮助人们跳出无意识消费，审视自己过往的消费模式，对欲望有所节制。

3. 电影：《怦然心动的人生整理魔法》

该电影讲述的是一位不擅长整理收纳的女子一直过着混乱无序的生活，不断错失情感和事业方面机会，最后通过整理收纳逆转人生，开启新生活的故事。

第二章

热爱生活的调饮师

学习目标

1. 知识目标： 掌握奶茶饮品的制作方法，理解日常生活劳动的意义，并通过劳动赋能站，拓展其他饮品制作的方法和知识。

2. 能力目标： 通过切身体验奶茶饮品制作的过程，具备制作饮品的全流程各环节所需的能力和技巧，具备良好的沟通能力、动手能力，具备调饮师的职业能力。

3. 素养目标： 通过对奶茶饮品制作的学习、体验、反思、拓展，提高自身的劳动素养，树立正确的生活观和价值观，主动追求美好生活，自觉践行热爱生活、热爱劳动的精神。

奶茶是最受大学生欢迎的饮品之一，但可能只有少数人懂得如何制作奶茶。近年来，随着奶茶饮品的流行，奶茶制作师已经成为一种职业。2021 年 1 月 15 日，人力资源和社会保障部官网发布《关于对拟发布集成电路工程技术人员等职业信息进行公示的公告》，调饮师、二手车经纪人、食品安全管理师等 18 个职业成为新职业。奶茶制作师就属于调饮师。调饮师是对茶叶、水果、奶及其制品等原辅料通过色彩搭配、造型和营养成分配比等，完成口味多元化饮品的调制人员。本章将带领同学们体验调饮师这一职业，教大家如何制作一杯奶茶。

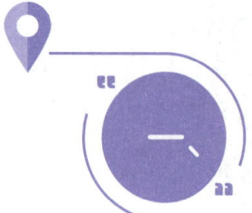

劳动观摩站：调饮师的成长之路

（一）劳动金句

梦想属于每一个人，广大劳动群众要敢想敢干、敢于追梦。说到底，实现中华民族伟大复兴的中国梦，要靠各行各业人们的辛勤劳动。现在，党和国家事业空间很大，只要有志气有闯劲，普通劳动者也可以在宽广舞台上展示自己的人生价值。

——2016 年 4 月 26 日，习近平总书记在知识分子、劳动模范、青年代表座谈会上的讲话

（二）职业讲堂

由调饮师到创业 CEO 的成长故事

袁懿，深圳市袁味文化传播有限公司首席执行官（CEO），毕业于深圳职业技术学院 2021 届食品药品学院食品生物技术专业。2018 年，她在深圳市某知名餐饮公司旗下门店担任兼职调饮师。半年后，到另一餐饮公司旗下门店学习门店运营。2019 年，她发现自己对创业产生了极大的兴趣，于是在校内接触和学习与创业相关的领域。2021 年，她尝试自主创业，创办了深圳市袁味文化传播有限公司，并担任公司法人兼 CEO。在校内，历经四个月打磨，她创立了"袁味觉醒"饮品店项目。"袁味觉醒"门店在袁懿的经营和管理下，开业两个月后扭亏为盈，半年内位居校内 11 家创业饮品品牌中业绩和好评的第一名。

"尝试做一次经济独立体"是袁懿在校期间规划的一个目标。她希望能够通过自己的想法，结合实践去做成一件有意义的事。"经济独立体"意味着自己能学会以商人的视角看世界，迅速建立商业思维，逐渐拥有对市场的敏锐度，能够全面地洞察市场、政策、客流成本等要素，通过一系列的修炼，提高自己的劳动综合水平，让自己在看到机会的时候，能够及时抓住机会，发挥和实现自己的价值。

袁懿的成长故事

在众多的创业领域中，袁懿选择了奶茶饮品行业。因为自己有调饮师的实操经验，也学习和参与过创业公司的管理和运行，加上自己在校就曾学习过营养、烘焙、饮品等专业课程，这一决定变得顺其自然。在不断地沟通和筛选后，袁懿在 2020 年年底终于找到了同样有创业想法的伙伴。于是她迅速组建了团队，起草和完善了商业计划书、门店设计图等。2021 年 1 月，因团队成员

缺乏解决各类问题的能力和时间，且大家的愿景、使命、价值观也不一致，团队解散。

但袁懿没有因此气馁，而是认真总结经验和教训，继续自己的创业之路。她紧接着做的第一件事，就是更深入地进行市场调研。自己门店的位置在学校宿舍区最偏远的两栋宿舍楼下，是最不起眼的位置，而且店外还有宿舍闸机口，直接阻挡住了除这两栋宿舍楼以外的学生进入。老师和宿管员也反馈，这两栋楼的同学消费力并不高，有许多老板都在这个位置开过饮品店，其中也不乏有经验的老板，但经营结果都非常惨淡，店铺不到半年就倒闭了。

为了确定门店接下来的发展方向，袁懿决定与每一个在这个位置经营过的老板沟通，了解他们曾经的经营困境。很多老板反馈是由于地理位置、产品缺乏优势、生产过程没能标准化以及校内太多竞争对手等原因造成了经营困难。袁懿考察了全校，发现除了有数家竞争力强且有位置优势的知名连锁品牌的饮品店以外，校内的创业型饮品店就有 11 家。其中只有几家占据地理位置优势的店经营得还不错，其他店的经营情况都不太理想。究其原因，不仅是创业型店的位置不具有优势，而且加盟店也名气更大，性价比更高。

为了解决选址吃亏的问题，袁懿决定采取外卖配送和团购的方式，通过线上宣传让大家在小程序上下单，可选择到店取饮品或配送上门。同时，她也认为"酒香不怕巷子深"，校内加盟店虽然名气大，但大家反馈口感一般，而且也会喝腻。于是她决定研发口感好、性价比高的饮品来吸引大家。

2021 年 2 月，袁懿根据学校人才的特点，调整了吸引人才的方式，成功组建了新团队。为了更好地管理门店和让品牌发展，袁懿自学门店和公司经营运作的知识。虽然手头上用于经营的资金非常有限，但满腔热血的袁懿带着她的团队伙伴依旧咬牙坚持。

在门店启动期间，袁懿平均每天只睡 4 个小时。门店采购关键设备后，伙伴们继续跟着她学习和研发饮品；寻找水果、茶叶、牛奶等原料的供应商，与供应商谈价格；结合经验和操作习惯设计操作区域；自学门店品牌设计，开发小程序……随着时间推移，问题一一被解决。

作为团队的领头人，她一边学习创建公司的知识，做成本核算、设计菜单、制定营销方案等，一边做饮品研发测试。2021 年 3 月月底，经过不断测试和筛选原料，袁懿和她的团队终于研发出了 50 多款饮品。袁懿感悟到：其实创业开饮品店，这本身就不是一件很容易的事情，但无论结果怎么样，总能收获到成长和经验。在几个月前，这个项目还是一无所有，到现在，已经有了产品、团队伙伴、可落地执行的各种方案。而在这一路走来的过程中，他们都在不断地与曾经那个天真的自己告别，不断地修炼，不断地成长，这就是一种"在路上"的状态和新青年的生命力。于是，她脑袋里蹦出一个词——"袁味觉醒"，并跟伙伴商量决定采用"袁味觉醒"作为店名。

2021 年 4 月，在校内新老顾客的期待下，在现有资金快要耗尽的紧迫中，袁懿和伙伴们决定"试营业"。一来可以进一步测试和调整饮品，二来可以解决现金流的问题。她将试营业的小黑板放到店门外，写上当天提供的饮品菜单。

因为饮品用材新鲜讲究，口感新颖突出，很多同学都会带着朋友到店复购。很快，袁懿和她的团队便基本解决了现金流问题。经过一个月的持续运转，袁懿有了足够的资金采购新的设备和更多的原料，以及做相应的宣传活动。再经过老师和同学们的口口相传，越来越多的人知道和光临了"袁味觉醒"门店。门店客流与日俱增，业绩和口碑位居全校创业型饮品店之首。渐渐地，袁味觉醒饮品店走上了正轨。袁懿和她的团队也收获了成长，均培养了在调饮师和创业等方面的技能，团队实现了经济独立。

袁懿和她的团队，以及"袁味觉醒"饮品店项目未来的路还很长，也还有很多困难在等着他们。然而，正如"袁味觉醒"的品牌理念：新青年们依旧会保持着那一份前行的热血，在修炼、在成长、在路上、在觉醒，沉淀出专属于自己的那一束光。

案例分析：日常生活劳动也可以引发创业，也可以变成职业劳动。袁懿的创业故事展示了当代大学生创新创业的热情，遇到挑战，敢于尝试；遇到问题，积极解决；遇到瓶颈，勇于突破。在她和她的团队身上，我们可以看到新时代大学生执着专注、精益求精、一丝不苟、追求卓越的工匠精神和崇尚劳动、热爱劳动的劳动精神。

（三）调饮师的一天

9:00—9:30　调饮师提前到门店，维护门店环境的清洁卫生，启动制冰机等设备。接收和清点供应商送来的水果，将用过滤器过滤好的水烧至沸腾，降到对应的标准温度，再泡6种茶底：白桃乌龙、锡兰红茶、新绿妍、大乌叶单枞、四季春、茉莉绿茶。同时准备营业所需的原料和物料，启动门店收银系统，播放门店设定的音乐，即可开始迎接到店的客人，为客人亲手调制相应的茶饮。

9:30—12:00　上午营业。接待客人，根据订单有序制作饮品。

12:00—13:00　与到店交接班的伙伴对接上午的经营情况，吃午饭，并稍做休息。中午的休息时间虽然短暂，但能起到缓冲作用，有助于恢复精力，保持工作状态。

13:00—17:00　休息后回店继续制作饮品。在门店整体运营节奏不忙时，注意维护环境的清洁。在顾客需要时，积极与其沟通，记下顾客的意见和建议，向团队和门店店长反馈，同时思考解决问题的方案。

17:00—20:00（换班）　门店通常会迎来客流高峰期，因此需要提前补充足够的物料和原料到工作区域，播放节奏欢快的音乐，与伙伴对接分工：点单收银、泡茶、做饮品、打包、取餐指引等具体内容。

20:00—22:00　继续制作饮品，若门店不忙，可以按店长安排去学习和研究开发新产品；统计当天销售量和产品损耗，检查门店物料、原料的数量和使用情况，并记录到盘点表中；及时对接供应商，订购所需原料、物料。

22:00—23:00　清理当天剩下的茶、牛奶、水果等，若产品超过有效期，则需要销毁处理。如：茶的使用期限是 4 小时、牛奶是 24 小时、已切开的水果是 4 小时，超过期限的食材不可继续用于制作饮品，需要弃置到垃圾桶处理。同时开始打扫门店的卫生：清洗茶桶、制作茶饮的工具、设备，清洁吧台，扫地，擦桌椅，并使用对应的消毒液对使用过的工具和设备以及地面进行消毒。

23:00—23:10　检查门店的电路和水路开关，拍照发至工作群，并汇报当天的销售数据、原料物料的剩余和补充情况、顾客的意见和建议，打烊关店。晚班调饮师的一天工作任务完成。

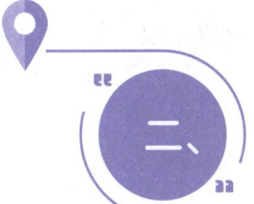

二、劳动体验站：体验奶茶饮品制作

（一）奶茶饮品制作实践准备

1. 服装准备

制作饮品前，需要穿上围裙（图 2-1），防止茶汤、牛奶、水果汁等在制作饮品的过程中飞溅到衣服上，形成难以清洗的污渍。围裙能最大限度地使衣服保持洁净。

图 2-1
调饮师服装

2. 工具准备

（1）所需工具。准备泡茶的工具：泡茶桶、茶叶过滤袋；制作茶饮的工具：奶昔机、吧勺、量筒、冰块夹子、冰格、电动打蛋器、电子天平；其他：装饮品的杯子、吸管、裱花嘴、裱花袋。

（2）工具介绍。以下介绍几种常用工具的使用方法。

①茶叶过滤袋：把茶叶和茶汤分离，使得过滤后的茶汤清澈透明、层次均匀、不含茶叶和茶渣。

②奶昔机：将牛奶和茶汤振匀，使得两者混合得更均匀，口感更顺滑细腻，同时可让牛奶中的蛋白质形成浮在饮品表面、好看绵密的奶泡。如果没有奶昔机，可用雪克杯代替。

③吧勺：长杆状勺子，可用于泡茶时搅拌茶汤，将茶叶味道释放出来，也可用于搅拌饮品，还可用于刮去茶饮表面多余的气泡。若无吧勺，可用勺子或筷子代替。

④量筒：用于测量糖浆、牛奶等配料的量，严格参照配方的操作标准，确保制作出来的每一杯饮品的味道和口感一致。

⑤冰格：将直饮水或者凉开水倒到冰格上，置于冰箱冷冻层形成冰块。如果没有冰格，也可以自行采购可食用冰块。

3. 原材料准备

鸭屎香茶叶、水、新鲜纯牛奶、白砂糖（蔗糖）、黄柠檬、进口淡奶油、碧根果碎。

鸭屎香茶叶

鸭屎香茶具有提神、生津止渴、消滞去腻、防癌症抗衰老、减肥美容和降血脂等功效。

关于鸭屎香名字的由来，有两种说法：一是大乌叶单丛生长在黄土壤，乌蓝色的叶子似鸭屎脚木的叶子；二是由于大乌叶单丛茶香气好，韵味浓厚，茶农担心被偷，起名鸭屎香。鸭屎香是凤凰单丛茶的一种，是一种很名贵的乌龙茶，其茶香和口感上佳，颇受茶友欢迎。凤凰单丛不仅是广东潮州的特产，也是国家地理标志产品。

---

4. 心理准备

（1）耐心。做饮品的过程涉及许多步骤，且每个步骤之间都有关联。保持耐心可以更好地完成每一个步骤，做出满意的饮品，体会到劳动带来的成就感和幸福感。

（2）细心。做饮品时，有些步骤非常关键，需要细心观察、一步步操作，才能尽可能地减少失误，避免因为不细心而导致产品与配方标准差距太大或口感不好。

（3）沟通意识。操作过程中，我们总会遇到各种问题，此时，应积极与他人沟通、向他人请教，通过及时获取帮助，更好地解决问题，掌握正确的操作方法。

（二）奶茶饮品制作过程与操作要点

1. 制作过程

以鸭屎香奶茶的制作为例，其配料表如表 2–1 所示。

表 2–1　鸭屎香奶茶配料表

步骤	配料	用量
煮糖浆	细砂糖	150 g
	开水	100 mL
	柠檬片	2 片
泡茶	鸭屎香茶叶	32 g
	开水	1 000 mL
	冰块	250 g
奶油顶制作	淡奶油	300 g
	白砂糖	8 g
	炼乳	12 g
奶茶调饮	茶底	200 g
	糖浆	15 g
	冰块	9 颗
	奶油顶	两圈半
	碧根果碎	适量

（1）熬制糖浆。将 150 g 白砂糖和 100 mL 开水（以 3 ： 2 的比例）称量好，靠端头切两片柠檬，将开水倒入白砂糖中，加入柠檬片，用汤勺搅拌，使砂糖溶解；小火煮沸，待糖浆中完全没有砂糖颗粒即可离火冷却；冷却后将糖浆倒入糖浆瓶中保存，制作好的糖浆可以保存一个月。

（2）泡茶。烧 1 000 mL 水，水烧至沸腾后，降温至 90 ℃；将 32 g 鸭屎香茶叶放到雪克杯中，快速将 600 mL 热水倒入装有茶叶的雪克杯中，盖上盖子，焖泡 6 分钟后，打开盖子，用吧勺用力搅拌几圈，再盖上盖子；等到第 12 分钟时，打开盖子，再用吧勺用力搅拌几圈后，用滤茶袋将茶汤过滤出，加入 200 g 冰块降温并锁住茶香。

（3）打发淡奶油。将淡奶油 300 g、白糖 8 g、炼乳 12 g 全部放到碗里混合，碗底放冰块冰镇，用电动打蛋器将混合物打发至稍微坚挺有纹路，且纹路不容易消失的状态。将打发好的奶油一勺勺加入裱花袋中，放进冰箱冷藏保存。

（4）制作成鲜奶茶。将 200 mL 茶汤倒入雪克杯中，加入 120 g 纯牛奶、15 g 糖浆、9 颗冰块；盖上盖子，上下反复摇匀雪克杯中的饮品（或不使用雪克杯，

茶饮制作指导

而是将材料倒进奶昔机中，奶昔机调至中速转动 10 秒。此时饮品表面会出现一层奶泡，几分钟后会自行消失）；将饮品倒入出品杯中，出杯。

（5）挤奶油顶。将出品杯中的鲜奶茶控制在离杯口 1 cm 的高度，再将奶油挤在饮品表面两圈半到三圈；撒适量碧根果碎到奶油顶表面。一杯鸭屎香奶茶就制作完成了。

2. 操作要点

（1）泡鸭屎香茶需搅拌 3 次。在泡鸭屎香茶的过程中，需要盖上盖子，泡茶全程 12 分钟，其间需要经过三次搅拌，第一次是在第六分钟（使茶受热均匀），第二次是在第 12 分钟（使茶叶中的物质与热水混合均匀），第三次是在加入冰块时（使茶快速降温，锁住茶香）。

（2）奶油打发形态的判断。奶油打发得好的判断标准是奶油有纹路，且纹路稍坚挺，不容易消失。如果奶油变得像豆腐渣一样，说明打发过度。如果奶油还能流动，说明打发不够，还需继续用电动打蛋器打发至不易流动的形态。

（3）奶油需坐冰打发。奶油一定要坐冰打发，使奶油处于冰冷状态，才会容易打发成型，否则一直都会处于流动状态，也无法顺利打发出口感和形状都赏心悦目的奶油顶。

（4）打发好的奶油要放在冷藏层，而不是冷冻层。冷冻层会让奶油结冰而无法正常使用。结冰后的奶油会出现乳清分层，形状像豆腐渣，即使解冻后，也无法用于打发。因此要把奶油放在冷藏层保存。

（5）柠檬切片时需要切头尾两端，尽量不要带有果肉。果肉会变成糖浆中多余的杂质，制作类似于有牛奶或者与柠檬无关的饮品时，也会因为无意间喝到柠檬碎果肉，而影响饮品的口感。

（6）需要使用自行熬制的糖浆。用自制糖浆做出来的饮品才会清新不腻，入口甘甜而顺滑。同时，亲自熬制糖浆更安全，市面上销售的糖浆大多数是高浓度糖浆，会影响肠道消化功能。

3. 奶茶制作评价和反馈

考量一杯奶茶好不好喝的标准，就是看入口是否有茶香，口感够不够醇厚顺滑，回味有没有茶香和奶香。由于不同种类奶茶使用的茶叶不同、奶制品不同，以及制作手法也不一样，这些组合起来就会呈现不一样的效果。我们也可以结合品尝者的反馈来给自己的成品打分，并填写表 2-2。

表 2-2　奶茶饮品评价与反馈表

品尝者	茶香味（10 分）	茶的口感（10 分）	奶香味（10 分）	奶的口感（10 分）

品尝者	茶香味（10分）	茶的口感（10分）	奶香味（10分）	奶的口感（10分）

（三）奶茶饮品制作成果的展示与分享

向老师和同学们展示你的作品，请互相品尝，同时交流不同的做法，倾听老师和同学们的建议。回家时也可以再次制作，与家人分享你的作品。

1. 图片展示

请拍摄你的饮品作品，并用一句话描述自己的饮品。

2. 视频展示

录制短视频，记录你制作饮品的过程，后期可进行配音讲解以及在重要操作环节加上字幕，展示并分享给大家。

3. 体验分享

将制作好的饮品分装到一次性杯子里，随机让 10 个人品尝，同时让品尝者从香气、味道、口感等方面给出反馈，并逐一记录。根据记录下的评价与建议，可对你的饮品进行分析和调整并分享饮品制作的体验和感受。

三、 劳动赋能站：劳动科学知识积累

（一）调饮师的劳动特点

1. 劳动氛围轻松

调饮师是备受当代年轻人青睐的职业，年轻人富有活力，喜欢新鲜事物，在一起工作时易于营造出轻松自在的工作氛围。

2. 劳动内容具有创新性和新颖性

饮品需要不断更新，才能留住消费者并吸引更多的消费者。年轻人是饮品的主要消费群体，他们追求新鲜感，这就要求调饮师要根据消费者的喜好调配出新的款式。此外，水果和茶叶具有时令性，调饮师需要根据季节的变化，设计出不同的饮品，以满足消费者在不同季节的消费需求。

3. 劳动场所卫生环境要求高

调饮师的工作涉及食品，食品行业对劳动卫生环境有很严格的要求，调饮师必须在一个卫生合格的环境中工作，才能保障食品安全。

4. 劳动时间较为分散

工作日的中午、傍晚、晚上以及周末和节假日是饮品行业的客流高峰期，也是调饮师最忙的时候。因此，调饮师的工作时间相对而言较为分散，也不易固定，有时候在白天，有时候在晚上；有时候在周末，有时候在节假日。

5. 劳动具有服务性

餐饮业属于服务业的范畴，消费者购买饮品除了期望饮品美味外，还期望有好的服务，这就要求调饮师的劳动要包含提供好的服务。

（二）调饮师的职业素养

1. 较强的动手能力

调饮师是一个通过双手制作出美味饮品的职业。调饮师应有较强的动手能力，通过将各种食材合理搭配，制作出满足不同客户需要的美味饮品。

2. 良好的服务意识

调饮师的服务对象是人，其工作就是要满足不同客户的口味需求。即使是同一款饮品，有些客户喜欢甜一点，有些客户喜欢冰一点，调饮师应具有服务意识，尽可能满足客户提出的口味需求。

3. 积极的生活态度

饮品可以带来愉悦的心情，它已经成为人们美好生活的一部分。因此，调饮师自身就要热爱生活，懂得生活，并追求美好的生活，这样才能调制出美味的饮品。同时，调饮师热爱生活的精神状态也可以在具体的服务中感染更多的人，让更多的人体会到生活的幸福。

4. 良好的食品安全意识

不干净、不卫生的饮品可能会引发食品安全问题。因此，调饮师应具备良好的食品安全意识，在工作过程中，要勤洗手，勤洗工具，注重个人卫生，养成良好的卫生习惯。

5. 较高的茶文化素养

茶是调制饮品的常用配料。中国的茶文化历史悠久，不同产地产出不同口感的茶叶，对不同茶叶的使用决定了饮品的口感和口味。调饮师应对中国茶文化有一定的了解，懂得挑选茶叶、品鉴茶叶，利用不同的茶叶制作出各具特色的饮品。

四、 劳动提升站：总结、反思与评价

（一）奶茶饮品制作总结

制作奶茶饮品的过程离不开了解工具和熟悉操作。通过上面的实践，同学们已经掌握了制作一杯饮品的基本操作，学会了如何正确地使用工具调配和制作出想要的饮品。下面对这次劳动进行总结。

1. 文字总结

根据自己的理解，将制作饮品的全过程用自己的语言写下来。你可以按照劳动实践的过程安排内容，将整个流程划分为几个阶段，按时间顺序分别叙述每个阶段的做法、经验、体会。

2. 流程图总结

将制作的每一个步骤和环节，用流程图的方式画出来。流程图着重描述处理过程，其主要控制结构包括顺序结构、分支结构和循环结构，这样可以很好地呈现出各个处理流程之间的顺序关系。

3. 数据总结

回忆每一步操作，按顺序列出你所耗费的时间，这样可以清晰地反映出制作过程中的情况和问题，有助于帮助你思考哪些步骤可以同时进行，以提高整体劳动效率。

（二）奶茶饮品制作反思与感悟

完成奶茶饮品制作后，要进行自我反思和感悟，从而提升对日常生活劳动的认识，提高饮品制作的能力，加深对中国茶文化的认识，并加深对劳动精神的理解。请同学们反思本次实践的过程，填写奶茶饮品制作反思与感悟表（表2-3）。

表2-3 奶茶饮品制作反思与感悟表

时间：	地点：	奶茶饮品名称：
主要劳动内容		
我的优势（本次实践体验中我做得好的方面）		

我的劣势（本次实践体验中我做得不足的方面）	
我的反思（自己过往的奶茶饮用习惯和对中国茶文化的认识和理解）	
我的感悟（对热爱劳动、热爱生活的精神感悟）	

（三）奶茶饮品制作自我评价

完成奶茶饮品制作后，请进行自我评价，填写奶茶饮品制作自我评价表（表2-4），为本次实践体验画上一个圆满的句号，为下次实践积累经验。

表 2-4　奶茶饮品制作自我评价表

姓名：	
奶茶饮品制作项目：	
奶茶饮品制作内容：	
胜任情况：A. 完全胜任　　B. 基本胜任　　C. 不胜任	
期望尝试岗位：	
劳动态度（劳动态度是否积极正面）： 劳动态度积极、主动，时常保持良好的状态完成工作并解决问题	优秀 良好 一般 较差
劳动技能（应用相关知识的能力）： 能掌握比较全面、专门的业务知识、熟悉工作流程和方法	优秀 良好 一般 较差
劳动效率（完成工作的速度与预期的标准相比）： 高于预期效率，能早于期限完成	优秀 良好 一般 较差
执行力（落实并完成工作）： 快速完成常规任务和领导指派的临时任务	优秀 良好 一般 较差

拓展资料

1. 书籍:《茶叶通史》(陈椽著)

本书对中外截至 20 世纪 50 年代的茶业史迹做了全面的描述,是研究我国茶业史的经典书籍。本书涉及茶的自然科学、社会科学和人文科学等领域,将"茶史学思想"贯串其中,是构建茶史学的奠基之作,有着重要的学术价值。阅读本书,能让我们对茶叶有一个比较全面的了解。

2. 书籍:《喝茶的智慧》(赵英立著)

本书从"以茶养生"的角度着眼,详细介绍了中华民族养生文化的渊源,并结合选茶、泡茶的相关知识,遵从有病治病、无病健体的原则,按照从治病到保健的逻辑顺序,以问答的形式针对生活中的常见慢性病、身体不适、亚健康状态等问题及美容美体等方面的需求开出了相应的茶方,并对每个茶方的原理、疗效、禁忌、针对症状等做了详细说明,便于读者按图索骥,照方配茶,以达到养生保健的目的。

3. 书籍:《中国茶典藏:220 种标准茶样品鉴与购买完全宝典》(罗军著)

本书全面收录 220 种标准茶样,对每款茶叶的产区信息、历史源流、采摘标准、制作工序、市场选购、辨别方法、冲泡技巧等做了详细介绍,还附有原色干茶、茶汤、叶底等精美图片,具有很高的实用及欣赏价值。本书是众多爱茶人士和懂茶人士必备的茶书。

4. 书籍:《茶经》(陆羽著)

陆羽 21 岁时,踏上了游历考察之路。他一路风尘,经义阳、襄阳,过南漳,潜心寻觅茶事、茶情。经过十余年实地考察,踏遍三十几个州,搜集上千条茶闻轶事,历经五年研究著述,又经五年增补修订,终成世界上第一部茶学专著《茶经》。《茶经》共 10 节,综合论述了茶的起源、茶的用具、茶的采制、茶器、茶俗、茶事,以及饮茶技艺、茶道等内容,将普通茶事升格为一种美妙的文化艺能。

- 第二篇 -

体验不同职业
感悟劳动精神

第三章

艰苦奋斗的农业技术推广工作者

学习目标

1. 知识目标： 正确把握目前我国农业生态与环境的问题、现状及未来发展方向，明确育苗工作所需的工具，掌握育苗的基本流程和方法，理解保护农业生态和资源的深远意义和深刻价值。

2. 能力目标： 通过掌握育苗的基本流程和方法，培养职业实践中科学、规范完成任务的基本能力，具备耐心、细心、专心等心理能力，具备农业科技推广普及工作所需的表达、沟通、协作、创新等职业能力。

3. 素养目标： 通过学习、体验、反思与交流，懂得"良好生态环境是农村发展的最大优势和宝贵财富"的道理；通过走访田间地头，体认传统农耕方式与现代农业生产之间的异同，坚定中国式现代化道路；通过了解中国传统农业的生态智慧，增强文化自信，体悟劳动创造价值，塑造辛勤劳动、诚实劳动和创造性劳动的品质。

我国是世界人口大国，如果没有现代化的农业生产，人民的基本温饱则难以解决，共同富裕和美好生活更无从谈起。因此，我国始终在推进农业现代化，近十多年粮食产量持续稳步增长，基本做到了"能把饭碗攥在自己手里"。

现代农业，不仅是一种先进的生产方式，还是乡村振兴和社会主义现代化的根本基础，也正在成为一种面向未来的生活方式。农业也将不再是过去单调、劳累、孤寂的农业，而是富有挑战、充满希望、肩负使命、足够新潮的农业。这就必然需要不断吸引大量高素质技术技能人才留在乡村、建设乡村，让他们在这片广阔天地大施所能、大展才华、大显身手，从而形成人才、土地、资金、产业汇聚的良性循环，实现产业兴旺、生态宜居、乡风文明、治理有效、生活富裕的中国特色社会主义新时代美丽乡村建设目标。本章将带领同学们体验现代农业中科技推广工作者的劳动。

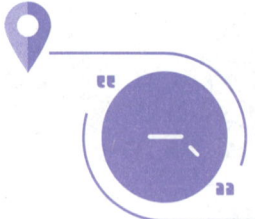

劳动观摩站：农业技术推广工作者的成长之路

（一）劳动金句

推进农业现代化，既要靠农业专家，也要靠广大农民。要加强现代农业科技推广应用和技术培训，把种粮大户组织起来，积极发展绿色农业、生态农业、高效农业。

——2022年6月8日，习近平总书记在四川眉山考察调研时的讲话

（二）职业讲堂

推动农业绿色发展，助力乡村全面振兴
——农业技术推广工作者的成长之路

刘波，中共党员，毕业于沈阳农业大学，现就职于内蒙古通辽市开鲁县农业技术推广中心，从事育苗、农田面源污染治理、农业生态与环境保护新技术指导和推广等工作，担任农业生态与资源保护股股长。一直以来，她都以"服务农业，致富农民，成为一名合格的农业工作者"来鞭策自己，始终认真负责地对待每个任务、每项工作。她卓越斐然的工作业绩和踏实肯干的工作态度得到了大家的认可和肯定，她本人也多次被自治区推广能源站评为"农村生态能源环保工作先进个人"。面对这些荣誉，她很淡然地讲道："这些成绩和荣誉的确能在很大程度上推动、鼓舞着我向更高、更好的水平发展，但即使没有这些，我仍旧会在我热爱的岗位中继续发光发热，将我的专业所长和个人能力毫无保留地发挥出来，为我县农业的持续发展贡献力量。"

2015年，刘波参加工作，处于职场懵懂期的她也不可避免地经历了一段青涩的"菜鸟"岁月。那段时期，她在工作上还找不准自己的位置，处处小心、事事在意、怕做错事、如履薄冰，不能完全地发挥出个人能力和专业技能，整体工作都比较被动。逐渐适应岗位后，她开始意识到：工作中越怕出错往往越容易出错，在这样紧张的状态中工作很容易影响到自己的思考和判断力。想到了这儿，她开始逐步放平心态、放松心情，积极主动地去承接工作，面对问题时开始努力思考解决问题的思路和方法，并在工作结束后及时进行总结和反思。她不再害怕犯错，而是会把工作中的错误和失误当作宝贵的经验积累下来，下次不再犯同样的错误。找到了如何正确开展工作的方法，她便开始在工作岗位中逐步发挥个人能力，并充分地将专业所长运用到具体工作中。同时，她又在工作中不断地充实

自我、丰盈内心，并以此得到了快速、全面的发展和提升。2020年，刘波以优异的工作成绩和突出的表现晋升为农业生态与资源保护股股长。

作为一名农业技术推广工作者，她深知乡村振兴的"前沿阵地"在农村，服务对象在农民。为了把农业的新技术、新知识送入田间地头，她始终脚踏实地、勤勤恳恳，定期开展各项农业技术的宣传培训工作，甚至在农忙时节深入田间地头，为农民答疑解惑；跟着同事一起上山下乡，规划各项田间试验，开展田间调查；炎炎夏日，调查外来入侵生物，开展监测预警工作；从春到冬，开展地下淋溶监测的日常管理工作，采样、送样、清理样本，努力为农田面源污染治理提供数据支撑……一路走来，虽然艰辛，但她的内心愈发充实，真正地感受到了"累并快乐着"。

面对新时代发展的新问题、新机遇，刘波已做好充足的准备，她将继续保持与时俱进的工作作风，脚踏实地、开拓创新，为服务"三农"贡献自己的一份力量，在平凡中彰显不平凡。

案例分析：刘波是众多农业工作者的一个缩影，从她的故事中，我们不仅感受到了农业工作者的艰辛与不易，也体会到了他们对专业知识的执着、对这片土地的热爱、对美好生活的追求、对绿色发展的期盼、对乡村振兴的信心。另外，从"职场萌新"到"专业股长"的这一段个人成长经历，也充分展现了她辛勤劳动、创造性劳动的良好劳动品质和不畏艰辛、勇往直前的优秀劳动品格。

（三）农业技术推广员的一天

6:30—7:30　起床洗漱，用完早餐后前往育苗大棚。

7:30—8:00　到达育苗大棚，给大棚起帘，拿出穴盘、拌土工具、播种器具、土壤、有机肥（高温堆沤后的鸡粪、牛粪、猪粪）等，做育苗准备工作。

8:00—8:30　将有机肥和土壤按一定比例进行充分搅拌，进行育苗基质的制作。

8:30—10:30　将穴盘填充基质、打孔、播种、覆土、浇水、覆膜，完成今日育苗工作。

10:30—11:30　对种苗和大棚的温度、湿度等数据进行记录，打扫大棚卫生，离开大棚。

12:00—14:00　吃午饭，午休。

14:00—16:00　参与项目会议，与项目组人员沟通项目实施进度、分析项目数据、部署后续安排。

16:00—18:00　制作农业技术推广培训的课件，备课。

18:00　结束一天工作。

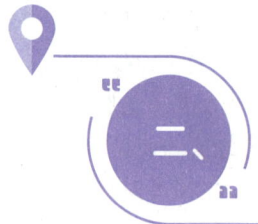

二、 劳动体验站：体验育苗

（一）育苗实践准备

1. 了解农业人与农业

农业技术推广人员的工作性质、工作环境与其他行业从业者存在较大区别，因此，提前了解相关知识与背景，有助于劳动实践更好地开展。

（1）农业人的"三牛"精神。一是为民服务孺子牛的精神。农业作为我国的第一产业，与其紧密相连的是我国亿万农民的命运福祉，因此，面对农民群众的美好生活需要，要发扬为民服务、无私奉献、无怨无悔的孺子牛精神和奉献意识，以"为民造福、不怕麻烦"的服务精神和慢工出细活的扎实作风，勇于探索，盘活用好直接资源要素，保护和发展好农民的根本利益。二是创新发展拓荒牛的精神。党的二十大报告指出，"全面推进乡村振兴"。乡村振兴是一个连续的过程，更是一个创新发展的过程，而要在"三农"工作中有所创新离不开攻坚克难、一往无前的拓荒牛精神。三是艰苦奋斗老黄牛的精神。作为走在乡村振兴最前沿的农业人，面对目前农业增效、农民增收、生态文明、绿色发展等一系列的目标和要求，以及较为艰苦的工作环境，必须要发扬艰苦奋斗、吃苦耐劳、真抓实干的老黄牛精神，用老黄牛的韧劲，一步一个脚印地推动乡村振兴行稳致远。

（2）中国传统农业的生态智慧。"天人合一"思想贯穿于中国古代思想史，是中华民族优秀传统文化的主流观念之一，在中国历史发展中释放了巨大影响力，其在农业生产领域就形成了中国传统农业生态思想。

"三才"是指天才、地才、人才，"三才"思想是从农业生产经验中孕育出来的，又从农业逐渐渗透到社会生活的各个领域。它不仅是官府劝农的重要方略，也是乡民践农的指导原则。战国晚期的《吕氏春秋·审时》中说："夫稼，为之者人也，生之者地也，养之者天也。"也就是说，人是农业生产的主体，与气候和土壤地形等，共同构成了农业生产环境和生态系统，影响着作物的生长和收成。此后两千多年，《齐民要术》等历代农书，都以此思想为指导和立论依据。

"三宜"思想可概括为时宜、地宜和物宜，即农业生产只有认识并利用了天时、地利和物性之宜，协调好生物有机体和各种环境条件之间的关系，才能获得较好的收成。早在西汉时期，《淮南子·泰族训》中就提到了："天不一时，地不一利，人不一事，是以绪业不得不多端，趋行不得不殊方。"即在天气多变、土地质量不一、事情多样的情况下，要采取多种具体的办法，才能事半功倍。

物质循环思想指出了组成生物体的基本元素在生态系统的生物群落与周围环境之间反复循环运动的过程。我国古代劳动人民在长期生产实践中总结形成了这一思想，体现了顺应自然规律、简单朴素的生态利用观念。《庄子·寓言》中说，"万物皆种也，以不同形相禅，始卒若环，莫得其伦。"其反映了古人对生命演化现象的探索与认知。

资源保护思想即保护和合理利用自然资源，这一思想在两千多年间不断被继承和发展。在古人的观念世界中，农业生产所需要的自然资源包括水、土、草木植被和由此滋生的万物。《孟子·梁惠王上》中说，"数罟不入洿池，鱼鳖不可胜食也。斧斤以时入山林，材木不可胜用也。"这体现了古人对可持续发展的理解与智慧。

（3）农业现代化。农业现代化，一般要从物质、技术、经营、环境等层面来衡量。在物质层面，要实现水利化、化学化、机械化、电气化、信息化等；在技术层面，要实现高产化、良种化、农业结构优化、栽培技术规范化、资源利用高效化等；在经营管理层面，要实现商品化、农工贸一体化、土地经营规模化、农业生产服务社会化等；在环境保护层面，则要保护资源、减少污染、净化美化农田与农村环境等。

（4）传统农业与现代农业的差异。一是经济形式不同。传统农业主要依靠家庭成员世代积累下来的经验，发展以自然经济为主导地位的农业，生产水平和效率较为低下，以产量最大化为生产目标。现代农业是在现代科技和工业上发展起来的农业，它主要利用现代的科学技术，最大化地利用和改造自然条件，从借助经验变成了依靠科学，使得农作物的产量大幅度提高，追求利益最大化，由自然经济变成了发达的商品经济。二是技术含量不同。传统农业多是由家庭成员采用人力、畜力、简单农作工具等进行的，技术含量较低。而现代农业更多地依靠机械化技术、新能源技术、微生物技术等现代科技，采用先进的现代管理方式进行劳作，技术含量较高。三是抵抗自然灾害的能力不同。传统农业的产量受自然环境的影响较大，抗自然灾害能力差。而现代农业则将现代化的工具和技术运用到农业生产中，对抗自然灾害的能力显著增强。四是主要类型不同。传统农业的主要类型分为旱作农业、水稻农业、地中海农业等。现代农业的基本类型包含绿色农业、观光农业、立体农业、特色农业、休闲农业、物理农业等。其中，绿色农业是将农业与环境协调起来，依循可持续发展的原则，在保护环境的同时，保证农产品的质量。

（5）农业生态与环境问题。农业生态失衡。目前，我国部分地区农业生态存在失衡风险，主要表现为土壤质量退化、天然植被遭破坏、生物多样性受影响、农田抵御自然灾害能力降低、水土流失、荒漠化等。生态系统失衡造成的农业自然灾害时有发生，农业可持续生产能力下降。农业环境污染。由于农药、化肥、农膜等农用化学品的不合理使用，以及农业废弃物未能得到资源化利用，导致农产品存在安全危害。同时大量有毒、有害物质残留于土壤、水体和空气中，导致部分地区农田面源污染日趋严重。

（6）农业技术推广人员的工作内容。农业技术推广人员的工作内容较为繁多，既有田间调查和农业技术培训、推广、指导等需要与群众亲密接触的日常工作，又有育苗、农业面源污染防治、农作物秸秆综合利用推广等科研工作，还有方案编制、组织实施、成果总结等综合项目类工作。因此，农业技术推广人员日常工作的劳动强度较大、耗时较长，且技术性强，需要从业者具备耐心、细心、专心等特点，同时，还要善观察、勤记录。

2. 掌握育苗基础知识

育苗作为农业技术推广人员的重要工作，其涉及的专业概念较多，因此，我们需要提前了解一些相关的基础知识。

（1）育苗方式。育苗，即培育幼苗，是指在苗圃、温床或温室里培育幼苗，以备移植至土地里栽种。育苗的方式多种多样，按照科技含量的高低可分为传统育苗方式和现代育苗方式。

传统育苗方式，是指在育苗设施内给苗床床土施肥、耕作，然后播种育苗，其科技含量相对较低，比较简便、经济，但这种育苗方式几乎全部由手工完成，劳动强度大、费工费时、效率较低。

现代育苗方式，是指应用先进的现代科学技术、现代育苗设备和现代经营管理方式培育出优质种苗的方式，它体现了育苗技术的科学化、标准化和育苗操作管理的机械化、自动化。其中，工厂化育苗作为一项先进的农业技术，已然成为现代化农业的重要组成部分。它是利用室内机械化育苗设施，并依据一定的程序对农作物进行快速育苗的方法，象征着现代育苗技术已发展至高级阶段。

（2）工厂化育苗的一般流程。

种子处理阶段。在播种前进行种子处理，一般包含：选种、消毒、浸种等步骤。若育苗采用的种子为包衣种子，则无须进行种子处理，可直接进行播种。

基质配制阶段。育苗基质是固定和支持秧苗、保持水分和营养、提供根系正常生长发育环境的重要条件，选用适宜的基质是育苗的重要环节和培育壮苗的基础。基质配制过程一般包括：基质配方的选择、碎筛、加入有机肥、混合搅拌和消毒。

播种阶段。播种是正式开始育苗的第一步，一般步骤为：穴盘选择、穴盘消毒、基质装盘、压窝打孔、播种、覆土和浇水。其中，穴盘是一种培育幼苗的塑料制品，是工厂化育苗过程中的一个重要器具，使用穴盘育苗可以节省种子用量，降低生产成本，还能使出苗整齐，移栽时不损伤根系，缓苗迅速，成活率高。

苗期管理阶段。这是种苗培育的主要阶段，时间较长，通过温度管理、湿度管理、光照管理、施肥防病等调控措施使幼苗苗壮成长。

炼苗阶段。炼苗是通过放风、降低温度、降低基质含水量、适当使用防病农药等措施对幼苗进行锻炼的过程，使其定植后能够迅速适应陆地的不良环境条件，缩短缓苗时间，增强对低温、大风等恶劣情况的抵抗能力。

出苗阶段。此阶段为育苗工作的最后一步，即将培育好的壮苗移植至土地里去栽种。

3. 服装工具与场地准备

服装方面，考虑到工作环境的特殊性，需要穿着较为舒适的衣服和鞋子，并佩戴口罩与手套。

工具材料方面，需要准备种子、育苗基质、穴盘、苗床、肥料、地膜、搅拌工具、打孔工具、浇水工具、施肥工具等。

场地方面，可选取标准钢架大棚作为育苗棚，若经济条件不允许，也可用竹架大棚，育苗棚的大小可根据育苗规模进行选取。育苗棚内应设置苗床，苗床的长度可视大棚的具体情况而定，育苗时在苗床表面铺设一层没有破损的薄膜，起到保湿的作用，防止种苗串根和多余的水分以及营养液渗入地下。另外，还要依据天气情况和育苗进程的需要，选择覆盖育苗棚的塑料薄膜和遮阳网。

（二）育苗过程与操作要点

1. 种子处理

（1）选种。种子选得好，出苗率才会高，种苗才更可能成长为壮苗，因此，育苗选种很重要。要从众多种子中去除秕粒、小粒、破粒、有病虫害的种子、陈旧的种子和各种杂物，保留相对饱满的种子作为育苗的种子。

（2）消毒浸种。蔬菜生长过程中有许多病虫害都是由带菌种子传播引起的，有的蔬菜种子表面甚至内部都带有病菌，种子会把病菌直接传给幼苗和成株，进而对其造成病害。因此，在播种前必须对种子进行消毒浸泡，消灭种子上可能携带的病原菌、虫卵等。消毒方式众多，其中温汤浸种的方式较为常用。

将种子置于30 ℃的水中浸泡两小时左右，使种子表面的病原菌活化起来。然后，准备种子容积3倍的50 ~ 55 ℃温水，将种子边搅拌边倒入温水中，并朝一个方向继续不停地搅拌，使种子受温均匀，当温度降至30 ℃左右时，停止搅拌，继续对其进行浸泡。因为每类蔬菜种子的大小、种皮的软硬和薄厚都是不同的，导致种子吸水时间有所差别，所以各种蔬菜的浸种时间是不同的，常见的几种蔬菜种子的合理浸种时间如表3-1所示。

表3-1 常见蔬菜种子的合理浸种时间 　　　　　　　单位：小时

蔬菜种类	番茄	辣椒	茄子	黄瓜	西葫芦	南瓜	冬瓜	苦瓜	菠菜	茼蒿
浸种时间	6 ~ 8	4 ~ 6	24	4 ~ 6	4 ~ 6	4 ~ 6	24	24	10 ~ 12	8 ~ 10

2. 基质配制

可采用以下三种方式进行基质配制。

（1）将泥炭、珍珠岩、园艺蛭石按体积 1 ∶ 1 ∶ 1 进行充分混合搅拌，形成基质，这是育苗最常用的基质配方。

（2）将腐熟的鸡粪、腐熟的牛粪、细土按体积 1 ∶ 1 ∶ 1 进行充分混合搅拌，形成基质，这是农村自制的常用基质配方。

（3）直接使用专用的育苗基质。为节省育苗的流程，市场上已经根据不同植物的特性出现了很多专用的育苗基质，比如：西瓜育苗基质、辣椒育苗基质、棉花育苗基质等。

3. 播种

（1）穴盘选择与消毒。

穴盘颜色的选择。穴盘颜色会对穴盘内苗的生长起一定的影响作用。黑色穴盘具有吸光的特点，将光照转化为热量，有利于植株根部的发育，因此比较适宜冬季和春季使用。而在夏季或初秋季节，就要使用银灰色等浅色穴盘，以反射较多的光线，避免根部温度过高。

穴盘深度的选择。穴盘的深度越深，越有利于种子吸收水分、透气和淋洗盐分，也越有利于根系生长，一般选择 5 cm 及以上深度的穴盘。

穴孔形状的选择。穴盘孔穴的形状主要有圆形、四方形和四方倒梯形。其中，四方倒梯形比较有利于引导根系向下伸展，而圆形或四方形穴孔容易导致根系在内壁缠绕。因此，选择四方倒梯形穴孔比较适合。

穴盘规格的选择。穴盘的外围大小尺寸都是 54 cm × 28 cm，但穴孔的数量却是不尽相同，孔穴数量越多，孔穴越小，其规格主要有 32、50、72、105、128、200 孔不等（图 3-1）。蔬菜育苗一般使用 50 ~ 288 孔的穴盘，常见的几种蔬菜育苗时宜选择的穴盘规格如表 3-2 所示。

图 3-1

不同规格的穴盘

(a) 50 孔黑色穴盘　　　　　　　　　　(b) 128 孔黑色穴盘

表 3-2　常见蔬菜育苗时宜选择的穴盘规格

蔬菜种类	番茄	辣椒	茄子	黄瓜	南瓜	冬瓜	苦瓜	生菜	甘蓝
穴盘规格	72 孔	128 孔	72 孔	72 孔	72 孔	72 孔	72 孔	288 孔	128 孔

穴盘消毒。若使用新的穴盘，只需将穴盘清洗干净、晾干即可；若使用旧的

穴盘，一定要先清除穴盘中的残留基质，并用清水冲洗干净、晾干，然后用多菌灵 500 倍液浸泡 12 小时或用高锰酸钾 1 000 倍液浸泡 30 分钟进行消毒，在使用前再次用清水洗净、晾干。

（2）基质装盘。将基质在填充前充分润湿，一般以 60% 的湿度为宜，如不好把握可以用手握一把基质，若无水分挤出，松手会成团，但轻轻触碰基质会散开，则湿度恰好。如果太干，将来浇水后，基质会塌沉，造成透气不良、根系发育差等问题。

然后，将基质均匀地装满穴盘并抹平，但瓜类等大粒种子的穴孔基质不可装填太满。在基质装盘过程中，切勿挤压基质，否则会影响基质的透气性和干燥速度，也会促使种子反弹，最终导致种子发芽时深浅不一。

（3）压窝打孔。将装好基质的穴盘上下对齐重叠 5 ~ 10 层进行压窝，压窝深度不宜超过 1.5 cm，适宜深度为 0.5 cm，一般种子越大，压窝深度就越深。每次压窝用力要均匀，深浅一致，过深不利于出苗，过浅容易导致种皮不脱落，夹住子叶，即"戴帽"出苗。然后在穴盘表面覆盖地膜，以起到保湿作用，便于次日播种。

（4）播种覆土。压窝第二日，取走覆盖的地膜。将种子轻轻置于孔穴的正中，一穴一粒，播种的深度要保持一致（图 3-2）。播种后，用基质填充覆盖孔穴。

（5）浇水。覆土后，对穴盘进行浇水，此次浇水一定要浇透，要看到穴盘底部的穴孔中有水滴流出才停止。然后将育苗盘整齐地摆放在苗床上，盖一层白色的地膜进行保湿，当种芽伸出时，及时揭去地膜。

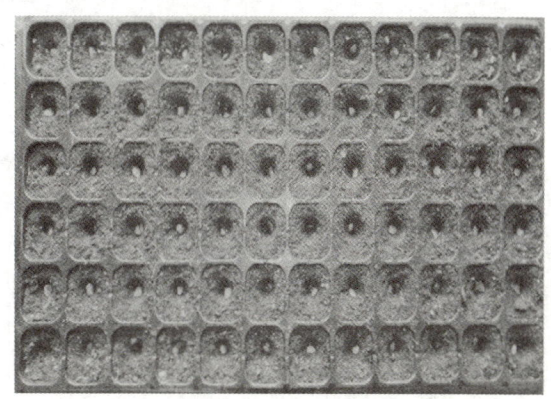

图 3-2　穴盘播种

4. 苗期管理

（1）温度管理。苗期大棚内需保持适宜的温度，温度过高易造成秧苗徒长，温度过低会影响种苗的发芽与生长速度。应根据不同作物种类、不同季节来进行温度调控，满足作物对温度的要求。低温季节播种育苗完成后，应注意加强保温、增温和保湿管理，如覆盖地膜、扣小拱棚、加热温室等，使温度保持在最适宜的范围。夏秋季节育苗则要注意降温，可以去掉大棚围裙膜，保留棚顶膜，晴天的上午 10 点至下午 3 点在棚顶盖遮阳网，以达到降温的目的。总之，温度的调控主要通过控制放风时间和放风量的大小、调整保温材料的揭盖时间等来实现。

育苗的温度一般需要根据蔬菜的类型来定，且早晚的温度一般会有所不同。土壤温度也是影响出苗的主要因素，土温过低易出现烂籽等现象。因此，要做好白天、夜间及土壤温度的调控，一些常见蔬菜的育苗适宜温度如表 3-3 所示。

表 3-3　常见蔬菜的育苗适宜温度　　　　　　　　　　　　单位：℃

蔬菜种类	番茄	茄子	辣椒	黄瓜	南瓜	甘蓝	芹菜
适宜昼温	18 ~ 25	25 ~ 28	25 ~ 28	20 ~ 28	23 ~ 30	18 ~ 22	15 ~ 22
适宜夜温	13 ~ 18	15 ~ 21	15 ~ 20	12 ~ 16	18 ~ 20	12 ~ 16	12 ~ 16
适宜土温	20 ~ 23	23 ~ 25	23 ~ 25	20 ~ 25	20 ~ 25	15 ~ 18	15 ~ 18

（2）湿度管理。水分是幼苗生长发育的关键因素，育苗期间不可湿度过大，也不能使穴盘苗完全干燥，因此，需要对湿度进行适当地控制。

幼苗生长期，应始终保持基质湿润，无须控水，具体的喷水量应视苗期阶段而定，一般以子叶展开为分界线。

在子叶展开之前，穴孔基质的下半部要一直保持湿润，只需要控制穴孔上半部分基质的湿度即可，使基质见干见湿。原则上，在穴面基质未发白时就应补充水分，每次要喷匀喷透，但是不要给它浇大量的水，因为有的种子很细小，容易被冲跑，可用浸盆法或喷壶喷水来补水。

在子叶展开之后，则要根据环境变化和植株长势，控制穴孔基质下半部的湿度，使基质见干见湿。可以在浇水前挖起一部分基质，观察下半部分是否有一定的湿度，或者可以抬起穴盘看看穴盘底部的基质是否变干，以此决定是否需要补充水分。一般情况，浇水时只需浇至水流过穴盘即可，特殊情况下，浇水至穴孔的一半即可，如：天气由晴转阴、转冷，或者温室内湿度特别高；穴孔下半部仍旧有一定湿度；第二天需要对幼苗进行施肥等。

除此之外，苗期的水分管理还需注意以下几点：阴雨天不宜浇水；浇水时间尽量选择上午，下午 3 点后不可灌水；穴盘边缘苗应及时补水。

一些常见蔬菜在不同生育阶段较适宜的基质水分含量如表 3-4 所示，可供参考。

表 3-4　常见蔬菜在不同生育阶段较适宜的基质水分含量　　　　单位：%

蔬菜种类	茄子	辣椒	番茄	黄瓜	芹菜	生菜
播种到出苗阶段	85 ~ 90	85 ~ 90	75 ~ 85	85 ~ 90	85 ~ 90	85 ~ 90
子叶展开到 2 叶 1 心阶段	70 ~ 75	70 ~ 75	65 ~ 70	75 ~ 80	75 ~ 80	75 ~ 80
3 叶 1 心到成苗阶段	65 ~ 70	65 ~ 70	60 ~ 65	70 ~ 75	70 ~ 75	70 ~ 75

（3）光照管理。幼苗的光照条件除了与气候有关之外，还与地膜的材质及揭盖有关，这些因素不仅影响光照，还影响地内温度。出苗后，应尽可能使苗床多见光，光照充足有利于培育壮苗。因此，要选用透光性好的地膜，并及时清扫，保持表面洁净，增加光照强度。另外，还要在上面加盖一层不透明的覆盖物，以便处理好保温和改善光照条件的关系。同时尽可能地早揭晚盖，延长光照时间。

但是，光照对于蔬菜种子的发芽并非都是必需的。如莴苣、芹菜、胡萝卜等蔬菜的种子需要在一定的光照条件下才能萌发，但是韭菜、洋葱在光照下却会发芽不良。因此，种植不同的蔬菜需要提前做好相关功课。

（4）施肥防病。基质的营养一般能够满足幼苗的生长需要，根据幼苗生长状况和基质的肥力，也可进行叶面施肥，一般可用 0.2 % 尿素 +0.3 % 磷酸二氢钾水溶液或其他营养型叶面肥来喷洒幼苗。施肥时间一般在下午 3 点后，注意施肥前一天不可浇水过多。

5. 炼苗

（1）放风。炼苗一般在定植前的 5 ~ 7 天进行，时间不能过长，主要是通过将塑料温室拱棚的上下放风口揭开来实现放风降温。同时，要由白天的大放风逐渐发展到夜间也放风。在定植前的 2 ~ 3 天，打开所有通风口。

（2）降温。露地与育苗床内环境条件的最大差异是温度的不同，所以幼苗必须进行低温锻炼，白天床温可降至 15 ~ 20 ℃，夜间 5 ~ 10 ℃。另外，在定植前的 3 ~ 4 天，在无霜的情况下，撤走全部覆盖物，使育苗场所的温度接近定植场所的温度。苗床温度降低要逐步进行，不可突然降低过多，以免损伤幼苗。

（3）降低含水量。适当控制浇水量，一方面可以控制幼苗地上部分的生长，另一方面还能增加土壤的通气程度，有利于根系生长。从定植前的 10 天起，减少苗床浇水次数，只是在幼苗萎蔫时少量浇水，防止湿度过高导致幼苗徒长。

6. 出苗

出苗指的是将培育好的壮苗移植至土地里去栽种，也被称为定植。操作时需要注意，要轻轻地把塑料软盆脱出，连根部土坨一起移栽到地里，这样才不会伤害根系，移栽后短时间内便可进入生长阶段。

（三）育苗成果的展示与分享

1. 图片展示

育苗体验过程中可以用相机、手机等工具记录种子处理、基质配制、播种、苗期管理、炼苗、出苗等各个育苗阶段，以及幼苗从播种到出苗，从展开子叶到逐步成长为壮苗的过程。另外，还可以用计算机等工具记录育苗过程中的各项数据。将照片按照育苗的流程进行排序，并配上相应数据和文字来解说，由此完成育苗工作及育苗成果的纪实。

2. 视频展示

育苗体验过程中可以用相机、手机、摄像机等工具拍摄工作影像，并将每日工作情况和感想编写成育苗日志。将工作影像、育苗日志、工作与成果图片等素材相结合，制作成短视频，以展示育苗工作的艰辛与不易，体现个人的成长与收获。

3. 体验分享

对育苗体验的经历进行分享，分享内容包含但不限于：开展体验活动的价值及意义、体验内容细节、通过体验掌握的技能、体验过程中印象最深刻的内容、反思感悟等。分享形式由分享者自行设计，如利用 PPT 进行展示。

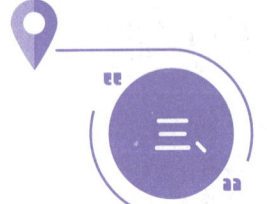

三、劳动赋能站：劳动科学知识积累

（一）农业类生产劳动的特点

1. 劳动分工的专业化

农业的基本功能是为全社会提供基本生活和生产资料。但是伴随着农业产业化和科技化的发展，农业的衍生功能日趋多元，经济、社会、环境保护和文化传承等功能日益凸现，这决定了现代农业领域劳动分工的专门化和专业性，劳动者在农业生产、经营、服务等细分领域必须掌握相应的专业技能。如农业生产经营，须根据农作物生长规律和市场经济规律对农业资源进行科学配置，借助现代农业科技和现代经济管理方式，调整农产品的生产和服务，促进农业发展良性循环。

2. 劳动目标的高阶性

在乡村振兴战略下，为实现农业农村现代化，农业生产劳动应与农业现代化、社会主义现代化相联系，以促进中国特色社会主义农业发展作为价值目标，以农业农村现代化建设和农民持续增收为根本任务。因此，现代农业生产劳动具有深远的社会价值和历史意义。

3. 劳动方式的科技化

科技是第一生产力。现代农业通过密集的资本投入，极大地推动了农业科技的发展。转基因、航天育种等新型农业科技的诞生，更加速了各种现代农业技术的有机融合，拓宽了农业生产的可持续发展空间。"工欲善其事，必先利其器。"在乡村振兴战略背景下，我国现代化农业生产正越来越依靠科技力量和科技人才，将农业资源要素有效转化为现实生产力，不断优化供给侧，推动农业农村的现代化发展。

4. 劳动过程的标准化

伴随着农业农村的现代化发展，现代农业生产劳动越来越多地依靠大型农业机械设备和信息化设备辅助完成，这也决定了生产过程中，劳动者必须严格依照科学的工作流程和量化的工作标准，来设置精准的设备参数、遵守规范的操作流程、进行标准化的系统维护和农产品质检等。

（二）新型职业农民的职业素养

受传统小农经济的影响，我国农业现存劳动力整体素质较低，受教育程度较低，创新能力和适应能力较差，市场化经营意识淡薄，这些都加剧了农业生产经营面临的人力资源困境。我国农业现代化的核心是标准化、专业化、规模化和集约化。现代农业的发展，不仅依靠技术、资本两大要素的投入，更亟须善经营、懂管理的劳动者。这就需要一批掌握现代农耕技术、能够熟练操作使用现代农用装备、具备一定市场营销能力和经营管理水平的新型职业农民。

1. "爱农"的职业价值观

新型职业农民是以农业生产经营作为主要工作的专业人才，应对农业、农村、农民有深厚情感，愿留在乡村，愿意为国家"三农"事业的繁荣发展贡献力量。在自我发展、收入增加的情况下，带动后进、精准帮扶。在农业生产领域，具有农业生产和农业服务的质量安全意识，具备诚实守信、爱岗敬业、奉献社会的精神。

2. 具有生态环保与农业产业协调发展理念

新型职业农民应具有强烈的社会责任感和历史使命感，持续学习和及时了解国家政策，以新发展理念为指导，在农业生产和服务中积极践行习近平生态文明思想，保护生态环境和耕地资源，坚持生态治理和农业生产协调发展。比如现代农业生产劳动与社会的生态安全息息相关，因此新型职业农民应适度合理使用农药和化肥，采用更加科学的育种、种植和养殖技术，减少现代农业的土地污染，降低农产品农药残留，为生态文明建设和满足人民对美好生活的向往贡献力量。

3. 终身学习的意识和能力

科技的快速发展对现代农业生产技术产生了深远影响，单纯依靠传统的经验无法维持现代农业的生产、服务、经营和管理，新型职业农民作为现代农业领域的建设人才，需要更高层次的专业知识和新技术应用能力，新型职业农民应持续学习先进的农业种养殖技术和农业经营管理知识，以适应新产业、新科技和新业态的发展。

4. 具有创新创业素养

伴随乡村振兴战略的实施和现代化建设的全面推进，我国亟须造就一支创新型职业农民队伍，以实现农业高质量发展的长远目标。创新创业素养包括创新创业知识、创新思维、创新人格和创新创业实践。创新创业知识是基本前提，创新思维是关键动力，创新人格是内在源泉，创新创业实践是综合表达。新型职业农民中的农村创新创业带头人也是乡村企业家，须饱含乡土情怀、具有超前眼光、充满创新创业激情、富有奉献精神，才能带动农村经济发展和农民就业增收。

5. 具备信息媒介素养

在信息技术时代，新型职业农民应具备良好的信息媒介素养，发展农村电商、提升农产品经营效益，宣传建设美丽乡村、实现数字化生活、生产和治理。新型职业农民的信息媒介素养，是正确结合生产劳动和自身实际、恰当选择信息化工具搜集、筛选与应用信息的能力，是面对信息媒介时理解能力、选择能力、批判能力和传播能力的体现。

（三）新型职业农民职业发展的政策保障

"培育新型职业农民"的概念由 2012 年中央一号文件提出，此后，一系列涉及新型职业农民的文件陆续出台。2017 年，中华人民共和国农业农村部印发《"十三五"全国新型职业农民培育发展规划》，将新型职业农民定义为"以农业为职业、具有相应的专业技能、收入主要来自农业生产经营并达到相当水平的现代农业从业者"，这与主要目标是维持自身生计的"传统农民"有根本不同。2018 年，《中共中央 国务院关于实施乡村振兴战略的意见》再次强调，要"大力培育新型职业农民，全面建立职业农民制度，完善配套政策体系"。2020 年农业农村部、国家发展和改革委员会等九部门联合印发的《关于深入实施农村创新创业带头人培育行动的意见》指出行动的总体目标为"到 2025 年，农村创新创业环境明显改善，创新创业层次显著提升，创新创业队伍不断壮大，乡村产业发展动能更加强劲。农村创新创业带头人达到 100 万人以上，农业重点县的行政村基本实现全覆盖。" 2021 年，《中华人民共和国乡村振兴促进法》颁布，为乡村人才工作体制机制的健全完善提供了法律保障，采取措施鼓励和支持社会各方面提供教育培训、技术支持、创业指导等服务，培养本土人才，引导城市人才下乡，推动专业人才服务乡村，促进农业农村人才队伍建设。

（四）中国农民丰收节

中国农民丰收节是我国第一个在国家层面专门为农民设立的节日，设立于 2018 年，节日时间为每年农历秋分（二十四节气之一），亿万农民在这一天庆祝丰收、享受丰收，同时祈愿五谷丰登、国泰民安。这一节日的设立一方面充分体现了党中央对"三农"工作的高度重视和对广大农民的深切关怀，是人民情怀的充分体现；另一方面还能够为乡村振兴战略的实施营造浓厚氛围，激发、鼓舞广大农民投身乡村振兴事业，促进乡村产业、文化、人才、生态等全方位振兴。此外，该节日时间的设定也是对"二十四节气"这一中华优秀传统文化的致敬与传承。

四、 劳动提升站：总结、反思与评价

（一）育苗实践总结

1. 素材总结

用文字记录育苗的每一个步骤和环节，并将其可视化，即以流程图或者思维导图的形式来呈现育苗实践各环节之间的关系，明确育苗工作环节之间的逻辑性，加速相关工作经验的积累。

2. 数据总结

按照育苗流程，把每个步骤的关键要点数据化，认真记录每一步骤的操作时长、育苗环境、育苗生长状况、生产成本等数据，这样便于记忆并掌握操作过程中的规范标准，有助于提高劳动的专业性和规范性。

3. 经验总结

撰写育苗实践总结报告，描述实践过程中各步骤的要点、注意事项，凝练经验体会。

（二）育苗实践反思与感悟

完成育苗实践后，要进行自我反思和感悟，从而提升对现代农业生产劳动标准化、专业化、科技化的认识，深化对生态意识、信息素养、工匠精神的理解。请同学们反思本次实践的过程，填写育苗实践反思与感悟表（表3-5）。

表 3-5　育苗实践反思与感悟表

时间：	地点：	项目名称：
主要劳动内容		
我的优势（本次实践体验中我做得好的方面）		
我的劣势（本次实践体验中我做得不足的方面）		

我的反思（对农业技术推广工作的理解以及农业生产劳动的认识）	
我的感悟（对"爱农"的职业价值观、艰苦奋斗、勇于创新的精神感悟）	

（三）育苗实践自我评价

完成育苗实践后，请进行自我评价，填写育苗实践自我评价表（表 3-6），为本次实践体验画上一个圆满的句号，为下次实践积累经验。

表 3-6　育苗实践自我评价表

姓名：	
育苗实践项目：	
育苗实践内容：	
胜任情况：A. 完全胜任　　B. 基本胜任　　C. 不胜任	
期望尝试岗位：	
劳动态度（劳动态度是否积极正面）： 劳动态度积极、主动，时常保持良好的状态完成工作并解决问题	优秀 良好 一般 较差
劳动技能（应用相关知识的能力）： 能掌握比较全面、专门的业务知识，熟悉工作流程和方法	优秀 良好 一般 较差
劳动效率（完成工作的速度与预期的标准相比）： 高于预期效率，能早于期限完成	优秀 良好 一般 较差
执行力（落实并完成工作）： 快速完成常规任务和临时任务	优秀 良好 一般 较差

1. 纪录片：《大国根基》

这是一部全景式反映农业现代化进程的大型纪录片，它讲述了在现代化进程的背景下，中国农业现代化的一系列突破性发展与创新成果，并展现这些突破性发展与创新成果背后的关键力量。全片共分为六集，从育种技术、农业科研、农业机械、水利灌溉，到土地制度、农业生产组织方式、农业人才培养，再到农业金融、农产品物流、农业旅游，其内容几乎涵盖了广义农业的全范围，全面地展现了一个农业大国崛起的点滴。锐气长居发展，底气自在心间，千百年来我们以农立国，而现在正是我国由农业大国全面迈向现代化国家的重要历史阶段，有农业发展的底气，又有砥砺前行的锐气，中华民族伟大复兴便有了最坚实的根基。

2. 纪录片：《端牢中国饭碗》

这是一部记录我国粮食安全发展的纪实影像作品，它通过聚焦平凡、生动，而又具有代表性的人物故事，系统解读了中国特色的粮食安全之路，恢宏展现了党的十八大以来，中国粮食安全所取得的巨大成就，全面呈现了我国为世界粮食安全所做出的重大贡献和为世界解决粮食安全问题提供的中国方案。该片共分为16集，整体围绕"大农业观"和"大食物观"，立足于人们多元化的食物需求和人民美好生活的需要，讲述了大国粮仓根基不断夯实的奋斗故事。

3. 书籍：《从农业 1.0 到农业 4.0：生态转型与农业可持续》（温铁军，唐正花，刘亚慧著）

工业文明飞速发展带来了严重的生态危机和农业困局，人类文明的出路在哪里？答案是：工业文明向生态文明转型，产业化农业向农业可持续回归。本书首先论述了人类农业文明受地理等约束而具有的先天差异性及其演化过程，阐述了农业的本质以及农业与生态的密切关系，进而提出农业发展四阶段：农业 1.0 对应殖民地大农场，我国因受资源禀赋的硬约束，难以效仿其走规模化农业道路；农业 2.0 对应设施化农业、工厂化农业，面临高亏损和严重的环境负外部性；农业 3.0 对应三产化农业，因其与形态各异的自然条件和社会资源相结合而呈现出多元化；农业 4.0 意即社会化生态农业，彰显农业的教育文化、历史传承等非经济功能，带动农村经济回嵌乡土社会、农业经济回嵌资源环境，直至"人类回嵌自然"。

第四章

执着专注的监理员

学习目标

1. **知识目标**：掌握建设工程监理与生产性劳动的关系，了解监理工作的工作纪律，并通过劳动赋能站，补充与工程建设相关的专业知识。

2. **能力目标**：通过完成监理旁站任务，具备开展不同类型旁站工作的能力，具备监理准备工作、工作过程、工作完成后等不同环节所需的专业技能，通过生产劳动提升劳动能力，达到土木建筑大类职业能力要求。

3. **素养目标**：通过对监理旁站工作的感受与尝试，强化对工程建设岗位的认识，真正体会工程监理在项目建设过程中对于工程质量安全所起到的至关重要的作用，提高安全劳动意识，树立正确的劳动观，自觉弘扬爱岗敬业、艰苦奋斗的劳模精神和精益求精、一丝不苟的工匠精神。

建设工程监理是土木建筑大类专业学生毕业后可选择的职业之一。建设工程监理是指工程监理单位受建设单位委托，根据法律法规、工程建设标准、勘察设计文件及合同，在施工阶段对建设工程质量、进度、造价进行控制，对合同、信息进行管理，对工程建设相关方的关系进行协调，并履行建设工程安全生产管理法定职责的服务活动。

中华人民共和国住房和城乡建设部 2022 年 9 月发布的《2021 年全国建设工程监理统计公报》显示：2021 年全国共有 12 407 个建设工程监理企业参加了统计，年末从业人员达 166.96 万人，较 2020 年增长 19.8%。现如今，工程监理从业人员的数量仍在持续攀升且逐渐趋于年轻化，越来越多的应届毕业生走出校园，投身到建设工程监理的岗位发光发热。本章将带领同学们体验监理员的职业劳动。

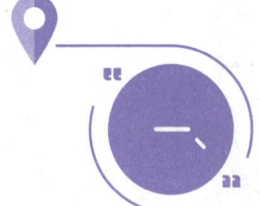

一、劳动观摩站：监理员的成长之路

（一）劳动金句

面对新时代、新形势、新环境、新发展，建筑业要坚持以人为本的安全生产理念，始终把人民群众生命财产安全放在首位，强化源头管理和强化安全生产"底线思维"和"红线意识"，坚持预防为主，吸取教训，举一反三，要高度重视工程质量安全生产工作，牢固树立质量安全第一和安全发展理念，维护社会稳定。

——中国建设监理协会《建设监理警示录——建设工程质量安全
典型案例》

（二）职业讲堂

监理员的成长之路

孔大有，2020年6月毕业于湖南城建职业技术学院建设工程管理专业，并于当年3月入职深圳某国有监理企业参加实习工作。通过个人的积极努力与学习，他仅用3个月的时间便快速掌握了作为一名监理员的专业职责，并在企业近百名实习生参与的转正考核中脱颖而出，获评企业优秀实习生荣誉称号。至今，孔大有已在自己的岗位上工作两年时间，个人专业水平和从业能力也有着质的提升。以下是他在监理工作中的心得体会：

这份工作是我从学校走向社会的第一份工作，我正式从一名学生转变为一名企业职工。期间，我既有兴奋和好奇，也有过迷茫与恐惧。结合个人经历反复思考，我渐渐明白了个人在工作之中的价值体现。

从熟悉施工图纸、施工合同、监理工作制度、监理规划、监理实施细则、相关流程规范开始，我逐步熟悉了所在工程项目的建设情况，初步掌握了工程监理工作的基础知识和操作的基本程序。日常工作中，我总是紧跟一线的施工单位人员，通过现场直接参与，学习怎样发现、管理、解决实际工程项目建设过程中出现的问题。在监理团队内部，我会积极参与监理例会，学习怎样协调各方关系，以及分析项目施工的质量、安全、进度状况，并针对存在的质量问题提出改进措施。在现场做监理员的我，主要负责工程项目建设现场的旁站巡检，检查承包单位每日投入工程项目的人力、机械等，按设计图纸及相关标准对施工单位的施工过程进行检查和记录。

一位优秀的土建监理员，不仅要有扎实的专业知识，还要有良好的语言表达技巧和较强的沟通和交际能力。以监理旁站为例，作为工程监理的重要手段，旁站越来越受到施工单位和监理单位的高度重视。对施工过程的及时监督整改，可以避免留下质量安全隐患，使质量达到设计规范要求。旁站监理人员在旁站工作中要注意以下几点工作方法：

（1）在旁站监理前要预先熟悉图纸，审查施工方案是否通过，施工单位是否进行技术安全交底。旁站监理要做到心中有数，同时了解施工单位现场管理人员是否就位；

（2）旁站监理不能流于形式，要抓重点及关键项目的控制，不能眉毛胡子一把抓或吹毛求疵，要适时纠正工作面的偏差，有偏即纠；

（3）纠正偏差时要注意工作方法，不要与具体操作人员发生直接冲突，而是找负责现场施工的管理人员提出意见或下达整改要求，做到不卑不亢，讲清问题存在怎样的隐患风险，使其真正认识到整改的必要性；

（4）按规定的要求填写好旁站记录与监理日记，记录要翔实，用真实数据说话，特别要注意保存好原始数据和书面资料。对施工过程中出现的问题和隐患，旁站监理人员应采取照相或摄像等手段予以记录。

为了更深入地了解现场的问题与解决办法，我还在工作之余积极学习各种施工管理类的知识，从书本走向现场，再从现场得出理论，二者相互印证，理论与实践的结合不再是一句空话，专业水平很快就得到了提高。

案例分析： 作为一名刚刚走出校园的实习生，孔大有借助自身的专业所学积极投身到建设工程监理领域中。参加工作后，他认真工作，快速适应工作环境，劳动态度良好，勤奋学习，理论结合实践，精益求精，从一名实习生逐渐蜕变为一名优秀的监理员。孔大有是新时代青年职业工作者自觉践行执着专注、精益求精、一丝不苟、追求卓越的工匠精神的典型代表。

严守工程安全，保障项目质量

谢俊峰，广东环境保护工程职业学院建筑工程技术专业2022届毕业生，于2021年7月至深圳某国有监理企业进行土建监理员的实习，实习期间，他先后经历了大型房地产项目建设与大型政府项目的建设。以下是他对个人实习工作内容的具体介绍及心得体会：

我来到公司参加实习工作已有八个月了，作为实习土建监理员，我有幸前后参与了房地产公司和政府投资的两个大型项目的建设，这是一段十分难得的经历。旁站，对于一名监理员来说，是最基础也是最重要的工作内容。旁站工作涉及的方面有很多，而我在这两个项目上主要经历过的旁站类型包括质量监理旁站与安全监理旁站。

1. 质量监理旁站——混凝土浇筑旁站

在浇筑混凝土前需对钢筋、模板进行合规验收，签署浇筑作业令后才可进行混凝土浇筑施工，在混凝土浇筑旁站过程中需注意：

图 4-1 混凝土坍落度实验

图 4-2 超高层塔楼外框架楼板进行混凝土浇筑旁站

（1）混凝土浇筑时需要质检员、施工员、监理员共同进行旁站。

（2）抓好现场混凝土坍落度的抽检工作，在现场会对不同标号的混凝土进行每车抽检（图 4-1），同标号的混凝土每隔三车抽一次。

（3）在浇筑过程中，把一米线标号放线拉通，需要对板厚进行严格控制。

（4）控制振捣棒的使用时间，振捣棒采用插入式振捣棒，每次插入振捣的时间为 20 秒左右，至混凝土不再出现显著下沉现象停止。振捣时间过短会导致混凝土不密实、留下间隙，后期拆模后观感质量极差，出现蜂窝麻面现象；振捣时间过长会导致砂与水泥分离，影响混凝土质量（图 4-2）。

（5）在混凝土浇筑完成后应及时收面，保证混凝土的观感与质量，以及后期不容易产生裂缝。

（6）现场在旁站过程中，难免会出现钢筋损坏、梁板钢筋个别漏筋的情况，在混凝土浇筑前，应要求钢筋工人及时对损坏、漏筋的钢筋进行修复，避免出现质量问题。

（7）现场在旁站过程中，难免会出现漏浆等情况，应要求看模的工人在出现漏浆情况时及时查缺补漏。

（8）现场混凝土尽量一次浇筑完成，如果实际条件不允许，必须留置施工缝，旁站人员需特别留意，尽量让施工人员将施工缝留于梁板交界处，即距离板底 2～3 cm 处，并在二次浇筑前对施工缝进行处理。

（9）在一天旁站完成后，需要填写混凝土旁站记录或者与交接人员完成相应交接工作。

2. 安全监理旁站——钢构吊装旁站

（1）首先应检查钢构件是否已报验，是否有合格证，吊装单元主要尺寸是否与施工方案一致。

（2）在吊装前检查施工人员的证件，并参与安全技术交底。

（3）在吊装前检查施工机械设备、机具是否完好，在现场我们需检查吊具、吊索是否存在断丝、断股情况，检查爬梯的防坠器是否安装到位。

（4）吊装前要求在吊装区域、物体坠落半径外设置警戒线，防止人员出入吊装区域，避免物体打击风险。

（5）吊装过程中要求施工方安全员与监理员共同进行旁站，上下区域均要有人看护，如发生施工人员违规操作，应当及时制止。

（6）在旁站结束后，当天内应及时完成危险性较大的分部分项工程旁站记录表。

　　上述是两个项目最常进行的两类旁站，不管是质量监理旁站还是安全监理旁站，都需要时刻紧盯现场，避免因质量、安全问题造成损失。在工作过程中，我代表着公司形象，不能因自己的一时疏忽，带给公司不可逆的意外。同时，这也是在保障每一位工人的生命安全。

　　案例分析：谢俊峰在日常最基础、最枯燥，但也是最关键的工作环节中，能够踏实下来、稳住心态，做好每一项本职工作，做到了吃苦耐劳和勤奋坚韧，诠释了新时代劳动精神。谢俊峰将工程项目的质量安全牢记在心，用实际行动保障了建设工程的质量要求，筑牢安全屏障，用自身的劳动奉献创造出最大的价值。

（三）监理员的一天

　　6:00—7:00　建筑工人开始陆续进场，与施工单位施工员、劳务班组长一同前往现场，对所负责区域的施工工人进行早班会安全教育及作业前交底，先由施工员和班组长分别对今日工作进行安排，然后由监理员对今日施工注意事项向所有人进行宣讲和强调。

　　7:00—8:00　吃早饭、制订今日工作计划。

　　8:00—9:00　例行巡视。每天上午、下午例行的监理巡视是必不可少的，哪怕工地因故停工，也要去工地转转，这是职责所在，雷打不动。戴好安全帽，带上手机，将整个现场巡查一遍，若发现安全隐患或存在违反操作情况，要拍照或录视频，及时上传至项目群，提醒或要求施工方及时进行整改或返工，同时也要让建设方知道监理的工作状态，作为监理工作的佐证。

　　9:00—9:30　针对上午巡视的发现的问题，与施工方现场负责人进行沟通。得到回复后，回监理办公室填写《工作记录》《监理日志》，审核签发《工程联系单》。

　　9:30—10:30　与建设、勘察、设计、施工方一同对作业区域施工情况进行查看。查看现场后，几方在会议室研究确定处理方案，解决图纸问题，提出监理意见，由施工单位组织完善方案并报审。

　　10:30—11:00　与甲方、施工方一同前往施工现场进行验收。

　　11:00—12:00　将上午的现场情况向总监做汇报，熟悉图纸和方案。

　　12:00—14:00　午休。

　　14:00—15:00　进行下午的巡视检查，对上午巡视发现的问题进行复查，查看整改情况。

　　15:00—15:30　巡视完工地后，再次来到施工单位负责人办公室，询问明天的施工安排及重点事项，并进行协调处理。

　　15:30—17:00　召开监理例会，将当天现场的进度、质量、安全、防疫工作进行梳理，与各方单位进行协调。在保证安全的前提下提高质量，加快进度。

　　17:00—18:00　将今日工作情况向总监进行汇报，完成当天工程资料审批。

18:00 下班。

二、 劳动体验站：体验混凝土浇筑监理旁站

（一）混凝土浇筑监理旁站实践准备

1. 了解监理旁站的工作内容

监理旁站是项目监理机构对工程的关键部位或关键工序的施工质量进行的监督活动。混凝土浇筑旁站的主要工作内容包括以下几点：

（1）检查施工单位现场质检人员是否到岗、特殊工种人员是否持证上岗以及施工机械、建筑材料的准备情况；

（2）在现场跟班监督关键部位、关键工序的执行情况以及工程建设的强制性标准达成情况；

（3）核查进场建筑材料、建筑配件、设备和商品混凝土的质量检验报告等，并可在监督施工单位进行现场检验或者委托具有资格的第三方进行复验；

（4）做好旁站监理记录和监理日记，保存好旁站监理的原始资料，如文字资料与现场照片等。

2. 监理员混凝土浇筑旁站的工作纪律

（1）旁站监理员要按时到岗，不得中途脱岗、睡岗；

（2）旁站监理的关键部位、关键工序要进行现场跟班监督，严格按技术标准、规范和审批的施工组织设计进行施工；

（3）在旁站过程中，施工单位如有违反工程建设强制性标准的行为或存在质量缺陷、安全隐患，监理员应及时向总监理工程师报告，下发《工程暂停令》；

（4）如果旁站监理人员和施工企业现场质检员未在旁站记录上签字，不得进行下一道工序的施工。

3. 旁站准备工作

（1）必须认真熟悉上报的混凝土施工方案及浇筑部位专业图纸，仔细阅读图纸并做好备份。

（2）要检查或在必要时参与施工单位技术人员对作业工人的技术交底及安全交底，保证混凝土浇筑开始前各项签字、盖章手续齐全。

（3）浇筑前必须确保负责验收的各类专业监理工程师对浇筑部位已完成验收，具体包括：

① 钢筋验收——主要检查钢筋规格、数量、间距、搭接及焊接长度、保护层垫块及马镫支设、钢筋焊接试验报告、预留插筋、预埋件及预留孔洞的位置和

钢筋绑扎（图4-3）。

②模板验收——主要检查模板的支撑情况、模板的清理及隔离剂、模板的截面尺寸、模板的拼缝及平整度等。

③保证进场的砂、石、水泥及外加剂、搅拌用水验收合格，并随时进行抽查。要求砂、石必须分开堆放，材料计量准确，搅拌用水如为地下水还需进行取样检测。

④混凝土浇筑之前现场应准备坍落筒，并已按照要求做开盘鉴定，签字齐全。同时已按开盘鉴定悬挂混凝土现场施工配合比标牌，机械设备运转正常。

图4-3　桁架楼承板钢筋绑扎平行检验

（4）冬雨季节时，必须加强预备措施检查，保证施工措施到位，施工人员、现场管理人员核实现场环境情况。

（5）确保水、电施工项目已通过监理验收，并检查浇筑部位的各专业隐蔽验收资料是否齐全。

（6）上述流程检查完毕后，签署《混凝土浇灌令》。

（7）准备好混凝土浇筑时的旁站用具及工具，包括劳动防护用品（安全帽、安全鞋、反光衣）及工具（手电筒、卷尺、对讲机、喇叭）等。

（8）检查应急救援措施是否保障到位。

（二）监理员混凝土浇筑旁站过程与操作要点

1. 旁站过程工作

（1）对现场及准备情况进行检查。①检查现场作业条件：泵管是否架设到位、是否稳固；②检查振动棒、抹光机及电源是否准备到位。

（2）对浇筑原材料开展质量监管。①检查混凝土的料单以及对应的随车标号牌；②复核混凝土品种、标号与浇灌令是否一致，同时复核其出厂时间是否不超过2小时；③对混凝土坍落度、氯离子含量进行现场测试；④监督制作混凝土试块。

（3）对混凝土浇筑过程开展质量监管。①检查标高控制线是否符合规范要求；②检查混凝土浇筑标号与浇筑部位是否一致；③检查施工振捣是否到位；④检查模板系统是否有爆模漏浆；⑤复核浇筑完成区域的标高；⑥检查混凝土压光质量是否满足要求；⑦检查混凝土养护覆盖措施是否到位；⑧浇筑混凝土的过程中，应派专人看护模板支架和钢筋。如果发现模板支架有变形和位移或钢筋踩踏严重时，要及时修整。

2. 旁站完成后的工作

认真完成相关资料、台账的填写。

（1）填写混凝土浇筑《监理旁站记录表》（表 4-1）。

表 4-1　监理旁站记录表

工程名称：　　　　　　　　　　　　　　　　　　　　　　表单编号：

作业日期		天气		风力	
总承包单位					
专业承包单位					
旁站监理时间					

1. 施工前是否已履行监理报审手续？　　　　　　□有　　□没有

2. 总承包单位专职安全生产管理人员到位情况：＿＿＿＿＿＿＿＿＿

3. 专业承包单位专职安全生产管理人员到位情况：＿＿＿＿＿＿＿＿＿

4. 安全技术交底情况：＿＿＿＿＿＿＿＿＿

5. 特种作业人员到位情况：是否与方案相符？　　□符合　□不符合

证书与人员是否相符？　　　　　　　　　　　　□符合　□不符合

6. 应急救援准备情况：＿＿＿＿＿＿＿＿＿

7. 作业警戒区的设立与警戒人员到位情况：＿＿＿＿＿＿＿＿＿

8. 专项方案执行情况：

9. 其他：

总承包单位专职安全员（签名）： 　　　　　年　月　日 专业承包单位专职安全员（签名）： 　　　　　年　月　日	旁站监理人员（签名）： 　　　　　年　月　日 总监理工程师（签名）： 　　　　　年　月　日

（2）填写《监理日记》（表 4-2）。

表 4-2　监 理 日 记

日期：　　年　　月　　日		天气情况：
材料/设备质量监控	须包含但不限于以下填写内容：起止时间、名称（品种/规格）及批次编号、进场验收情况、见证取样送检数量及见证人、检验结果及使用情况等	
现场质量安全巡视	须包含但不限于以下填写内容：起止时间、工作面、施工及安全作业内容、存在问题、处理措施等	

质量安全 旁站	须包含但不限于以下填写内容：起止时间、工作面、施工及安全作业内容、存在问题、处理措施等
质量安全 验收	须包含但不限于以下填写内容：起止时间、验收部位及内容、参加验收的单位人员、验收结论、存在问题及处理措施等
其他记录	如：工程会议、设计变更、现场签证、方案审核、进度款审核、进度计划审核、沟通协调、个人备忘等

（3）填写混凝土试块制作台账。

（三）混凝土浇筑监理旁站的展示与分享

1. 图片展示

将图片以 PPT 形式展示，PPT 大纲可以包含基本情况、工作内容、收获、经验、感想、致谢等。

2. 视频展示

通过短视频、纪录片等方式展示体验过程。

3. 体验分享

通过简单的问卷或询问，了解老师和同学对你分享内容的评价与建议，提高以后的分享质量。

三、 劳动赋能站：劳动科学知识积累

（一）土木建筑大类生产劳动的特点

1. 劳动内容的复杂性

全流程建设环节是一个复杂、统一的整体，其中每一个环节都会对整个建设过程起到至关重要的作用。不同类型与功能的建筑体在建设前期的勘察、设计阶段存在着极大的差异，而这些不同的条件和多变的情况将直接影响到建筑施工技术和工艺的选择使用。同时，对于每一个建筑项目，立项、设计、施工、验收等各个环节都需要结合实际情况使用不同的方式方法，投入不同的财力、人力、物力，从而更好地完成项目建设。

2. 劳动环境的艰苦性

建筑行业的工作场所多在户外，或处于繁华复杂的城市，或到荒无人烟的偏远地区。因此，建设过程中的质量安全管理极易受到气候和自然环境的影响，这导致了土木建筑大类的生产劳动环境往往十分艰苦。此外，施工时常常需要进行高空作业、特种作业、危险作业等。

3. 劳动方式的创新性

近年来，随着科技水平的进步，以及人类对低碳、环保和可持续发展的向往，工程建设一改往日的粗放生产方式，越来越多地朝着智慧化、数字化、绿色化的高质量方向发展。项目建设过程中强化了行业之间的跨界融合与协同创新，加大了互联网、物联网、人工智能、大数据、云计算等创新技术的集成与创新应用，有效提升了建设信息化水平。同时进一步严格建设标准，注重生产的节能环保，减少污染排放，提高资源利用效率，更好地为人们提供更加绿色、健康、适用、高效的生活空间。

（二）土木建筑大类劳动者的职业素养

1. 吃苦耐劳精神

"万丈高楼平地起"，在一座座宏伟、壮观的建筑开建之前，其起始都是一片平地，甚至是一片破旧、泥泞的洼地。而这样一种工作性质，加上日晒、风吹、雨淋的户外工作环境，就要求土木建筑大类的劳动者必须能吃得了苦。

2. 良好的沟通协作能力

土木建筑大类的项目需要多学科合作，尤其是作为项目管理团队的骨干的劳动者，需要与其他专业人员默契配合，必须具备专业的组织协调能力，加强团队协作，增强凝聚力，才能科学有序地进行项目管理。

3. 质量意识

作为土木建筑大类的劳动者，在项目管理过程中，要有质量意识，包括安全、质量、进度、投资、文明施工条件、合同、信息等方面，都要按高标准、高质量严格要求。劳动者可以根据项目的实际情况合理制定标准，并在实施过程中进行监督，及时纠正和调整偏差，使项目进度按计划实施，实现总体目标（图4-4）。

4. 安全意识

土木建筑大类生产劳动的工作环境具有一定的危险性，这就要求土木建筑大类的劳动者要有安全意识，要时刻把安全放在劳动生产的首位。

5. 创新意识

随着低碳、环保、绿色等理念的不断深入，土木建

图4-4　混凝土浇筑前标高复测

筑大类的劳动生产也在发生变化，这就要求土木建设大类的劳动者不能故步自封，要有创新意识，能够把低碳、环保、绿色的理念融入具体工作中，创新工作内容。

（三）监理工作的经验分享

（1）熟练掌握监理专业知识，才能预知和发现问题，分析并最终解决问题。同时还需掌握和熟悉国家、地方、行业有关监理行业的一系列法律、法规和操作规程，以便在实际工作开展中做到依法监督、按章要求。

（2）监理工作开展过程中，要时刻牢记安全规范，要做到"安全无小事，人人事事保安全"，重视安全宣传、教育和培训。只有安全意识提高了，才能在生产劳动过程中自觉遵守劳动纪律和安全操作规范。从"要我安全"转向"我要安全""我应安全""我能安全""我懂安全"。

（3）坚持原则、底线，对于现场出现的安全隐患要严格恪守底线，绝不能让"就干两分钟""一会儿就下去""就剩一点了"等借口腐蚀底线，要做到现场问题现场整改，绝不放过任何问题。

（4）谈话要讲艺术、讲道理。工作中我们会接触各种各样的人，沟通交流的方式也要因人而异。要注意谈话的方式、方法与场合，要尊重他人人格。面对错误行为，谈话和批评要对事不对人，耐心讲清违章所带来的危害和后果，同时帮助其制定相应的预防措施，使遵纪守章成为每个人的自觉行为。要避免对方产生抵触情绪，使无意违章成为有意违章，从而酿成事故。良好的工作艺术，可以使监理工作深入人心。

（5）科技赋能，智慧建造。在学好扎实专业知识的同时，更要注重学习先进的生产建造技术手段，紧跟行业科技发展，更好地提升个人的综合素质水平。

（四）对即将从事监理工作的青年学生的建议

（1）初入社会参加工作要做到对自己的工作负责任，全身心投入到实际工作中去，不要马马虎虎、虎头蛇尾。个人工作看似事小，但对工程建设质量安全有着至关重要的影响，甚至关系到人的生命。

（2）及时转变个人的思维和态度。要及时从学生思维转化到职场思维，工作要主动，学习要主动，将学习和工作完美融合在一起，杜绝"等、靠、要"。学会承担，敢于承担，努力提高自身的社会适应能力。

（3）在工作中要努力做一名"靠谱"的人，做到"凡事有交代、件件有着落、事事有回响"。很多人能够做到"专业不足可以学，能力落后可以练"，却忽略了做人做事的优秀品质。只有做到二者兼有，才能真正让人在社会中立足。

（4）要做到心态归零、虚心求教。在校园里，你也许是学生干部、是三好学生、是无数荣誉加身的佼佼者。但是到了社会上，一切光环褪去，你将成为一个单位、一个团队里的普通人。因此一定要及时调整个人状态，主动求教，不要心高气傲、满是浮躁。

（5）建设工程行业确实充满着风吹日晒雨淋，而这种户外工作的特点也正是整个建设工程行业本有的属性。因此，踏实肯干、吃苦耐劳绝对不是一句空话，而是需要每一位工程人矢志不渝地去坚守的宝贵意志。

四、 劳动提升站：总结、反思与评价

（一）混凝土浇筑监理旁站实践总结

监理旁站工作必须要了解图纸、熟悉图纸。图纸在整个工程建设过程中是第一位的，必须要花大量时间阅读学习。其次要熟悉监理旁站工作的关键部位与要点，并熟悉旁站工作的开展流程。通过前述的实践操作，我们了解了开展混凝土浇筑监理旁站工作的基本要求与工作流程，学会了如何正确行使监理旁站工作的权力与责任。下面让我们来对这次劳动体验进行总结。

1. 文字总结

根据自己的了解和学习，将混凝土浇筑旁站监理工作的全过程，用自己习惯的语言方式并结合以往经验书写出来。在写作时，可以以工作开展的过程为顺序，分别叙述每个要点或每一步骤的具体内容、工作办法、具体要求、注意事项、经验体会等。这种写法的优势在于可以全面、直接地将整个监理旁站事件的全过程梳理明白。

2. 图示总结

将混凝土浇筑监理旁站的每一个步骤和环节，用流程图或思维导图的形式画出来。通过图示重点描述、展示旁站工作的开展过程，这能够很好地呈现出监理旁站工作各部分之间的顺序关系，使工作开展的逻辑更加清晰、明确，便于记忆。

3. 数据总结

仔细回忆混凝土浇筑监理旁站过程中每一步骤的操作顺序与时长。按照工作流程顺序，把每一个步骤中的旁站关键要点进行数据化，记录好具体的数值，同时也可记录对应步骤的工作时间。这样更利于记忆并掌握监理旁站过程中的规范标准，有助于提高劳动工作的专业性和规范性。

（二）混凝土浇筑监理旁站实践反思与感悟

完成监理员混凝土浇筑旁站实践后，要进行自我反思和感悟，从而提升对土木建设类劳动的认识，并增强对劳模精神和工匠精神的理解。请同学们反思本次实践的过程，填写监理员混凝土浇筑旁站实践反思与感悟表（表4-3）。

表 4-3　混凝土浇筑监理旁站实践反思与感悟表

时间：		地点：	项目名称：
主要劳动内容			
我的优势（本次实践体验中我做得好的方面）			
我的劣势（本次实践体验中我做得不足的方面）			
我的反思（对监理员混凝土浇筑旁站的认识和对土木建筑大类生产劳动的理解）			
我的感悟（对爱岗敬业、艰苦奋斗、精益求精、一丝不苟的精神感悟）			

（三）混凝土浇筑监理旁站实践自我评价

完成混凝土浇筑监理旁站实践后，请进行自我评价，填写混凝土浇筑监理旁站实践自我评价表（表4-4），为本次实践体验画上一个圆满的句号，为下次实践积累经验。

表 4-4　混凝土浇筑监理旁站实践自我评价表

姓名：	
混凝土浇筑监理旁站实践项目：	
混凝土浇筑监理旁站实践内容：	
胜任情况：A. 完全胜任　　B. 基本胜任　　C. 不胜任	
期望尝试岗位：	
劳动态度（劳动态度是否积极正面）： 劳动态度积极、主动，时常保持良好的状态完成工作并解决问题	优秀 良好 一般 较差

劳动技能（应用相关知识的能力）： 能掌握比较全面、专门的业务知识，熟悉工作流程和方法	优秀 良好 一般 较差
工作效率（完成工作的速度与预期的标准相比）： 高于预期效率，能早于期限完成	优秀 良好 一般 较差
执行力（落实并完成工作）： 快速完成常规任务和领导指派的临时任务	优秀 良好 一般 较差

拓展资料

1. 书籍：《建设工程监理规范》（中华人民共和国住房和城乡建设部，中华人民共和国国家质量监督检验检疫总局联合发布）

该规范于 2013 年 5 月 13 日发布，并于 2014 年 3 月 1 日正式实施，是建设工程监理行业国家统一标准，是每一位监理从业人员的必备知识技能。

2. 书籍：《监理员一本通（第 2 版）》（本书编委会编）

此书内容广泛、丰富、通俗、实用，是建设工程监理员进行工程质量检查、验收和监督时的参考，是一本汇合各种规范的参考书籍。

3. 书籍：《建设工程监理操作指南（第三版）》（李明著）

本书以《建设工程监理规范》（GB/T 50319—2013）为依据，系统介绍了建设工程监理的工作内容、程序、方法和措施，具有极强的实用性和可操作性。

4. 微信公众号：建设监理

"建设监理"公众号的内容为公开发行的、监理从业工作者分享的行业新闻和从业经验。通过此公众号可以学习诸多业内最新鲜的专业技术前沿知识、工艺工法、法律法规等，还可以参考学习重大建设工程项目热点事件的总结、反思。

第五章

追求卓越的机械工程技术员

学习目标

1. 知识目标： 掌握新装机械设备测试的方法，理解生产性劳动的意义，并通过劳动赋能站，拓展装备制造从业者应具备的视野和知识。

2. 能力目标： 通过学习新装机械设备测试项目，切身体验装备制造大类生产的劳动特点，掌握开展装备制造大类生产劳动的各种能力和技巧，具备认真、严谨的工作态度，达到装备制造大类职业能力要求。

3. 素养目标： 通过对新装机械设备测试的学习、体验、反思与拓展，提升对装备制造大类生产劳动的认识，提高自身的劳动素养，树立正确的劳动观，自觉践行执着专注、精益求精、一丝不苟、追求卓越的工匠精神。

"装备制造"这个词听起来陌生，但实际上却与我们每个人的生活息息相关。比如我们日常生活中的电，电由煤矿燃烧的能量转化而来，能量转化就必须通过装备工业提供的发电设备才能实现。再比如我们每个人身上穿的衣服布料，布由棉花或其他纤维纺织而来，纺织就需要相应的纺织机械和服装机械。现代社会生活的每一件产品，其生产过程都离不开各种各样的装备。

装备制造业是为国民经济和国防建设提供生产技术装备的先进制造业，是制造业的核心组成部分，是国民经济发展，特别是工业发展的基础。但装备制造业技术类岗位人才较为稀缺，据教育部、人社部、工信部三部门联合发布的《制造业人才发展规划指南》显示，2020 年中国制造业重点领域人才缺口超过 1 900 万人。而随着我国制造业的转型升级、"中国智造"的逐步深入，高端技术人才缺口将继续扩大，基础能力建设滞后等难题亟须破解。本章将带领同学们体验新装机械设备测试工作者的职业劳动。

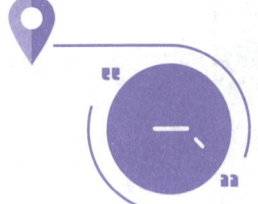

一、劳动观摩站：航天大国工匠的成长之路

（一）劳动金句

比院士头衔更自豪的是超声电机的产业化，人民能享受你的东西，那你才成功。

——中国科学院院士、南京航空航天大学教授赵淳生

（二）职业讲堂

锐意创新铸利剑　航天报国少年郎

胡兴盛，1999 年出生于山西介休的一个小县城，毕业于山西机电职业技术学院，在职校学习期间主修电子电气应用与维修和数控技术专业，现于中国航天科工集团二院二八三厂从事设备运维工作，2022 年荣获全国五一劳动奖章。

大学期间，胡兴盛不仅刻苦努力学习知识，而且注重理论与实践相结合。他经常在实训室里，不断钻研原理知识和如何将设备应用到实际当中，提升自身实打实的技术能力。胡兴盛多次参与各类技能大赛并取得优异成绩。2019 年，20 岁的他就代表山西省参加全国职业技能大赛"数控机床装调与技术改造"赛项，获得了全国一等奖的优异成绩；同年 11 月，他再次代表山西省参加全国智能制造应用技能大赛，在切削加工智能制造单元的安装与调试赛项中，获得全国二等奖的好成绩。毕业以后，他怀揣着自己的梦想，用行动诠释了一名新生机械工作者的责任与使命。

"能够为国家航天事业贡献毕生的力量，是我一直以来的梦想。"2020 年，怀揣着航天报国的崇高理想，胡兴盛加入了中国航天科工集团二院，在工作中展现了突出的业务能力和技术素养。在一年多的时间里，他不断尝试技术革新，研制出了多项设备。他研制的气体置换保压安全装置，改变了现有的测试模式，实现了工件的自动检测，相比原有的测试时间大大缩短。石墨套管自动打磨装置，则突破了现有的生产瓶颈，实现了无人自动打磨，生产效率提升 80%。自动化轴承涂脂设备，改变了现有的人工涂脂方式，实现了轴承的自动涂脂工作，缩减人力 5 人，生产效率翻倍。一项项技术革新，让胡兴盛在实践中不断成长，不断充实技术能力储备。

"历经成百上千次的练习，操作要领已经'长'进骨头里了。"2021 年 8 月，胡兴盛在第七届全国职工职业技能大赛"数控机床装调维修工"赛项北京市选拔

赛中获得第一名；同年10月，他又获得第七届全国职工职业技能大赛"数控机床装调维修工"赛项全国一等奖、赛项全国冠军，同时获得了技师技能等级、全国技术能手称号。作为一名航天工作者，胡兴盛的经历不但磨炼了他的意志，使他积累了大量的工作经验、增强了社会责任感，更为他以后的发展打下基础，提供了不断向前的动力，也更坚定了他选择这条路的初心。

2022年5月1日，中央宣传部、全国总工会向全社会公开发布了2022年"最美职工"先进事迹。胡兴盛以敢为人先、坚毅执着的工匠精神成为九名代表之一。作为新一代航天青年，他在接受记者采访时说："'量的积累，质的突破'是我平时勉励自己的话。希望大家都能深耕技能，技能可以成就精彩人生。"

（资料来源：澎湃新闻，有删改）

案例分析：作为一名新时代的青年大学生，毕业时，胡兴盛毅然决然地选择了中国航天事业，投身到国家发展的一线当中，争做一个有理想、有情怀、有责任、有担当的新一代接班人，为未来科技无限发展的可能贡献自己的一份力量。胡兴盛不怕艰苦、敢闯敢拼、刻苦钻研、精益求精，是新时代工匠精神的生动体现，也正是秉持着这种精神，他从一名职业院校毕业生真正成长为一名航天大国工匠。

（三）机械工程技术员的一天

8:00—10:30　机械工程技术中心项目组晨会，布置一天的工作任务和完成目标。接着进行智能装备制造项目讨论会，工程师们分析和梳理关于机械设备产品的性能和需求，从客户入手，找出机械设计制造的关键环节，并进行可行性分析等。有了初步的设计构思，接下来工程师们就要分别投入前期图纸设计和工艺设计的工作。

10:30—12:00　赶往另一个机械产品的测试现场，指导测试操作，确保机械产品顺利投入使用。同时解答技术问题，演示操作。

12:00—14:00　午休。

14:00—16:30　在设备组装调试现场测试新研发的设备，使用各种专业的测试设备收集重要数据，根据不同的应用场景来处理试验机的故障。根据产品技术要求编制加工工艺，指导机械设备零部件的加工、制造，现场指导机械产品的总装，然后测试、分析，直到产品最终定型。

16:30—18:00　回到会议室，进行今天的工作回顾总结和新装机械设备测试专项技能培训。这不仅是理论知识的培训，也是实际操作技能的演练。每天的培训总结会不但能够减少员工在实际操作过程中的错误，更能提高技术员处理实际问题的能力，也是提高员工素质的重要手段。

18:00—18:10　收拾，下班。

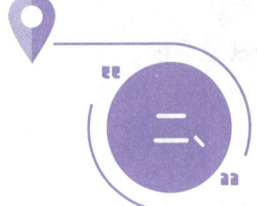

二、劳动体验站：体验新装机械设备测试

（一）新装机械设备测试实践准备

1. 实践技能准备

了解新装机械设备测试规程和所要进行的测试实践的基本原则，明确参加设备测试实践的目的，掌握机械设备拆卸、装配和测试等基础技能，为参与新装机械设备测试、做一个优秀的工程师做好技能准备。

（1）了解机械设备的基本构成、运行原理和技术参数。机械设备的种类繁多，如农业机械、矿山机械、工程机械、石化器械、电工机械、工业机械、自动化流水线、包装设备、涂装机械和医疗器械等。机械设备在运行使用过程中，机器的部分机械部件或设备本身可进行不同形式的机械运动，如直线运动、旋转运动、平面运动和螺旋运动等。机械设备通常由驱动装置、传动装置、执行装置、制动装置、防护装置、润滑系统、冷却系统和防尘系统等部分组成。了解机械设备的基本组成和常见的机械装置，对测试过程中的术语表达、测试记录和拆卸装配等有非常重要的帮助。

机械运行原理是指机械设备中机构的结构和运动，了解机械设备的结构、受力、质量和运动对工程师的成长具有重要意义。机构和机器一般被合称为机械。机构是由两个或两个以上的构件通过运动连接的方式来完成规定运动的组合体；机器是由零部件组装成的完整装置，可独立运转来代替人工劳动、做能量变换或产生有用功等。因此，工程师需要了解常见机械的运行原理和传动方式。

技术参数是表现机械设备性能的重要指标，不同的机械设备往往具有不同的技术参数。因此，了解常见机械设备的技术参数对测试机械设备的性能指标有重要意义。以输送设备为例，其技术参数主要有：

①基本参数（包括尺寸参数、运动参数和动力参数等）；

②输送速度（包括上料速度、传输速度和下料速度等）；

③输送能力（指单位时间内输送的物料量）；

④输送长度和倾角（影响输送设备的总阻力和所需要的功率）。

（2）掌握机械设备的拆卸、装配和测试规范。以多模块柔性化机电类基础教学实训平台为例，教学实训平台具备柔性化、模块化等特点，设备的控制方法多样，同学们可直观了解机电一体化系统，掌握典型的传动机构，系统掌握不同执行机构的运动控制方法。

机械设备的拆卸和装配一般需要先制定装配计划，也就是编制装配工艺规程。对于简单的装配或现场临时的调试装配可以不用编制装配工艺，但是装配操作人员必须清楚装配顺序的基本原则，如预处理工序先行，先基准后其他，先繁后简，先精密后一般，先下后上，先内后外，先进行易坏件装配，集中安排使用相同工装、设备和有特殊环境的工序，注意易燃、易爆、易碎零部件或有毒物质的安装与接触等。

（3）掌握机械设备测试工具的使用和保养方法。常见的机械设备测试工具有：游标卡尺、千分尺、高度尺、塞尺、塞规（棒针）、精密测量仪、硬度计、角度尺、温湿度计和拉压力计等。这些测试工具的使用方法和读数规范各异。以千分尺为例，其使用步骤为：

① 使用前需先用干净的白纸将灰尘与脏污去除，然后扭动旋钮，当两面完全接触后调零，即可进行测量。

② 测量五金件时，调动旋钮至接触工件，然后改用微调旋钮旋进，当听到"咔"声后停止，从显示屏或刻度上读出数据。

测试工具必须时刻处于良好的技术状态，随时可以投入测试，以减少故障和异常，提高测试的准确率。还要注意减少工具磨损，延长工具使用寿命，降低工具运行和维修成本，以确保测试规范。因此，必须强化对测试工具的维护保养工作。

2. 测试工具准备

（1）机械行业常见测量工具（图 5-1）。机械行业成品的质量保证，主要的实现方式是通过测量尺寸来反映其是否符合公差要求。在测试中，主要通过测量工具对外观、结构及外形尺寸进行检查，此外还要测试关键部件的温升、机器整机和运动部件运行噪声等。常见的测量类量具包括：游标卡尺、高度规、千分尺、深度尺、角尺、止通规、塞尺、二次元、三次元和硬度计等。为完成新装机械设备的测试工作，需要提前准备好相应的测量工具，对其进行计量校准。

图 5-1 机械行业常见测量工具

（2）其他辅助工具（图 5-2）。机械设备的测试过程中，可能需要对传动装置、执行装置、制动装置、防护装置等进行拆卸和重新装配，因此，需要进行其他辅助工具的准备工作。常用的辅助工具有：内六角扳手、螺丝刀、挡圈卡钳、橡胶锤、台钳、螺纹胶和扎带等。

3. 测试环境准备

机械设备的运行和测试过程，往往对运行环境有不同的要求，如温度、湿度、地面平整度、噪声等级和光照条件等。因此，在进行测试前，需要根据所测试设备的具体使用条件，对测试环境进行

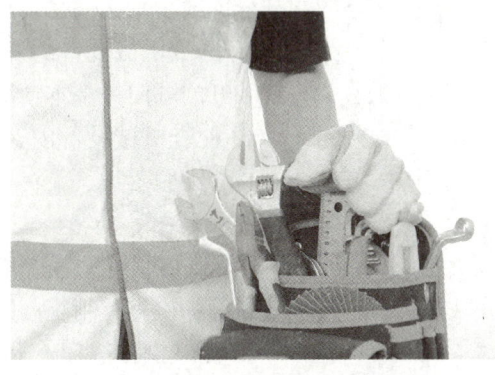

图 5-2 装配与拆卸过程中的主要辅助工具

准备。以多模块柔性化机电类基础教学实训平台为例，其测试环境要求为：温度 –10 ~ 55 ℃，相对湿度 ≤ 85%，大气压力 86 ~ 106 kPa，地面平整。

（二）新装机械设备测试过程与操作要点

1. 机械设备测试过程

（1）设备测试有以下基本原则：

① 对需要在现场组装或拼装的简单设备及目前市场上成熟的成品机械设备，在设备组装完成后进行检查即可，但对关键部件需进行测试；

② 对自动控制要求高、设备影响因素多的设备，必须进行空载和功能测试；

③ 测试人员需根据《测试通用清单》及该设备已确认的最终测试报告文件进行各项检查，具体机械设备测试可根据实际的不同要求进行调整；

④ 测试检查过程中必须认真填写测试记录，对测试实践过程中发现的问题和与技术要求不符的部分要及时记录；

⑤ 测试运行过程尽可能地记录所有操作步骤，学会正确地组装、调试、操作机器设备，并学会处理常见的简单故障。

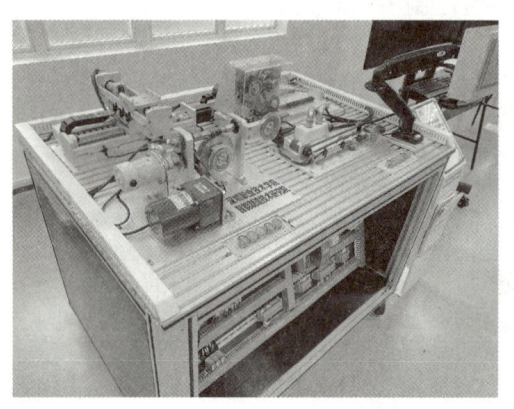

图 5-3　教学实训平台装配图

（2）设备测试的试前检查。在进行正式的机械设备测试前，需要检查机械设备的机械、电气、油液和气源设备等是否存在异常，电源是否接好，测试检查工具是否齐全，测试记录是否准备好，从而避免在开机运行后出现危险情况，也避免在测试过程中因设备意外等因素导致测试中断。以教学实训平台为例（图 5-3），需检查电源线、各供电元件的线路是否完好，实训平台上方是否有杂物，设备的软件是否正常工作。

（3）外观、结构及外形尺寸测试。根据《新置设备工厂验收测试（FAT）规程》，对机械设备的外观、结构及外形尺寸进行检查：

① 检查机械设备上的各项标识是否齐全，是否与说明书一致，铭牌内容参数与合同或技术文件是否相符；

② 测量机械设备的外形尺寸、内部关键部件尺寸、公差尺寸、运动部件的行程和开门方向等基本情况是否与合同或技术文件（图 5-4）一致；

③ 检查机械设备内、外表面抛光程度是否符合技术要求，是否平整易于清洁，是否无脱落物、无污染产品等风险，与人体直接接触的部分是否满足生物相容性要求；

④ 测试机箱门是否整齐美观、有无变形，测试开关是否操作灵活、达到设置效果等，检查控制箱门的密封是否可靠；

⑤ 测试操作按钮、开关和指示灯等是否均有标识，是否达到相应的控制效果，旋转部件（如电机、丝杆和齿轮）是否均标有方向，线性运动部件（如导

轨、齿条）是否有安全限位；

⑥ 检查机械设备润滑部位的润滑点标识是否齐全，测试教学设备各传动件的润滑是否有效，测试紧固件的定位是否准确、牢固，有无松动；

⑦ 检查机械设备电气线路、气动线路、工艺管路布局是否合理、安装有序，各线孔是否需要护套保护，电气线路的穿线管和接头是否符合电气要求，气路的连接是否可靠。

（4）机械设备的空载测试步骤如下：

① 测试各个电气开关、按钮、指示灯信号是否正常工作，各个按键操控是否准确，数据显示是否正确。记录开机时间、关机时间、各电气元件的工作情况和数据显示结果等。

② 测试机械设备在空载运行过程中各零部件的运转是否正常，电机速度由低调高过程中是否灵敏可靠，调速过程中设备运转是否平稳、无异常噪音和振动；测试各运动部件动作是否协调、灵活、可靠，是否无阻滞或异常动作。空载测试时间一般不少于 2 小时。测试运行过程中，要记录各电机、关键部件、冷却系统和各电气元器件的温度变化情况。

③ 若测试设备具有模块化特征，以教学实训平台的二维步进移动平台模块为例（图 5-5），则可单独对模块进行空载测试，分别测试二维步进移动平台模块 x 轴和 y 轴的运动范围，有无干涉，有无异常噪声、振动和异常中断等，测试协同运动过程中有无异常，传感器信号是否准确，位置和速度反馈是否准确。

亚克力罩×1　指针×2　U型支架×1　拨盘后盖板×1

槽轮后支架×1　轴承×5　套筒×3　涡轮×1

涡轮轴×1　槽轮×1　拨盘×1　拨盘轴×1

涡轮轴×2　齿轮×2　齿轮后盖板×1　齿轮轴×1

键×7　拨盘销×1　链条×1　电机×1

滑台×1　钣金件×1　滑块×4　感应片×1

位移传感器×2　导轨×2　齿条×2

图 5-4　教学实训平台的主要零件示意图

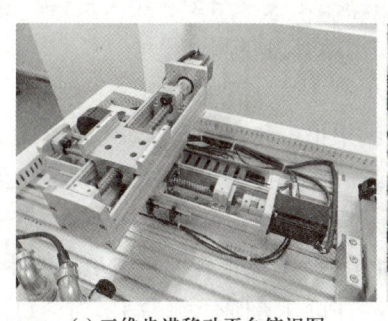

(a) 二维步进移动平台俯视图

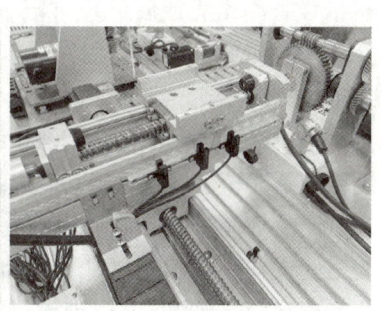

(b) y 轴传感器

图 5-5
二维步进移动平台模块示意图

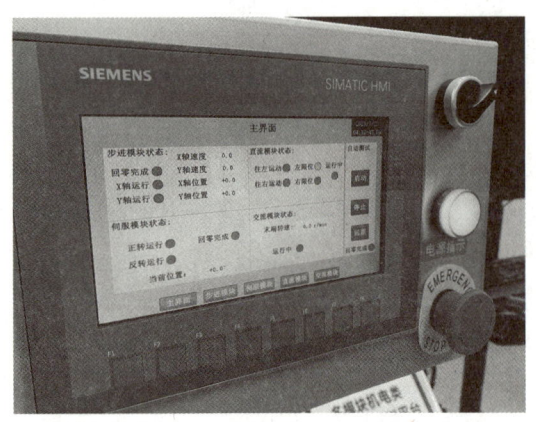

图 5-6　二维步进移动平台模块操作界面

④ 通过软件运行测试验证模块是否安装正确，以二维步进移动平台模块为例，可通过西门子的控制面板控制模块运动来实现（图 5-6）。

（5）机械设备的功能测试步骤如下：

① 满载运行测试，在执行装置处施加技术参数标称的负载，调至最大速度运行不少于 30 分钟，测试机械设备的运转是否平稳、无异常噪音和振动，各运动部件动作协调是否灵活可靠，测试机械设备是否达到规定的技术要求，如最高运行速度、产品数量、包装效果、产品合格率和破损率，生产的产品是否符合合同规定的质量标准要求。

② 测试机械设备的安全性，通过设置各种可能发生的安全故障，测试机械设备的安全保护装置、限位开关、在线检测系统、不合格品剔除动作等功能是否准确、可靠。

③ 测试机械设备的机械零部件、电气元器件和各电机的温升情况，测试机械设备在极限情况下的噪声等是否超过规定的限度。测试设备的传动装置、润滑系统、冷却系统和气动装置是否对产品及包装物造成污染。测试气动系统、油液系统的冷却、过滤、密封是否有渗漏。

④ 测试机械设备在正常运行过程中，控制系统的软件设置是否正确，运行程序是否合理，交互界面是否与说明书一致，有无卡死、闪退、无法执行等现象，检测系统是否完善，状态记录是否正常。

⑤ 记录测试过程的所有数据、发现的问题和可能的解决方案等。

2. 设备测试操作要点

（1）测试检查过程中必须认真填写测试记录，按照实际情况填写测试清单。

（2）在测试实践过程中发现的问题要及时记录，并及时与供应商沟通。

（3）测试过程中要有安全保护措施，对可能发生危险的操作，及时进行紧急停止。

（4）如测试结果与技术参数的偏离不可接受，则需填写验收整改通知单。

（5）机械设备测试完成后，及时记录操作步骤，组织相关人员进行测试实践总结，对测试过程中的问题进行总结并如实填写设备测试报告。

3. 设备测试报告

设备测试报告是新装机械设备的测试结果报告和设备验收参考，测试工程师需要把设备测试的条件、过程和结果写成详细的技术文档，对发现的设备问题和缺陷进行分析，对比设备说明书与实际操作的差异，为纠正机械设备存在的质量问题提供依据，同时为设备验收和交付打下基础。设备测试报告要包含足够的测试信息，主要包含功能测试、外观测试和性能测试等评价，若所有测试结果均达到测试指标要求，则在测试报告总表中填写机械设备测试通过，否则填写不通过（表 5-1）。

表 5–1　机械设备测试报告总表

测试设备名称	测试软件版本	测试时间	测试地点	测试验收结果
教学实训平台	IIMT.V.1.1	××××.××.××	××××××	通过或不通过

新装机械设备测试报告的内容可以总结为：摘要、引言（测试目的、设备背景、报告缩略语等）、测试概要（测试方法、测试范围、测试环境、测试工具）、测试结果与缺陷分析（空载测试、功能测试、性能测试）、测试结论与建议（设备概况、测试时间、测试情况、结论性能汇总）和附录等。

4. 测试评价

测试完成后，除撰写设备测试报告外，还可填写设备基本功能测试清单（表5–2），对设备测试过程进行评价。最后，需按具体要求，核对并归还测试过程中使用的工具，完成测试工程师的登记、核对和签字，进行必要的卫生消毒。

表 5–2　设备基本功能测试清单

测试项目	标准要求	测试检查结果	备注
设备基本参数	合同书中标注的技术参数：	所有技术参数达到 / 未达到要求	
外形尺寸	合同书中要求：		
箱体尺寸	合同书中要求：		
外表面检查	外观完好	是 □　否 □	
	表面平整光洁	是 □　否 □	
	无脱落物	是 □　否 □	
	无毛刺、锈蚀、划痕	是 □　否 □	
	焊缝平整光洁	是 □　否 □	
	无焊点、黑疤	是 □　否 □	
	涂漆表面完整、均匀、光亮、无色斑	是 □　否 □	
	箱门整齐、开关灵活	是 □　否 □	
铭牌与标识	设备铭牌完好	是 □　否 □	
	铭牌信息与设备一致	是 □　否 □	
	外接接口有标识	是 □　否 □	
	安全标识齐全	是 □　否 □	
设备内部检查	内表面平整、光滑	是 □　否 □	
	易于清洁	是 □　否 □	
	无脱落物	是 □　否 □	
	无藏污纳垢	是 □　否 □	

测试项目	标准要求	测试检查结果	备注
设备内部检查	焊缝平整光洁	是 □　否 □	
	无焊点、黑疤	是 □　否 □	
	涂漆表面完整、均匀、光亮、无色斑	是 □　否 □	
关键结构	各传动件、紧固件定位准确、牢固、无松动	是 □　否 □	
	整机布局合理、安排合理	是 □　否 □	
资料检查	设备使用说明书、验收报告、物料清单等	齐全 □　不齐全 □	
电气相关资料	电气原理图、线路图等	齐全 □　不齐全 □	
其他资料	机械及电气配件资料	齐全 □　不齐全 □	
测试评价：			
		测试人 / 日期：	

（三）新装机械设备测试成果的展示与分享

1. 图片分享

将图片制成PPT，PPT大纲可以分为设备基本情况、工作准备、测试内容、测试经验、感想、致谢等，还可分享新装机械设备的测试案例等。

2. 视频展示

测试体验结束后，围绕自己的工作内容和测试的设备，可以通过摄像、短视频等形式记录实践过程，进行多媒体展示和分享。

3. 体验分享

通过简单的问卷或询问，了解老师和同学对你分享内容的评价与建议，分享体验感受。

三、 劳动赋能站：劳动科学知识积累

（一）装备制造大类生产劳动的特点

1. 劳动分工的专业化与精细化

多数机器设备或机械制造产品通常是离散的装配型产品，有如齿轮、轴承等机械，也有如电路板、电机、微处理器等电子电器，虽然组装零件的规格有一定的标准，但其装配、调试、测试过程却是极其复杂的，需要高度专业化和精细化。

2. 工作流程规范化与生产标准化

随着工业的发展，装备制造业的工作主要依靠大型设备的辅助来完成。规范的设备操作流程、精准的参数设置与调校、系统的操作步骤设置与实施、高效的成品质检等环节都要求劳动者在操作流程中做到科学规范，对生产质量的各指标和参数都要做到量化。

3. 劳动内容的技术性与创新性

装备制造大类生产劳动涉及众多的组装零件、各种参数、规范流程等，是一种技术含量很高的生产劳动，非专业人士是不能胜任的。同时，装备制造大类生产劳动处于一个动态发展的过程，人们为了追求更高的效率和更好的设备，会主动地对装备制造技术进行创新。

4. 劳动手段的信息化与智能化

随着信息技术和人工智能的发展，传统的装备制造大类生产劳动手段将被淘汰，利用信息技术和人工智能，能够有效地提高装备制造大类生产劳动的效率，更好地控制产品质量，并提高劳动安全性。

（二）装备制造大类劳动者的职业素养

1. 质量意识

装备制造业大类劳动不仅与国之重器息息相关，而且关系到千家万户的日常生活。质量好坏是评价装备制造业大类劳动是否合格的重要指标，从事装备制造业大类劳动的工程技术人员应具备较高的质量意识，具有管理质量的手段和处理问题的能力，包括预控手段、过程控制手段等。在具体的劳动中，始终要以高质量作为工作要求，保质保量地完成每次工程技术任务。

2. 工匠精神

装备制造业大类劳动标准化、精细化、信息化、智能化的工作属性，要求其劳动者要有执着专注、精益求精、一丝不苟、追求卓越的工匠精神。

3. 良好的团队意识与合作精神

装备制造业大类劳动分工的专业化与精细化，就要求其劳动者要有团队意识和合作精神，单靠一个人是无法组装好一台机器的，需要团队相互协作，共同完成。

4. 严格的规范意识与标准意识

装备制造业大类劳动具有流程规范化与生产标准化的特点，这就要求劳动者具有严格的规范意识和标准意识，劳动者在具体的操作过程中，必须按严格的工作流程和标准，不能自作主张地省略某个流程或者降低质量标准。

四、 劳动提升站：总结、反思与评价

（一）新装机械设备测试实践总结

新装机械设备的产品质量需要通过一系列测试来检验，新装机械设备的测试是设备出厂投入生产实际使用前不可缺失的重要环节，通过前面的实践操作，我们了解了新装机械设备测试的基本要求与工作流程。下面让我们来对这次劳动体验进行总结。

1. 工作能力和态度总结

测试工作的顺利开展需要测试人员具备扎实的专业基础知识和良好的专业思维能力，更需要测试人员具有诚实守信、实事求是、细心严谨等端正的职业操守和敬业态度。设备测试是一项精准度要求很高的工作，不能急于求成、粗枝大叶，测试人员需要认真对自己的工作能力和态度进行总结。

2. 视频及图片总结

测试过程中，除了记录数据和填写表格，还应对测试过程中的典型问题和关键细节及现象进行拍照、录像记录，做到"有图有真相"，保留形象直观的原始素材。测试完后，应对录像视频和照片素材进行整理，绘制流程图或思维导图，把新装机械设备测试实践各部分的逻辑关系清晰地呈现出来。

3. 文字及 PPT 总结

在测试总结报告的基础上，描述实践过程中各个步骤的要点、注意事项，提炼经验和心得体会，归纳成文档留存。结合整理的视频、图片素材及测试总结报告，制作成 PPT 展示文稿进行经验总结和分享。

（二）新装机械设备测试实践反思与感悟

完成新装机械设备测试后，请进行自我反思和感悟，从而提升对装备制造大类生产劳动的认识，并增强对工匠精神的理解。请同学们反思本次实践的过程，填写新装机械设备测试实践反思与感悟表（表 5-3）。

表 5-3 新装机械设备测试实践反思与感悟表

时间：	地点：		项目名称：
主要劳动内容			

我的优势（本次实践体验中我做得好的方面）	
我的劣势（本次实践体验中我做得不足的方面）	
我的反思（对新装机械设备测试岗位的理解以及装备制造大类生产劳动的认识）	
我的感悟（对执着专注、精益求精、一丝不苟、追求卓越的精神感悟）	

（三）新装机械设备测试实践自我评价

完成新装机械设备测试后，请进行自我评价，填写新装机械设备测试实践自我评价表（表5-4），为本次实践体验画上一个圆满的句号，为下次实践积累经验。

表 5-4　新装机械设备测试实践自我评价表

姓名：	
新装机械设备测试项目：	
新装机械设备测试内容：	
胜任情况：A. 完全胜任　　B. 基本胜任　　C. 不胜任	
期望尝试岗位：	
劳动态度（劳动态度是否积极正面）： 劳动态度积极、主动，时常保持良好的状态完成工作并解决问题	优秀 良好 一般 较差
劳动技能（应用相关知识的能力）： 能掌握比较全面、专门的业务知识，熟悉工作流程和方法	优秀 良好 一般 较差
工作效率（完成工作的速度与预期的标准相比）： 高于预期效率，能早于期限完成	优秀 良好 一般 较差

	优秀
执行力（落实并完成工作）： 快速完成常规任务和领导指派的临时任务	良好
	一般
	较差

拓展资料

1. 人物专访：CCTV–13《面对面》赵淳生院士：学为国所用

《面对面》是中央电视台开办的一档电视栏目，其主旨是"以更人文的态度关注社会，以更开放的视角关注中国"。2021年6月27日，《面对面》栏目播出了我国超声电机开拓者赵淳生院士的人物专访。栏目生动展现了赵淳生院士虽已84岁高龄，但依有乐观积极的科研精神；强忍丧女之痛，依然踏出国门寻求"卡脖子"技术解决途径的奉献精神；两次在生命亮起黄灯时，一边化疗一边看资料的忘我精神；在国内超声电机技术落后的情况下，54岁时毅然开启一个全新领域并用30年时间做到国际领先水平的不服输精神。这是来自集德之大修、学之大成者的榜样力量。

2. 课程讲述：制造业强国建设三大基础要素

课程由中国工程院战略咨询中心和国家开放大学共同策划，由中国工程院干勇院士主讲，可通过"学习强国"平台观看。通过5集视频课程，讲述制造业强国建设三大基础要素：新型信息技术、新材料和技术创新体系。三大要素分别作为当前核心难题、物质先导和驱动力量，是中国实现制造业强国之梦的核心与关键。三大要素的特点及目标体现了装备制造大类生产劳动对于先进技术和创新能力的需求。

3. 纪录片：《技赢未来》

该纪录片共6集，以改革开放40周年取得的巨大成就为背景，记录新时代中国年轻一代技能人才平凡成长中的不平凡。其中不乏从事装备制造行业的一线工种的劳动者，他们所从事的一线生产劳动是平凡的，他们展现的"有担当、有理想、有本领"的特质却是不平凡的。该片通过自述、见证者他述及场景化再现，讲述了一批有志青年如何通过扎实的技能及个人素质在国际赛场上为国争光的故事。

4. 书籍：《装备制造业文化与职业素养》（袁卫华、蒋方平、南楠著）

该书包含产业历程篇、企业文化篇、企业名人篇和职业素养篇四个部分，全面系统地讲述了装备制造大类企业的文化精髓和职业素养。全书以"体现文化精髓、激发学习兴趣和提升职业素养"为宗旨，力求突出科学性、思想性和可读

能工巧匠系列视频

能工巧匠系列视频

性，实现感染人、影响人、启迪人和培养人的目标。该书是系统学习掌握装备制造大类企业生产劳动的特点和素质要求的入门书籍。

5. 书籍：《高端装备制造业发展重大行动计划研究》（卢秉恒等著）

该书由中国工程院卢秉恒院士等著，是中国工程科技发展战略研究院面向公众和决策人员的系列研究报告之一。全书针对国家重大发展规划中 7 个高端装备制造业发展方向，分析未来全球格局及发展重点，针对"十二五"期间该行业的发展经验及困难，以及高端装备制造业发展对于国家战略的重要意义，提出了"十三五"期间高端装备制造业发展在实施途径上的相关政策措施建议。该书可以很好地帮助读者把握装备制造行业的生产劳动特点和未来发展方向，为将来与时俱进地投入到装备制造业打下坚实基础。

能工巧匠系列视频

第六章

爱岗敬业的地铁站务员

学习目标

1. 知识目标：掌握地铁站务员应具备的理论知识及实践基础，并通过劳动赋能站，拓展地铁站务员的视野和知识。

2. 能力目标：通过体验地铁站务实践过程与操作，具备车站前期工作、车站开启作业的能力，具备车站关闭作业等能力和技巧，达到交通运输大类与职业能力要求。

3. 素养目标：通过对交通运输大类生产劳动的学习、体验、反思与拓展，提升对交通运输大类生产劳动的认识，提高自身的劳动素养，树立正确的劳动观，自觉践行爱岗敬业、争创一流、艰苦奋斗、勇于创新、淡泊名利、甘于奉献的劳模精神。

我们的生活离不开交通运输，高铁、公交、地铁、出租车等都是我们日常生活中不可或缺的交通运输方式。2016 年，交通运输部办公厅下发了《关于印发交通运输从业人员安全素质提升实施方案的通知》，通知指出："到'十三五'期末，交通运输从业人员安全素质提升长效机制基本建立，从业人员安全素质总体水平明显增强。交通运输企业对从业人员安全素质教育培训的主体责任和管理部门的监督管理责任有效落实；从业人员安全素质提升实体培训网络和互联网培训网络充分融合；从业人员安全生产法治意识、基本知识、专业技能明显提升；从业人员管理服务信息平台有序运行。"本章将带领同学们体验地铁站务员的职业劳动。

一、 劳动观摩站："金牌工人"的成长之路

（一）劳动金句

生命有长短，命运有沉升……所幸我的生命，能化成匍匐在华夏大地上的一根铁轨，也算是我坎坷人生中的莫大幸事了。

——詹天佑

（二）职业讲堂

深圳地铁值班员：站好自己每一班岗，让乘客心里更踏实

林泽锋是深圳车公庙地铁站的一名地铁值班员，他的主要工作职责是保障车站行车安全、执行车站客流组织预案。作为保障乘客出行安全最重要的"防火墙"，地铁值班员每一天都要认真落实各项安全制度，实行网格化的排查，还要进行安全演练，为安全出行保驾护航。

跨越昼与夜的工作

林泽锋的工作，跨越了城市的昼与夜。夜晚除了日常的巡查之外，车站内部一些设备设施可能需要更换、维护或保养，这些都需要值班员在地铁运营结束后，沟通其他部门的专业人员前来处理。值班员还要利用非运营时间模拟执行涵盖反恐、水淹、火灾、防疫、治安事件等5大类共18个应对突发事件的预案。

在结束一系列的排查和演练后，林泽锋和同事们会回到值班室看护设备。凌晨4:30，值班员要进行运营前的例行检查，确认各岗位到岗情况后准备开展作业。凌晨5:30，地铁站开始投入运营，林泽锋还需要值守到上午9:30，待白班同事前来交接后，才能下班休息。

危急时刻保障乘客生命安全

车公庙地铁站作为深圳地铁当前唯一的四线综合换乘枢纽，日均客流量高达20余万人次。要做好如此密集人群的人员安全保障工作，对林泽锋和他的同事们来说是一个挑战。

2021年12月23日，林泽锋和往常一样在值班室内值守，突然安检人员报告称有乘客晕倒了。林泽锋和同事当即决定先把晕倒乘客用隔离护栏挡住，引导其余乘客不要逗留，随后取来了AED设备进行抢救，按压了大约四分钟后，昏迷乘客的胸口终于有了起伏，不久急救人员赶到，将乘客送到了附近医院。许多如林泽锋一样的地铁工作者，在入职时都接受过AED的使用培训，确保在危急

关头有人懂得使用设备。

为这座城市站好每一班岗

林泽锋出生于1997年，这位在同事中间尚且显得稚嫩年轻的小伙子，已经在深圳工作、生活了两年半的时间。2019年大学毕业后，林泽锋选择报考并最终入职了深圳地铁。

在深圳这座千万人口的大城市中，轨道交通不可以停摆，地铁工作者也不同于其他职业，他们全年无休，很少有正常的休假时间。林泽锋已经记不得工作两年半来，自己在地铁值班室度过了多少个节假日，在春节万千家庭团聚的时候，他只能和父母用视频通话"远程过年"。

"我要做好自己想做的事情，并为之付出努力。"林泽锋说，在深圳地铁值班员的岗位上，他能感受到这座城市的脉搏与心跳，他也愿意继续付出，为这座城市"站好每一班岗"。

地铁工作人员用自己的辛勤付出，维持了城市脉搏的正常跳动，保护了出行乘客的安全与健康，他们不仅是城市的"守夜人"，亦是市民的"守望者"。

致敬每一位城市的守夜人，也致敬位新时代下的每一位奋斗者。

（资料来源：《南方日报》，有删改）

案例分析：在地铁值班员的身份之外，林泽锋似乎与其他95后年轻人并无不同。唯一不同的，是作为地铁工作者的一份沉稳的气质。林泽锋说，岗位的职责要求他时刻保持细致，不能松懈。尽管林泽锋的第一份工作与专业方向并非完全对口，但林泽锋还是在同事前辈的帮助下克服困难，通过不断学习努力适应了自己的岗位。如今，很多如林泽锋一样的年轻人，从校园走出走向各自的岗位，用自己的奋斗谱写出新时代的青春篇章。在新时代青年的身上，我们看到了爱岗敬业、艰苦奋斗、甘于奉献的劳动精神。

（三）地铁站务员的一天

站务员是地铁的名片，是乘客能最容易接触到一类地铁工作人员，也是地铁运营中不可或缺的一环。地铁站务员一天的工作是从凌晨4:30开始的。

04:30—05:30　开展运营前的检查工作，检查的内容包括车站的轨行区里面有没有遗留晚上各专业遗留的工器具、接触网接地线有没有拆掉、车站站台门的开关是否流畅无故障、车站的照明是否完好，同时，进行电扶梯和垂梯的试乘。检查完毕后，需要向上级上交报告，上交报告代表车站具备列车运行条件，可以接送乘客。

05:30—06:00　进行票务工作的准备，首先是配票，每个客服中心的站务员都配备一定的现金，现金包括硬币、纸币，各种面额都要配备一定的数量，来满足乘客的需求。除了现金之外还要配备单程票，一般情况下，客服中心是不出售单程票的。现金和单程票的配备和上交都需要双人确认以确保数量的正确，这个流程叫配票。现金和票就是站务员的"弹药","弹药"准备完毕后，位于站厅两端的自助售票机也需要补充"弹药"，这一步同样需要双人确认，把硬币和单程票添加到相对应的钱箱和票箱，这项工作完成了。

06:00　走进客服中心开始工作。

08:00—09:00　早高峰时段，用手提广播不断提醒乘客排队，维持候车秩序，车门打开需提醒乘客先下后上，车门关闭后需要观察整个站台的站台门是否关上。

09:00　夜班站务员下班，白班站务员接岗，巡视车站，出入口、站厅、站台，发现安全隐患要及时上报。

11:00—14:00　检查自己的钱箱，整理客服中心的卫生，摆放好服务牌。

14:00—16:00　站台值守，防止有乘客误按。

16:00—20:00　班中休息，休息后由值班站长组织培训，巩固业务，增强业务。

20:00　白班站务员下班，写好交接班本，跟夜班站务员进行交接。

20:00–00:00　进行关站作业，观察站台站厅有没有人员滞留，到出入口关闭卷帘门。

01:00—04:30　协助施工人员开关端门，核对进入的位置，核实施工人员的身份、人数。进入完毕后，需要每隔一小时去观察施工人员的作业情况，直至施工结束。

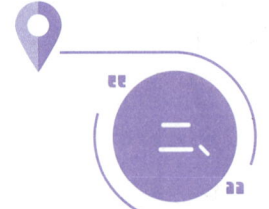

二、　劳动体验站：体验地铁站务员

（一）地铁站务实践准备

1. 认识地铁站务

车站作为城市轨道交通系统中进行生产运输和提供客运服务的重要功能节点，其日常管理工作几乎涉及城市轨道交通运营管理的各个方面，主要包括安全管理、行车组织、施工组织、客运服务与组织、票务组织、应急管理等。

在地铁车站工作的人员由站务工作人员及非站务工作人员组成。站务工作人员主要包括车站管理人员、值班站长、值班员及站务员等，其中值班员可根据企业需求细分为行车值班员、客运值班员；非站务工作人员指在车站范围内工作的其他人员，包括驻站公安、辅警、安检人员、保洁人员、维修人员及商铺工作人员等。

站务工作人员对非站务工作人员按照属地管理的要求进行管理。在紧急情况下，值班站长及以上层级可调动车站的安检人员、保洁人员、维修人员等在车站范围内的所有其他工作人员，参与应急处置。

2. 了解地铁站务员的职责

值班站长是指从事城市轨道交通客运组织、客运服务、组织相关设备故障处理和突发事件处理的人员。值班站长的主要工作职责有：任务管理、作业管理、现场管理、服务管理、异常情况处理、技术管理、安全管理、关系管理、劳务管理、班组建设。

站务员主要安排在售票岗、巡视岗（站厅巡视岗、站台巡视岗）。

（1）售票岗。售票岗的职责包括：

① 负责当班客服中心的售票、咨询工作；

② 处理与乘客相关的票务事务；

③ 对填写的票务报表和当日票款收益负责；

④ 负责本班客服中心内的设备、备品的管理；

⑤ 售票、咨询间隙兼任站厅巡视岗，负责站厅巡视（不含出入口、通道）。

（2）站厅巡视岗。站厅巡视岗的职责包括：

① 帮助有需要的乘客，主动提供优质服务；

② 巡查乘客携带的物品行李，严防易燃、易爆、有毒危险品进站；

③ 注意乘客动态，提醒特殊乘客注意安全；

④ 出入口、站厅发生治安、客伤等突发事件时，及时处置，保护现场，报告车控室；

⑤ 积极疏导乘客，维持客流秩序；

⑥ 接受乘客问询及处理乘客事务，指引乘客到客服中心进行车票处理；

⑦ 遥视站厅各种设备设施、告示、贴纸、安全警示标志等的状态，发现异常及时报车控室；

⑧ 负责站厅边门管理，按规定给符合人员开边门；

⑨ 制止违反城市轨道交通相关法律、法规、管理条例的行为。

（3）站台巡视岗。站台巡视岗的职责包括：

① 负责按站台接发列车标准接发列车，监视列车运行状态、维护候车秩序、关注乘客动态和乘客乘降过程，处理在接发列车过程中发生的突发事件；

② 负责巡视站台区域消防设施的状态，站台门状态，扶梯运行状态，站台监控亭（备品间）内的所有设备的状态，扶梯、站台门等位置各类安全警示标志的设置情况；

③ 注意站台乘客动态，发现可疑人员和可疑物品及时处置，并报车控室；

④ 制止违反城市轨道交通相关法律、法规、管理条例的行为。

（二）地铁站务实践过程与操作要点

1. 车站开启前工作

车站开启前要做如下准备工作（表6-1）。

表6-1 车站开启前劳动项目表

劳动项目	劳动内容
车站巡视	主要包括对设备设施、各岗位人员执岗情况的检查
班前教育	主要包括安全教育、服务教育、形势教育
车站现场管理	包括车站设备与设施的检查与管理
安检管理	主要指安检检查（安检人员配备、值岗情况、劳动纪律、服务态度、作业流程）
组织员工学习	主要指业务、安全、热线问题
设备检修协作管理	主要指检查、监督综控员、票务员工作情况，指定或委派专人协助检修
运营后整顿	包括设施设备的停机断电状况、车站大门关闭情况、车站人员状况以及例会与预案演练等
文明疏导员管理	主要指组织安排文明疏导员的工作、进行岗前教育

2. 车站开启作业

在车站当天的运营开始时，站务人员要进行车站开启作业。通勤车到站前30分钟，车站值班员按行调命令试验道岔，对本站所管辖区域内的全部道岔进行转换试验。值班站长安排车站值班员检查站台和线路的出清情况，确认巡视范围内无侵界现象、无遗留物，并报控制中心。站务人员试验开关安全门，车站值班员确认当日施工或影响车站运营的工作都已注销，利用ISCS（城市轨道交通综合监控系统）对站内各类设备进行确认检查，确认设备均状态良好，通过控制系统开启通风空调并检查运行状态。

首班载客列车到站前30分钟，站务员需到票务室领取票卡和备用金。首班载客列车到站前15分钟，站务员需到岗，车站值班员开启自动售检票设备并设置为运营开启状态，打开照明开关。首班载客列车到站前10分钟，开启闸机。首班载客列车到达前20分钟，值班站长巡视全站，确认各岗位人员到岗，车站照明及AFC设备开启。首班载客列车到达前10分钟，开启车站扶梯及出入口大门。车站值班员向乘客广播候车注意事项"开往某某车站方向的列车即将到站，请先下后上，谢谢合作"。

当列车头部接近站台时，转体90°，面向列车进站方向，手指接车线路尽头，确认接车站线路有无异常，当列车头部越过执岗人员后，回转90°面向列车，待列车停稳后，巡视候车乘客，呼唤："请您让开车门，先下后上。"列车开门后，监视列车车门、安全门开启状态，监视乘客乘降情况，列车关门后，逐一确认车门、安全门关闭状态有无异常情况。当列车尾部越过接车位置后，面向出站方向，目送列车，监视列车运行。车站开启工作到此结束。

3. 现场管理

（1）台账管理。主要指安全服务记录、班前记录、会议记录、预案记录、突发事件记录、票账款台账、巡视记录、AFC 报表、IC 卡申领台账、发票、单程票台账、卫生台账、设施台账、电梯台账、安检台账、TVM 日清点台账、补票 / 加币台账、钱箱更换记录台账等。

（2）工具与物料管理。主要指防汛台账、防雪物资、供暖空调设施管理等。

（3）备品管理。主要指抢险器材以及备品管理。

（4）服务与客运设施布置。主要指服务标识、交通示意图、指向标志等。

（5）站区环境管理（卫生等）。主要指每班六检、卫生清扫、小广告清理等。

（6）信息管理。主要指上级指示、工作安排、信息反馈等。

（7）残疾人服务。主要指做好对残疾人的接续服务和预约服务等。

（8）乘客接待。主要指做好乘客的问询接待工作。

（9）应急服务。主要在特殊天气情况下组织、落实车站提供、发放的一次性雨衣等。

（10）特色服务。主要指对有特殊需要的人群提供英语、手语等特色服务。

4. 车站关闭作业

在车站当天的运营结束后，站务人员要进行车站关闭作业。上下行末班车开出前 10 分钟，车站值班员要开启末班车提示广播"开往 ×× 站的末班车将于 23:30 分由本站开出，请尽快购票进站。本次列车是开往 ×× 站的末班车，前往该站及沿途各站的乘客请尽快上车"。上下行末班车开出前 5 分钟，车站值班员要通知售票员停止售票，并暂停自动售票机 TVM 和进站闸机，并广播"本站末班车即将开出，现停止售票服务"。

站务人员应在最后一趟载客列车开出前进行检查，确认站台乘客均已上车，无异常情况时广播"各位乘客请注意，开往 ×× 站的末班车已开出，今天的列车服务已终止，车站即将关闭。请尽快出站，谢谢"。

最后一趟载客列车开出后，站务人员要负责清站，并关闭车站扶梯和出入口。清站作业需要详细巡查车站站台、站厅的各个角落，确保没有滞留乘客后，方可进行关站作业。运营结束后，客服中心站务员要清点票款，整理票务备品；注销 BOM，回 AFC 票务室与车站值班员结账。清站作业结束后，值班站长确认出入口关闭，电扶梯、照明、售检票设备已全部关闭，并执行车站节电照明模式。

（三）地铁站务实践成果的展示与分享

1. 图片展示

同学们可以根据自己的工作内容，通过照片的方式，记录实践过程并进行分享。

2. 视频展示

对整个劳动体验过程进行录制与剪辑，以短视频的形式展示。

3. 体验分享

分享你的体验过程和你在地铁站务劳动体验中的收获与感受。

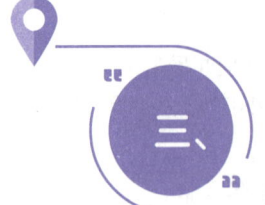

三、劳动赋能站：劳动科学知识积累

（一）交通运输大类劳动的特点

1. 劳动性质的服务性

交通运输业面向国民经济的所有部门提供生产性服务，其服务贯串于社会生产、流通、消费的各方面，是保证社会经济活动得以正常进行和发展的前提条件。

2. 劳动形式的分散性

交通运输业的劳动者流动性高，需要不停顿地进行空间位移，甚至"四海为家"。交通运输大类生产劳动大多是从初级社会关系中获得入行的资源，但入行之后只能随着劳动轨迹各自独立地展开劳动过程。他们多半需要独自面对整个工作的大环境，劳动形式具有分散性。

3. 劳动过程的规范性和安全性

交通运输大类劳动具有统一的执行标准。2011年6月29日交通运输部颁布《交通运输企业安全生产标准化建设实施方案》，全面推进交通运输企业安全生产标准化、规范化建设工作。同时交通运输类劳动的服务对象是广大人民群众，安全性被放在首位。2012年1月19日交通运输部、公安部、国家安全生产监督管理总局（现应急管理部）联合制定《道路旅客运输企业安全管理规范（试行）》，加强和规范道路旅客运输企业的安全生产工作，提高企业安全管理水平。

（二）交通运输大类劳动者的职业素养

1. 爱岗敬业精神

爱岗敬业是交通运输大类劳动者首要的职业素养。交通运输大类劳动岗位一般为服务岗位，其劳动者应秉持着爱岗敬业的精神，在交通运输大类劳动岗位上尽心尽责，干一行、爱一行，对岗位应充满热诚，对职业应充满敬意。

2. 严格的纪律观念和自我约束能力

交通运输大类劳动者应具备严格的纪律观念，遵章守纪，自觉维护劳动者的形象和荣誉，做到一丝不苟，遵守运营纪律，要有全局观、大局观。同时，交通运输大类劳动者要具备自我约束能力，忠于职守、立足本职、做好工作，为人民群众提供安全、方便、快捷、舒适的优质服务。

3. 较高的安全素养

交通运输大类劳动具有一定的危险性，这就要求交通运输大类劳动者要有安全意识，以人民的安全为首，同时还要注意自身安全。

4. 良好的服务意识

以人为本，民生为先，交通运输大类劳动者要把人民群众的利益放在第一位，以便民、利民、惠民作为根本出发点，进一步强化服务意识和宗旨意识，不断提升服务水平，努力解决人民群众关心的突出问题，为人民群众提供品质更优、效率更高的交通运输服务。

四、 劳动提升站：总结、反思与评价

（一）地铁站务实践总结

1. 劳动素材整理

站务劳动实践后，请同学们对劳动的录像视频、照片素材进行整理，按照站务劳动的内容分类，并将其作为劳动总结报告的支撑和补充材料。

2. 劳动经验总结

在每次站务实践劳动后撰写总结报告，报告应包括文字、照片等多种形式的素材，提炼经验和心得，归纳成文档留存。

（二）地铁站务实践反思与感悟

完成地铁站务实践后，请进行自我反思和感悟，从而提升对交通运输大类劳动的认识，增强对劳模精神的理解。请同学们反思本次实践的过程，填写地铁站务实践反思和感悟表（表6-2）。

表6-2　地铁站务实践反思与感悟表

时间：	地点：	地铁站务劳动类型：
主要劳动内容		
我的优势（本次实践体验中我做得好的方面）		
我的劣势（本次实践体验中我做得不足的方面）		
我的反思（对地铁站务岗位和交通运输大类生产劳动的认识）		
我的感悟（对爱岗敬业、争创一流、艰苦奋斗、勇于创新、淡泊名利、甘于奉献的精神的感悟）		

（三）地铁站务实践自我评价

完成地铁站务实践后，请进行自我评价，填写地铁站务实践自我评价表（表6-3），为本次实践体验画上一个圆满的句号，为下次实践积累经验。

表6-3　地铁站务实践自我评价表

姓名：	
地铁站务实践项目：	
地铁站务实践内容：	
胜任情况：A. 完全胜任　　B. 基本胜任　　C. 不胜任	
期望尝试岗位：	
劳动态度（劳动态度是否积极正面）： 劳动态度积极、主动，时常保持良好的状态完成工作并解决问题	优秀 良好 一般 较差

劳动技能（应用相关知识的能力）： 能掌握比较全面、专门的业务知识，熟悉工作流程和方法	优秀 良好 一般 较差
工作效率（完成工作的速度与预期的标准相比）： 高于预期效率，能早于期限完成	优秀 良好 一般 较差
执行力（落实并完成工作）： 快速完成常规任务和领导指派的临时任务	优秀 良好 一般 较差

拓展资料

1. 书籍：《智能交通：影响人类未来 10—40 年的重大变革》（李彦宏著）

交通是经济行稳致远的压舱石，也承载着人民群众对美好生活的向往。在新一轮科技革命和产业变革加速演进的背景下，以新一代智能技术为核心的智能交通需要解决哪些关键问题？有哪些创新突破？可以给全球提供怎样的"中国方案"？该书基于百度在人工智能领域十年的投入，以及在无人驾驶及智能交通领域九年的探索，体系化地阐述了智能交通的社会价值，综合对比了国内外智能交通发展情况，系统梳理了智能交通运营商、车路协同、智能信控、自动驾驶、MaaS 地图等技术应用。同时，书中全面展望了未来十年如何实现人机共生，以及在碳达峰背景下交通、基建等产业如何转型，助力城市治理。全书通过系统的理论和丰富的实践展现了智能交通的发展图景。

2. 书籍：《桥梁智慧运维》（吴刚、陈志强、党纪著）

桥梁智慧运维是指利用工业互联网、物联网、大数据、人工智能等新一代信息技术，集成桥梁结构体系与其管养资源、建立一套集标准化、智能化、信息化于一体的桥梁智能管理系统。桥梁管理养护智能化是行业的必然发展趋势，它涉及物联感知、自动化检测、大数据、人工智能等技术。大量科研与实践证明，桥梁智慧运维可以显著提升桥梁管养的效率、可靠性及时效性。该书面向桥梁管养行业人员、高校科研同行以及桥梁管理决策者，从基础理论研究、硬件装备开发、系统平台搭建、工程应用实践等多方面系统梳理了桥梁智慧运维领域的技术现状和革新趋势。

3. 纪录片：《劳动铸就中国梦》

该片共 6 集，以习近平总书记系列重要讲话精神为指导，充分体现习近平总书记关于劳动的重要论断和社会主义核心价值观的基本精神。以劳动铸就中国梦为主题，以现实问题为导向，以中国故事为基点，突出思想性，体现生动性，增强传播力。通过拍摄可知、可感的人物故事对"劳动铸就中国梦"这一核心主题进行电视化地表现。劳动是中国人骨子里的气质，也是最接地气的一种行为。本片选取具有时代特征的典型人物，用讲故事的方式，充分运用电视画面、场景、细节等表现方式，展现人物内心的真实情感，讲述普通劳动者的故事。

第七章

精益求精的集成电路工程技术人员

学习目标

1. 知识目标：掌握集成电路工程技术人员所负责的工作任务和具体流程，并通过劳动赋能站，拓展集成电路工程技术人员的视野和知识。

2. 能力目标：通过完成芯片封装工作，切身体验集成电路工程技术人员的部分工作内容和具体流程，具备芯片封装工艺的芯片粘连、芯片互连技术、成型技术、打码、元器件装配等能力和技巧，具备创意物化能力，具备电子信息大类与职业能力要求。

3. 素养目标：通过对芯片封装的学习、体验、反思与拓展，提升对集成电路工程技术的认识，增强职业认同感和劳动自豪感，具备创新意识，培育执着专注、精益求精、一丝不苟、追求卓越的工匠精神。

清华大学集成电路学院的魏少军教授在《小小芯片改变我们的生活》中谈道："我们每天都在接触芯片，大部分时间都在和芯片做交互，但是我们看不见芯片，我们看到的只是一个整机。例如，我们很多人都在用手机，如果我们离开手机，甚至不知道如何与别人交互，也不知道怎样查信息。但当我们拿到手机时，却看不到任何芯片，因为芯片在里面。"由此可见，芯片就在我们身边。本章将带领同学们体验一下芯片封装的劳动过程。

一、劳动观摩站：工程师的成长之路

（一）劳动金句

要实现"两个一百年"奋斗目标，一些重大核心技术必须靠自己攻坚克难。机遇前所未有，挑战前所未有。所有关键岗位、重要产业，都要有一份责任感、使命感。每个人都要在各自的岗位上，为实现中华民族伟大复兴中国梦作出贡献。

——2018 年 4 月 26 日，习近平到武汉新芯集成电路制造有限公司
参观时发表的重要讲话

（二）职业讲堂

集成电路工程师的成长之路

"在项目中学习，在项目中成长。与不同的共事人合作，接触不同方向的需求，就能理解得越多。"这是林佳铭经常挂在嘴边的话。10 年的漫漫时光，让他从一名学校的"芯片小白"成长为一名深耕项目一线多年的芯片工程师。砥砺前行，方得始终。自强不息的信念支撑着他在芯片设计这条路上越走越远。

作为 2012 级电子信息工程毕业生，林佳铭毕业后入职中兴微电子股份有限公司，成了一名芯片研发工程师。采访那天，他正在工作台上奋力思考。"一转眼已经毕业了许多年，回想刚毕业到现在，从职场小白到现在可以独当一面、独立负责项目的工程师，其中的酸甜苦辣不是一朝一夕就能体会的。"这是他的开场白。

他回忆道，在校期间，老师曾说："除非你是研究型专家，你可以只专注研究某一方面，依靠这一方面一直吃饭，否则，无论你做哪方面的工作，在读书期间都应该提前学习一些相关的知识，为以后的工作做好专业基础的准备。模拟电路的同学，要学习数字电路；制作版图的同学，要了解电路设计；封装电路的同学，要懂得测试，甚至要了解全流程，这样在工作中才能够更加游刃有余。"于是在老师的建议与教导下，他开始学习《模拟 CMOS 集成电路设计》《锁相环技术》《数字集成电路设计》《集成电路版图基础》《集成电路封装与测试》《电子封装工艺设备》等专业书籍。正因为有大量的理论基础，他很早就对芯片的设计、生产、测试、量产等全流程有了基本的了解，这也为他进入职场积累了很充实的储备。读书生涯的最后一个假期，林佳铭则充分利用实习的机会，不断发现自己的短板，并不断地改进。

摆平心态，从容不迫

每个毕业生初入职场都有着雄心壮志，斗志昂扬地认为凭借自己非凡能力可以轻松解决一切问题。然而，书本的知识都是基于一个理想的假设——"不考虑寄生的情况下"。但是当考虑到寄生因素时，所有的计算都要推倒重来，一个简单的加减乘除运算，可以变成复杂的平方对数关系。一次次困难过后，林佳铭终于发现，总想着一步登天、一蹴而就，是完全不切实际的。他慢慢把自己的心态放平，做到内在有激情，外在从容淡定。即使手里攥着千头万绪，但是针眼一次只能穿过一条线，必须一步一个脚印，脚踏实地地完成工作。

把握时间，不停充电

说起自己的成果经验，他分享道，掌握自己的闲暇时间，精进专业知识并提高沟通技巧，是职场小白成长的必修课。刚毕业的时候，他只能够完成一小部分的工作，甚至无法理解项目中其他同事看待问题的角度与方向。当他意识到自己能力有限的时候，便充分利用线下时间去学习，学会从其他维度看待芯片的问题之后，许多问题便迎刃而解了。林佳铭告诉自己的师弟师妹，在别人休息的时候多看一本书，在别人娱乐的时候多学一些办公技能。职场上没有谁天生就会很多东西，都是依靠这背后一点一滴的积累。

重视沟通，重视复盘

回忆起校内时光，林佳铭提到，在学校的时候，芯片的前仿真设计、版图设计、后仿真设计、流片、封装、PCB设计、测试、输出结果文档等一系列工序，都是由一个人单独完成。步入职场后，他发现沟通的重要性被不断放大。他说道，芯片开发要前半天站在自己的立场思考，后半天站在别人的立场思考，真正认识自我与了解别人，才能使项目顺利推进。同时，要学会对以往项目进行总结、复盘，发现问题，及时改正问题，避免问题重复出现。

案例分析：案例中的主人翁林佳铭也曾是一个职场小白，从他的事迹中，我们看到一个芯片开发师职业素养的养成，绝不是一朝一夕，而是要通过不断地积累、不断地尝试，才可以拿到行业的入场券。林佳铭始终保持着学习和思考的劳动状态，在学习、实习和工作中，秉持认真、负责、求真的劳动态度，遇难困难，不怕困难，迎难而上，一步一个脚印地成长为一名工程师，他的经历充分展现了执着专注、追求卓越的工匠精神。

（三）集成电路工程技术人员的一天

8:00—9:00　起床洗漱，用完早餐后，前往公司上班。

9:00—10:00　在洁净准备区完成清洁工作，进入洁净车间开始一天的工作，今天要完成新生产一批芯片的封装工作。召开第一次组会，商讨今天工作的待办事项，明确生产任务目标，探讨可能会出现的问题，制定好相应的预案。

10:00—11:00　进行芯片粘接工作。芯片粘接也称芯片贴装，它是将IC芯片固定于封装基板或引脚架芯片承载座上的工艺流程。采用配置好的导电胶对粘贴好的芯片进行固化。

11:00—12:00　进行芯片互连工作。互连技术是将芯片上的接点用金线或者铝线、铜线连接到导线架上的引脚上，从而将 IC 晶粒的电路信号传输到外界。在进行焊接时，以晶粒上的接点为第一焊点，内引脚上的接点为第二焊点。先将金线之端点烧成小球，再将小球压焊在第一焊点上；接着按已设计好的路径拉金线，将金线压焊在第二点上，完成一条金线的焊线动作。

12:00—14:00　午餐和午休。

14:00—15:00　将完成好芯片互连的产品进行塑料封装，将导线架预热，再将框架置于压铸机上的封装模具上，将半溶化后的树脂挤入膜中，待树脂硬化后便可开模取出成品。在这个操作环节中，刚开始由于技术不够娴熟，容易使水气浸入封装内部。为了达到更好的"包装"效果，向经验丰富的同事进行请教，掌握好"包装"的技巧，自己反复练习，掌握技术的要点。

15:00—16:00　"包装"结束后，由于塑料封装中的树脂溢出，会引发飞边毛刺现象，需采用研磨料与高压空气一起冲洗模块。在去飞边毛刺的过程中，介质会将框架引脚的表面轻微擦磨，这将有助于焊料和金属框架的粘连。在这个工序中，要求操作人员特别耐心，对每一个模块进行仔细的检查，确保去毛边飞刺的效果达到质检的要求。

16:00—17:00　接下来要采用电镀工艺对封装后框架引脚进行处理。首先对其进行清洗，然后在不同浓度的电镀槽中进行电镀，最后冲洗、吹干、放入烘箱中烘干。

17:00—18:00　进行切筋工艺，切除框架外引脚之间的堤坝以及框架带连在一起的地方。同时需要将引脚弯成一定的形状，以适应装配的需要。

18:00—19:00　最后在封装模块的顶面印上牢固的、字迹清楚的字母和标识，包括制造商的信息、国家、器件代码等。

19:00—21:00　晚餐、家庭生活、休闲时间，陪伴家人，整理家务。

21:00—22:00　学习提升时间。阅读与工作相关的专业书籍，就封装工艺和技术，收集和整理目前国际上最先进的方法，思考如何在自己的工作中进行创造性的改进，以便提升封装的效果和质量。梳理国际上最新的相关文献，整理相关的观点，与自己的知识进行整合，形成自己的知识体系，撰写部分论文，进行研究的积累与输出。

22:00—22:10　收拾，休息。

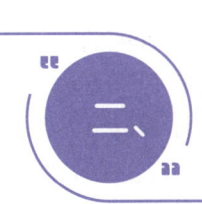

二、 劳动体验站：体验芯片封装

（一）芯片封装实践准备

1. 进入操作间的准备

任何进入无尘洁净室的人，必须先进入无尘更衣室，穿上无尘帽、无尘口罩、无尘衣、静电防尘手套、无尘裤、无尘靴。这套外形很"酷"的防尘装备可将人们身上已有的灰尘隔离在无尘洁净室之外。接着就要进入风淋室，所谓风淋室是指一条"吹风的长廊"，不过这条长廊中吹出来的强风是不带任何静电的离子风。这种离子风所具有的中和能力可以将人身上的正负电荷中和，而且依靠静电黏附在毛发、衣服上的灰尘也会自动脱落并粘在地板上的蓝色粘尘垫上。走过风淋室后，就进入无尘洁净室了。最后，经过"静电桥"彻底地消除身上的静电。

2. 操作工具和仪器的准备

由于设备机械结构复杂，所以需要进行各部件磨损检查、电压稳定性检查、气压稳定性检查和原料合格检查。在确认机械传动装置、光学检测系统正常后，开启工具。

3. 封装设计方案的制定与确认

根据客户的需求以及芯片的类别，选定封装方案。依据封装设计流程进行方案设计，方案完成后发给供应商进行确认。

（二）芯片封装过程与操作节点要点

1. 跟进芯片寄出的时间节点，确认芯片状态

跟进芯片回片时间节点，确保项目节点准确。芯片封装的第一步就是与供应商对接，了解芯片的发出时间、接收时间，确保芯片能准时封装并交由下一级同事进行测试，保证整体项目时间不延迟。在这当中，需要按项目需求，按时跟踪芯片制造的情况和制造的具体步骤，直到从供应商处取得裸片并与供应商的要求达成一致。

2. 整理 IP 设计要求

在进行封装之前，需要先进行封装设计要求确认：确认芯片的大小、面积、封装大小所需面积以及封装走线；明确电源种类，避免走线断路；确定 IO 数量，保证封装过程当中不会遗漏或者接错引脚，并对封装走线进行布局，降低寄生参数，使封装更加理想。其中需要验证驱动能力，验证封装前后驱动能力是否满足

需求和可被测试。

集成电路封装结构和加工方法的合理性、科学性直接影响到电路性能的可靠性、稳定性和经济性。对集成电路模块的外形结构、封装材料及其加工方法要合理选择和科学设计。为此，在确定集成电路的封装要求时，应注意以下几个因素：

（1）成本。电路在最佳性能指标下的最低价格。

（2）外形与结构。诸如产品的测试、整机安装、器件布局、空间利用与外形、维修更换及同类产品的型号替代等。

（3）可靠性。考虑到机械冲击、温度循环、加速度等都会对电路的机械强度，以及各种物理、化学性能产生影响，因此，必须根据产品的使用场所和环境要求，合理地选用集成电路的外形和封装结构。

（4）性能。将芯片固定在外壳上，并对其进行内引线的连接和封装结构的最后封盖。此时的加工方法和类别有很多，因此，为了保证集成电路在整机上能够长期使用并稳定可靠，必须根据整机的要求，对集成电路封装方法提出具体的要求和规定。

在选择具体的封装形式时，主要需要考虑5种设计参数：性能、尺寸、质量、可靠性和成本。性能和可靠性指标在高性能的芯片中考虑得比较多。对于大部分消费应用，则更多注重的是成本与尺寸、质量的控制，使集成电路芯片封装的适用范围更加广泛。例如，可以将其应用于笔记本电脑、汽车的发动机组件及信用卡的塑料夹层。当设计工程师在选择集成电路封装形式时，芯片的使用环境，如沾污、水气、温度、机械振动等情况都必须考虑在内。

3. 制定具体封装技术服务需求

针对不同芯片的需要，制定具体封装方案去满足性能指标和不同热力学、电力学的要求。如有的芯片需求大电流则需要较宽的走线，但这样会带来较大的电容，所以需要根据不同的项目分别进行评估。封装工程始于集成电路芯片制成之后，包括集成电路芯片的粘贴固定、互连、封装、密封保护、与电路板的连接、系统组合等。通常用下列4个不同的层次来描述这一过程。

（1）第一层次。该层次又称为芯片层次的封装，是指在集成电路芯片与封装基板或引脚架之间的粘贴固定、电路连线与封装保护工艺，使之成为易于取放输送、并可与下一层次组装进行连接的模块元件。

（2）第二层次。将数个第一层次完成的封装与其他电子元器件，组成一个电路卡的工艺。

（3）第三层次。将数个第二层次组装成的电路卡组合在一个主电路板上，使之成为一个部件或子系统的工艺。

（4）第四层次。将数个子系统组装成一个完整电子产品的工艺过程。

4. 封装方案成本评估

需要在项目预算之内，满足封装成本需求和单个封装所需时间，以满足交付需求。

5. 负责基板方案设计，完成商务采购和封装指定

购买封装材料。进行少量封装和少量检查验证（封装应该通过芯片所需测试，封装性能达标，并通过第三方认证）。通过少量封装和测试，确认封装的性能满足需求后，进一步确保方案能整体满足需求并通过第三方认证。

6. 可靠性检测与分析

在芯片完成整个封装流程之后，要对其产品进行质量和可靠性两方面的检测。质量检测主要检测封装后芯片的可用性、封装后的质量和性能情况，而可靠性则是对封装的相关参数的测试。各个测试项都有一定的目的、针对性和具体方法，但就测试项目而言，基本上都与温度、湿度、压强等环境参数有关，偶尔还会制造恶劣破坏环境来达到测试产品可靠性的目的。

（1）T/C 测试。即温度循环测试。温度循环测试炉由一个热气腔和一个冷气腔组成，腔内分别填充热冷空气。两腔之间有个阀门，是待测品往返两腔的通道。

（2）T/S 测试。即测试封装体抗热冲击的能力。抗热冲击测试炉的结构与热循环温度测试炉相似，不同的是 T/S 测试环境是在高温液体中转换，液体的导热比空气快，因此有较强的热冲击力。

（3）HTS 测试。即测试封装体长时间暴露在高温环境下的耐久性。HTS 测试是把封装产品长时间放置在高温氮气炉中，然后测试它的电路通断情况。

（4）TH 测试。即测试封装在高温潮湿环境下的耐久性。TH 测试是在一个能保持恒定温度和湿度的锅体中进行的，实验结束时根据测定封装体电路的通断特性来断定产品是否具有优良的耐高温湿性。

（5）PC 测试。即对封装体抵抗潮湿环境能力的测试。PC 测试与 TH 测试类似，只是增加了压强环境以缩短测试时间，在 PC 测试最后，同样是测试产品的电路通断性能。

（6）Precon 测试。即 Pre-Conditioning 测试。从集成电路芯片封装完成以后到实际再组装，这个产品还要经过很长一段过程，包括包装、运输等，这些过程都可能会损坏产品，所以需要先模拟这个过程，测试产品的可靠性，这就是 Precon 测试。

7. 缺陷分析

（1）金线偏移。金线偏移是封装过程中最常发生的问题之一，集成电路元器件常常因为金线偏移量过大而造成相邻的金线相互接触从而形成短路，甚至将金线冲断形成断路，造成元器件的缺陷。为了有效地降低金线偏移量，预防断路或断线的状况发生，应当谨慎地选用封装材料及准备的控制参数，降低模穴内金线受到模流影响所产生的拖拽力，以避免金线偏移量过大的情况发生。

（2）芯片开裂。集成电路的裸芯片一般由单晶硅制成，单晶硅是金刚石结构，晶体硬而脆。硅片在受力或表面具有缺陷的情况下易于开裂与脆断，因此芯片的开裂成为集成电路封装失效的重要原因之一。由于芯片的开裂是由外界的应力作用引起的，故在检测出芯片存在开裂后，需要对芯片封装的工艺进行调整，尽量减小工艺对芯片的应力作用。如在芯片的减薄过程中使芯片的表面更加平滑，起到应力消除的作用；在芯片的切割过程中使用激光半切割或激光全切割工艺，使芯片表面受到的应力降至最小，有效避免芯片表面或内部开裂的状况；在芯片的引线缝合过程中调整键合的温度和压力等。

（3）界面开裂。在芯片的封装过程中，开裂现象不仅存在于芯片内部，通常也存在于芯片封装中各种材料的结合面上，形成界面开裂现象。芯片界面开裂的原因比较复杂，主要是由封装材料污染、封装应力过大等工艺原因产生的，它可以发生在封装体内部金线和焊盘的连接处，造成芯片内部的断路，也有可能发生在封装体外部的塑料封装体中，造成芯片的保护不良，引起内部裸芯片的污染。故需要通过检测手段排除潜在的芯片界面开裂隐患，并及时调整封装工艺。

（4）基板裂纹。在倒装焊接工艺中，需要利用焊球连接裸芯片及集成电路的基板焊盘，在焊球的焊接过程中容易产生的失效现象为基板开裂。基板开裂的原因主要有芯片或基板本身的缺陷，以及在焊接过程中键合力、基板温度、超声功率等不匹配。

（5）孔洞。孔洞是在芯片封装的焊点部位常出现的一种缺陷。表现为焊点内部出现空洞，损坏焊点的电气连接性能，最后发展为芯片的电学失效。

8. 验收

根据检查清单，输出清单内容和电路设计文档，并撰写相应的报告。编写检查清单报告，注明详细报告和封装结果是否能够满足需求，确保风险是在可被接受的范围之内。汇总归纳结果，输出报告。发起评审并验收结果。

（三）芯片封装成果的展示与分享

1. 图片展示

将图片制成PPT，PPT可以包含封测基本情况、封测内容、封测结果，封测经验等并进行展示。

2. 视频展示

围绕自己封装的成品，通过照片、短视频等形式记录实践过程，向大家展示。

3. 体验分享

将体验过程、心得及过程中的一些感想和体会进行分享。

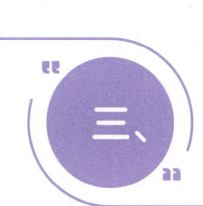

三、劳动赋能站：劳动科学知识积累

（一）电子信息大类生产劳动的特点

1. 劳动内容的技术性与创新性

电子信息大类生产劳动是具有高创新性和高更新频率的研究开发密集型和知识密集型的产业，在劳动过程中会产生巨大的技术壁垒，对技术和创新的要求较高。因此，电子信息大类生产劳动具有高技术、资金密集、创新性强、发展速度快等特点。

2. 劳动分工的精细化与专业化

高技术和创新性必然要求劳动分工的精细化和专业化。电子信息大类生产劳动属于跨行业、跨学科的系统工程，在具体的劳动过程中，单个人不可能完成电子信息大类的生产劳动，只有通过精细化分工，相互协作，且在具体的分工岗位上的劳动者具有高度的专业化水平，这样才能完成电子信息大类生产劳动。

3. 劳动环境的洁净化

电子产品的精密度较高，对生产环境的要求很严苛。因此，电子信息大类生产劳动对劳动环境的洁净度具有很高的要求，需要定期对车间进行清洁，防止细菌、尘埃对无尘车间内环境造成污染，以使无尘车间洁净度达到标准要求。

4. 劳动时间的不确定性

电子产品的研发或生产具有连续性，导致其劳动时间不易固定。一些用人单位为了克服电子信息大类生产劳动时间不确定所带来的薪酬问题，实施"不定时、综合计算工时工作制"的办法给劳动者计算工资。

（二）电子信息大类劳动者的职业素养

1. 良好的技术应用能力与创新精神

当前，电子信息产业正进入技术创新密集期，呈现出多方向、宽前沿、集群式等特征。一方面，多技术融合的系统化、集成化创新成为主流模式；另一方面，以渗透辐射为特征的跨领域创新日益凸显。这就要求劳动者在持续不断的学习过程中，吸收最前沿的科技知识，在新技术、新模式、新业态不断发展变化的情况下，持续创新。

2. 良好的团队意识与合作精神

电子信息大类的劳动项目大部分是通过精细化分工和协作来完成的。从工艺实施开始，就涉及不同岗位、不同工种之间的协作与配合。每一个团队任务都不是一个人的独角戏，仅凭个人能力是无法完成项目任务的。电子信息大类劳动者要具备良好的团队意识与合作精神，不断地激发自己的优势，同时汲取团队中其他成员的优点，及时发现问题、沟通问题，团队成员一起不遗余力地解决问题，才能完成项目。

3. 工匠精神

基于电子信息产业从属于知识密集型产业的基本属性，这就要求从事电子信息大类的劳动者要具有工匠精神，在具体的劳动中，执着专注，一丝不苟，踏踏实实地送入每一根焊丝、焊好每一个焊点、排布好每一个脚线。兢兢业业做好自己的本职工作，在工作中精益求精、追求卓越。

四、 劳动提升站：总结、反思与评价

（一）芯片封装实践总结

1. 劳动素材整理

芯片封装实践结束后，对封装过程中的影像资料和素材进行整理，按照封装工艺的先后顺序进行分类，作为封装实施总结报告的支撑和佐证材料。

2. 劳动经验总结

在每次封装实践结束后撰写总结报告，包括文字、视频、照片、设备运行和检测数据等总结，提炼经验和心得，结合视频照片素材，形成文档留存。

3. 经验分享

每一次封装都会因为芯片类型与封装设计方案的不同，造成封装工艺和流程的不同，使用操作的设备也会不尽相同。这时候，就需要利用整理的图片、视频素材及每次积累下来的测试数据进行认真总结，根据封装工艺的类型制定不同版本的总结报告，并填写成果反馈建议表（表7-1），来帮助自己发现问题，弥补短板，总结经验。

表7-1 成果反馈建议表

专家组及相关同事建议：
闭环完成时间：

闭环验收结果：

（二）芯片封装实践反思与感悟

完成芯片封装实践后，请进行自我反思和感悟，从而提升对电子信息大类劳动的认识，增强对工匠精神的理解。请同学们反思本次实践的过程，填写芯片封装实践反思和感悟表（表7-2）。

表7-2　芯片封装实践反思与感悟表

时间：	地点：	工作项目名称：
主要劳动内容		
我的优势（本次实践体验中我做得好的方面）		
我的劣势（本次实践体验中我做得不足的方面）		
我的反思（对芯片封装岗位的认识以及对电子信息大类劳动的理解）		
我的感悟（对精益求精、追求卓越等方面的精神感悟）		

（三）芯片封装实践自我评价

完成芯片封装实践后，请进行自我评价，填写芯片封装实践自我评价表（表7-3），为本次的实践体验画上一个圆满的句号，为下次实践积累经验。

表7-3　芯片封装实践自我评价表

姓名：
芯片封装实践项目：
芯片封装实践内容：

胜任情况：A. 完全胜任　　B. 基本胜任　　C. 不胜任	
期望尝试岗位：	
劳动态度（劳动态度是否积极正面）： 劳动态度积极、主动，时常保持良好的状态完成工作并解决问题	优秀 良好 一般 较差
劳动技能（应用相关知识的能力）： 能掌握比较全面、专门的业务知识，熟悉工作流程和方法	优秀 良好 一般 较差
工作效率（完成工作的速度与预期的标准相比）： 高于预期效率，能早于期限完成	优秀 良好 一般 较差
执行力（落实并完成工作）： 快速完成常规任务和领导指派的临时任务	优秀 良好 一般 较差
工作质量（工作的结果达到或超过预期）： 工作目标明确、方法得当、效果良好，有相当的准确性	优秀 良好 一般 较差
协作精神（与各级的人合作及相互支持的能力）： 了解自己的任务角色，乐于与同事合作达成目标	优秀 良好 一般 较差
判断力（独立处理不同情况的能力）： 有较强的分析判断能力，通常能做出正确的判断	优秀 良好 一般 较差
学习能力（能主动自发地学习知识、技能的能力）： 能够针对自身短板及所处岗位不断学习相关知识技能	优秀 良好 一般 较差
公司制度及安全（了解公司制度，贯彻公司安全制度）： 熟悉公司用工制度及公司安全制度，并严格遵守	优秀 良好 一般 较差

拓展资料

1. 书籍：《集成电路芯片封装技术（第2版）》（李可为著）

该书是一本通用的集成电路芯片封装技术教材。全书共13章，内容包括集成电路芯片封装概述、封装工艺流程、厚/薄膜技术、焊接材料、印制电路板、元件与电路板的接合、封胶材料与技术、陶瓷封装、塑料封装、气密性封装、封装可靠性工程、封装过程中的缺陷分析和先进封装技术。通过阅读本书，读者能较容易地认识封装行业，理解封装技术和工艺流程，了解先进的封装技术。

能工巧匠系列视频

2. 书籍：《工作》（埃伦·拉佩尔·谢尔著）

工作因其丰富、复杂、欢乐和痛苦成为人类繁荣兴旺的不可或缺之物。通过工作，我们施展才华、建构身份、融入世界。然而，伴随着互联网的兴起、数字化革命的深入和全球一体化世界的形成，后工业时代没有带给我们预想的充裕丰富的工作机会，恰恰相反，更多人的实际感受是，工作，它不管用了。

这本书聚焦工作在我们生活中的中心地位——经济的、历史的和心理的。它还阐述了好工作所带来的尊严，以及工作如何发挥其独特作用，使我们充分意识到人何以为人。

能工巧匠系列视频

3. 电影：《潜战》

《潜战》以网络虚拟环境为背景，围绕芯片专利技术知识产权遭遇境外商业组织窃取、主人公韦度经层层诱惑和考验为保护芯片专利技术与黑社会组织斗智斗勇的主线，展开扣人心弦的情节，韦度也在生命成长蜕变的过程中收获了一段感人爱情。影片反映了当代都市90后在面对国家社会与个人之间所承担的责任和在正义与邪恶之间所做的正确抉择，也展现了年轻人在人生十字路口所形成的人生观、价值观。影片探索了未来人工智能芯片具有生命意识、情感意识的边界，展现了普通人从一无所成到承担责任的成长历程，是网络迅速发展的大环境下，当代都市年轻人梦想与现实矛盾交织的生活状态的现实写照。

第八章

救死扶伤的急救护士

学习目标

1. 知识目标：掌握急救流程和方法，理解急救精神，并通过劳动赋能站，拓展和普及急救知识。

2. 能力目标：通过参加急救相关培训项目，切身体验急救实践，具备开展急救的准备、实操、总结等能力和技巧，具备医药卫生大类职业能力要求。

3. 素养目标：通过对急救技能的学习、体验、反思、拓展，提升对生产性劳动的认识，提高自身的劳动素养，树立正确的生命观，自觉弘扬"人人学急救，急救为人人"的急救理念和甘于奉献的劳模精神。

急救是具有服务性和利他性的专业劳动，目前虽不是主流的劳动形式，但在高校乃至全民范围中普及急救知识已经迫在眉睫。如目前我国心血管病患病数量居其他各类病种中的首位，发病大多数表现为心脏性猝死；又如我国每天约有1 500人死于心脏骤停，每年总死亡人数高达54.4万人，位居全球之首。目前我国急救普及率不足1%，让每个家庭有一人学会急救，无疑会给家庭和社会带来巨大的改变。2020年8月，中国红十字会总会和教育部联合印发《关于进一步加强和改进新时代学校红十字工作的通知》，将学生健康知识、急救知识，特别是心肺复苏纳入教育内容。因此，高等学校更应该开设急救实践劳动课程，引导人人学急救，做到人人会急救。本章将带领大家体验急救实践劳动。

一、劳动观摩站：医者仁心的生动实践

（一）劳动金句

青年一代有理想、有本领、有担当，国家就有前途，民族就有希望。希望你们努力在为人民服务中茁壮成长、在艰苦奋斗中砥砺意志品质、在实践中增长工作本领，继续在救死扶伤的岗位上拼搏奋战，带动广大青年不惧风雨、勇挑重担，让青春在党和人民最需要的地方绽放绚丽之花。

——2020 年 3 月 15 日，习近平给北京大学援鄂医疗队
全体"90 后"党员回信

（二）职业讲堂

一名护理专业教师的急救日记

杜艳丽，中共党员，医学博士，毕业于南方医科大学。2013 年，她入职深圳职业技术学院，成为医学技术与护理学院护理专业的一名专任教师，讲授"急救护理""儿童护理""护理学基础"等多门专业核心课程，担任护理协会指导老师，荣获 2020 年广东省技能大赛教学能力比赛二等奖；指导学生参加护理技能大赛、应急救护大赛先后荣获全国三等奖 1 项、省级二等奖 4 项，主持各级课题12 项，参与 11 项；以第一作者或通讯作者发表学术论文 23 篇，其中 SCI 8 篇，参编教材 4 本，获得国家实用新型专利 3 项。

2022 年 3 月 18 日，本是一个稀松平常的周五，但对杜艳丽来说却并不寻常，因为在她的紧急全力救治下，一个突发心跳呼吸骤停的心梗病人得以从死亡线上被拉回来。以下是她的急救日记。

2022 年 3 月 18 日　周五　晴

赶紧让一下，医生来了

11:00 左右，我刚进小区大门，远远就看到业委会主任朝大门跑来，看到我后急迫地说："你赶紧跟我到二栋，有人晕倒了，在 13 楼电梯里。"

我跟着他迅速奔至二栋电梯口处，发现中间电梯正从停留的 13 楼下降。我们焦急地等待着，因为这个时候的生命是按秒计算的！

电梯终于到了一楼，我们赶紧冲过去，看到一个中年男性仰面朝上躺在电梯中间，面部紫绀、失去意识，一位邻居正骑跨在他身上进行按压。业委会主任对他喊："赶紧让一下，医生来了！"

快去取 AED

我迅速跨进电梯，喊停按压。右手触摸患者右侧颈动脉，同时判断他的呼吸。情况非常紧急但我不能慌乱，我深呼吸努力保持镇静，心里默数 1001、1002、1003、1004、1005、1006。

6 秒判断，未触及颈动脉搏动，患者出现了濒死叹息样呼吸但无规律呼吸。我迅速判断患者心跳呼吸暂停，这个生命危在旦夕！

我迅速拉起他的衣服，快速定位两乳头中点为按压部位，两手绷直迅速按压，01、02、03、04、05、06……27、28、29、30。我跟平时教学和培训的时候一样，有节奏地大声数数。在畅通患者气道后，我又给予患者两次人工呼吸，看到患者胸廓有起伏，证明通气成功，我继续实施胸外心脏按压，并大声数数：01、02、03、04、05……过程中，我感觉自己的按压力度逐渐减小，有些使不上力，于是冲着周围人群大喊："需要人接替我按压！"刚才按压的邻居回应，他可以接替我。我又冲着业委会主任大喊："快去取 AED！"

要除颤，不要碰到他！

好在我们小区每一栋楼口的显眼位置，都安装有一台 AED。业委会主任迅速取来，我让他直接在电梯口位置打开。

按压结束，我负责继续人工呼吸两次。回应我的那个邻居挤进轿厢内，在患者左侧接手继续按压。我迅速把 AED 电极片贴在患者身体的相应位置，按照 AED 指示，在机器分析心电图的时候，我大吼："大家都散开，不要接触患者！"心电图建议电击除颤，我又第二次大吼："要除颤，大家都散开，不要碰到他，危险！"待 AED 充电完毕，橙色按钮亮起，我确保所有人都离开患者，迅速按下橙色按钮放电。瞬间，患者弹跳起来。

按照 AED 的指示，我们继续进行心肺复苏。于是，邻居继续按压，我负责人工呼吸。按压过程中，我根据 AED 的鼓点大声数数，纠正他按压的力度和速度，确保按压有效。

这期间，在场的人已经拨打了 120。我朝着业委会主任大喊："派人到小区门口接 120！"小区环境复杂，120 未必能够直接快速找到小区入口。我大声喊话电梯外的保安："看一下时间，等 120 来了，要交接！"

于是，在 AED 的指导下，业委会主任和其他会基础急救的邻居轮流在患者左侧给予按压，我在患者右侧负责人工呼吸和使用 AED。

120 来了

当 AED 指示又要除颤的时候，我按照流程，再次除颤，然后持续对患者进行心肺复苏，没有任何放松的念头，只想把他救回来！

期间，我判断了患者的颈动脉搏动和呼吸，仍然是无。但是，我观察到他面色逐渐由紫转白又逐渐转红，也观察到他小便失禁了。我用手机的电筒勉强看他瞳孔变化，没有观察到散大。

大概过了十多分钟，120 来了。然而，由于电梯间太小，只能容纳 2 个施救人员，他们进不来。于是，我们果断决定把患者搬出电梯，在电梯厅地板上继续施救。

终于，120急救人员顺利接手后，我跟他们交接了前期的施救情况：患者11:08被发现倒在电梯里，先后进行了胸外心脏按压和人工呼吸，AED三次除颤，持续心肺复苏……

一个120急救员接手胸外心脏按压，另一个急救员准备电动心肺复苏机和转运车，我则拿到复苏球囊，接上氧气袋给患者通气。很快，他们安装好电动按压机，开始为患者自动按压，120急救人员又接手我的复苏球囊。

患者需要迅速转运，我们将患者连同贴在他身上的AED一起搬上了转运车，将车推上120。家属跟随120，将患者运送到医院进一步抢救。

随后，我迅速打电话给北京大学深圳医院急诊科，简单介绍情况后，请求他们备好器械准备好抢救。专业的急诊科人员告诉我：他们会接到返回医院的120电话，人员和设备都会准备到位。

等来好消息

一场紧张、急迫又有序的现场抢救结束了。

作为有医学背景和急救知识技能的医护专业人员，我义不容辞成为这场抢救的指挥者，这是医者的职责所在，当时我心里唯一的念头是：尽全力救他，希望他能被救回来。

现场出手相救的伙伴们信任我，听我指挥，我们默契、有序的配合让施救过程规范又顺畅。看着120驶出小区奔向医院，我内心非常感动，感动于人们对生命的敬畏！

我默默为这个患者祈祷，希望抢救能有良好的结果。于是，我将联系方式留给了业委会主任，告诉他如果患者在继续救治过程中，需要了解现场急救情况，可以随时联系我。

直到下午五点多，业委会主任告诉我：患者做了手术，已住进ICU进一步监护、观察，生命体征平稳。我听后倍感欣慰，我们十多分钟的现场急救，为医院对患者实施高级生命支持和手术争取了宝贵的时间！

体会与感想

人人学急救，急救为人人。全民的急救意识、急救知识与技能需要不断普及。

救命神器AED，更是应该普及到各个小区的每栋楼，让它成为深圳的"城市特色"。

（资料来源：深圳晚报，有删改）

案例分析：急救可以在关键时刻挽回一个人的生命，对于每个人和整个社会而言，都具有重要的意义。作为一名医护专业党员教师，杜艳丽在他人需要急救时毫不犹豫地挺身而出，用专业知识和技能挽救了宝贵的生命，用实际行动给学生上了一堂生动的急救实践课程，彰显了全力以赴、争分夺秒、不畏艰险、救死扶伤的急救精神。

（三）急诊中心护士的一天

7:45—8:00　衣帽整齐，抵达工作岗位。

8:00—8:30　交接班及做好出车前准备，清点抢救车及抢救室内抢救物品、药品并逐一登记；擦拭抢救仪器，调试性能并充电，查对抢救药品并统计；督促保洁人员对室内卫生进行保洁；确保各抢救设备"五定"，保持设备清洁，定时对设备（包含导联线）进行擦拭消毒，如遇污染随时消毒；确保抢救设备随时处于应急状态，时间正确，各物资（电极片、电极膏）充足。

8:30—11:30　科内待命出诊（接"120"报警，白天2分钟内出诊），上车后联络患者问明报警地点及患者现况；见到患者5分钟内对病人进行处理，包含吸氧、测量生命体征、开放静脉通路，转运途中随时监测患者生命体征，观察液路，配合医生进行对应诊疗和处理同时和患者及陪同人员沟通；抵达病区后和接诊护士交接途中病情、生命体征和液路情况；计算出车费用并立即补充车内药品及一次性耗材。

11:30—12:30　交替吃午饭。

12:30—14:00　巡视患者情况，细心观察病情，发现问题及时通知医生，采取对应方法，确保患者安全。

14:00—17:30　科内待命出诊，流程同上。

17:30—18:00　书写护理统计本、交接记录本，和接班者当面交接班。

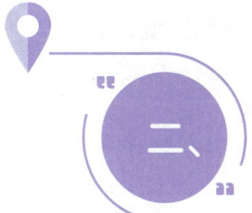

二、　劳动体验站：体验急救实践

（一）急救实践准备

1. 了解急救精神和急救实践宗旨

通过了解急救精神和急救实践宗旨，明确开展急救实践服务的目的，树立"拯救生命，人人有责"的社会主义生命观，为做一名优秀的青年急救者做好思想准备。

（1）"全力以赴、争分夺秒、不畏艰险、救死扶伤"的急救精神。参与急救的人员除了要有丰富的急救知识储备和过硬的急救技能，还需要具备"全力以赴、争分夺秒、不畏艰险、救死扶伤"的急救精神。拥有了急救精神，才会在人民群众有需要的时候毫不犹豫地进行利他性、服务性的急救劳动。

"全力以赴"指投入自身当前所有力量到某一事件中，是不计较自身得失地全方位付出。全力以赴挽救生命是高尚的，是急救精神的精髓。急救者在不求回报、不图名利、不计得失的前提下参与挽救生命、守护幸福的利他性活动，生动形象地践行着"为生命全力以赴"的崇高理念。

"争分夺秒"指一分一秒都不可浪费。在急救中时间以秒为计，每一秒钟对生命健康来说都举足轻重。因此，急救实践参与者要有分秒必争的时间观念和与时间赛跑的竞争思维，要在有限的时间内动用所有技能，尽可能为伤者争取生存的可能。

"不畏艰险"指不害怕所面临的困难和危险，迎难而上。急救人员在遇到需要展开急救的情况时，要做好应对各种困难和危险的思想准备，要将无畏的勇气投入挽救生命的崇高劳动实践中，助力突遭生命威胁的人尽快脱离险境。

"救死扶伤"原指专业医护从业者进行的挽救生命、提升健康水平的专业性劳动实践，这是每个医护从业者的职业理想。对非专职的社会急救者来说，在开展急救实践时也要具备这种精神，只有将生命健康放在首位，急救劳动才能更高效，急救取得的效果才能更显著。急救活动无处不体现着"救死扶伤"的精神，正是这一精神使急救者能毫不犹豫地挺身而出，挽救生命。

（2）生命至上的急救实践宗旨。生命对于每个人来说都只有一次，它既关系着自身、家人和朋友的幸福，也影响着社会的和谐与稳定。急救实践的宗旨就是为了最大限度挽救生命，促进和谐。

大量医学研究表明，如果在心脏骤停4分钟内进行正确急救，成功率为50%；在突发事故及重危疾病的10分钟内实施正确急救，也能明显地降低伤残率和死亡率。而现实中，无论是交通繁忙的城市还是地处偏僻的乡村，当意外发生时，救护车赶抵现场的时间基本都超过10分钟。在校园内情况也不容乐观，发生需要急救的事故时，由于大多数师生急救知识匮乏、急救意识淡薄，或心理素质差、害怕承担后果，常常耽误了宝贵的黄金抢救时机。

因此，当意外和灾害发生时，就急需拥有急救知识和技能的人挺身而出，在现场进行及时、有效的初步救治，为专业医护人员争取更多系统治疗的时间。

2. 掌握常见急救方法及其适用情况

我们身边每天都在发生各种疾病或安全突发事件，当危及生命健康的事件出现时，常常需要急救介入，第一时间消除或降低对生命健康的负面影响。急救参与者必须能迅速且准确地判断当下的突发事件该采取何种急救措施，因为不同的急救类型所需采用的急救方法有着极大的差异。因此，所有急救参与者都必须掌握常见的急救方法及其适用情况。此处主要介绍三种常见的急救方法：

（1）心肺复苏术。心肺复苏术（cardio pulmonary resuscitation），简称CPR，是针对心脏和呼吸骤停、为恢复患者自主呼吸和自主循环功能所采取的急救措施。心搏骤停（sudden cardiac arrest），简称SCA，是指各种原因引起的、在未能预计的情况和时间内心脏突然停止搏动，从而导致有效心泵功能和有效循环突然中止，引起全身组织细胞严重缺血、缺氧和代谢障碍。但心搏骤停不同于任何慢性病终末期的心脏停搏，若及时采取正确有效的复苏措施，病人就有可能被挽回生命并康复。如骤停后得不到即刻及时的抢救复苏，4～6分钟后便会使患者脑和其他人体重要器官组织发生不可逆的损害。因此，心搏骤停后的心肺复苏必须在现场立即进行，为进一步抢救直至挽回心搏骤停伤病员的生命而赢得最宝贵的时间。

心搏骤停的识别一般并不困难，最可靠且出现较早的临床征象是意识突然丧失和大动脉搏动消失，且伴有濒死喘息或完全停止呼吸。一般用轻拍病人肩膀并大声呼喊的方式以判断意识是否存在，以食指和中指触摸颈动脉以感觉有无搏动，如果二者均不存在且呼吸异常，就可做出心搏骤停的诊断，并应该立即实施初步急救和复苏。因此，在现场识别和急救时应分秒必争，不应要求所有临床表现都具备齐全才肯定诊断，不要因为等待听心音、测血压和心电图检查结果而延误识别和抢救时机。

（2）海姆立克急救法（图8-1）。海姆立克急救法主要用于呼吸道异物的排除，即针对呼吸道完全堵塞或严重堵塞的患者。急性呼吸道异物堵塞在生活中并不少见，由于气道堵塞后患者无法进行呼吸，可能因缺氧而致人意外死亡。海姆立克腹部冲击法也称为海氏手技，是美国医生海姆立克发明的。1974年他首先应用该法成功抢救了一名因食物堵塞了呼吸道而发生窒息的患者，从此该法在全世界被广泛应用，拯救了无数患者。

呼吸道和气道堵塞的识别也很明显，如突然呛咳、不能发声、喘鸣、呼吸急促、皮肤发紫，严重者可迅速出现意识丧失甚至呼吸心跳停止等情况，这时即可立即使用海姆立克急救法。

要探究其原理则可以将人的肺部设想成一个气球，气管就是气球的气嘴，假如气嘴被异物阻塞，则可以用手捏挤气球，气球受压球内空气上移，从而将阻塞气嘴的异物冲出，这就是海氏腹部冲击法的物理学原理。急救者环抱患者，突然向其上腹部施压，迫使其上腹部下陷，造成膈肌突然上升，这样就会使患者的胸腔压力骤然增加，由于胸腔是密闭的，只有气管一个开口，故胸腔（气管和肺）

图8-1　海姆立克急救示意图

内的气体就会在压力的作用下自然地涌向气管，每次冲击将产生450～500 ml的气体，从而就有可能将异物排出，恢复气道的通畅。

（3）中暑急救法（图8-2）。中暑是指高温环境下由于热平衡机能或水盐代谢紊乱等而引起的一种以中枢神经系统和心血管系统障碍为主要表现的急性疾病。气温过高、湿度大、风速小、体弱、对热不适应、劳动强度过大和时间过长、过度疲劳等因素都易诱发中暑。

图 8-2
中暑急救环境示
意图

中暑的症状可轻可重，轻度中暑会出现面色潮红或苍白、恶心呕吐、胸闷、头晕、眼花、无力、大汗、四肢麻木等症状；重度中暑除上述症状外，还可能呼吸急促、高热、肌肉痉挛、血压下降、烦躁不安、昏迷，甚至危及生命。

要及时对中暑患者进行对症处理。对意识清醒的中暑者，应使其迅速脱离高温环境，移到通风良好的阴凉处平卧休息，帮其脱去多余的或者紧身的衣物，将湿的凉毛巾放置于其头部和躯干部，或将冰袋置于其腋下、颈侧和腹股沟处，还可以向全身喷洒自来水或直接将身体置于浴缸或水盆中；同时让患者饮用富含电解质的饮料，推荐服用果汁、牛奶、蔬菜汁或者口服补液盐等，纠正中暑者身体内水和电解质平衡紊乱的状况。遇到丧失意识的重度中暑者，要立即拨打急救电话，同时同步采取现场急救，进行物理降温的同时要将其翻转至侧卧位，使嘴巴低于喉头位置，并密切观察患者呼吸及脉搏的情况。一旦出现呼吸停止或呈濒死样呼吸，应立即对其进行心肺复苏。

3. 助力急救开展的专业性和通用性能力

一般而言，开展急救实践性劳动需要急救实施者本身具备多种能力，不但要有对症施救的专业性能力，还要有各种助力专业决策的通用性能力作为辅助。

（1）专业性能力。专业性能力是开展急救活动的必备前提，只有具备了识别急救种类和针对病症迅速开展急救措施的能力才有护佑生命的可能。这些专业性能力可通过学校系统性培训获得，也可通过参加社会上组织的各类公益性急救培训获得，获得基本专业性能力后，要及时、多次地进行实操练习，将其变成一种本能习惯。

（2）通用性能力。开展急救活动除了要有专业性能力，还必须具备辅助的通用性能力，如观察能力、组织协调能力、沟通能力等。这些通用性辅助能力在急救活动开展的事前、事中和事后都发挥着重要作用，如开展急救前要组织协调现场情况以便创造最佳的急救环境，急救中要有良好的观察和互动能力，视被救者情况及时调整急救措施，急救后还需要有良好的沟通能力，能向专业医务人员描述清楚被急救者的基本情况、目前状态以及特殊情况。

（二）急救过程与操作要点——以心肺复苏术为例

1. 实施心肺复苏的流程和要求

（1）确认环境安全。进行现场评估；口述"危险因素已排除，现场安全；做好个人防护（去除手上戒指、手表或装饰品）"；跪在患者身边快速定位：双膝打开与肩同宽，膝盖跪在距离患者肩膀一拳的位置。

（2）判断意识（图8-3）。① 轻拍患者双肩，双耳边呼唤："先生/女士，你怎么了？"② 头下移靠近（5～8 cm）患者鼻子和嘴巴的中间，眼睛看向胸口位置（是否有呼吸）。10秒内快速判断有无意识（默读1001，时间刚好约为一秒）："1001、1002、1003、1004、1005、1006、1007……"③ 口述："患者没有呼吸心跳，无意识。"

（3）大声呼救并请求支援（图8-4）。① "快来人啊，这里有人晕倒了。"② "我是急救人员/我学过急救，请大家为我作证。"③ 指定一个人员："这位女士/先生，请帮忙拨打120，打完后告诉我。"④ 指定一个人员："这位先生/女士，请帮我取来最近的除颤器。"⑤ "请现场有会救护的赶紧过来帮忙。"

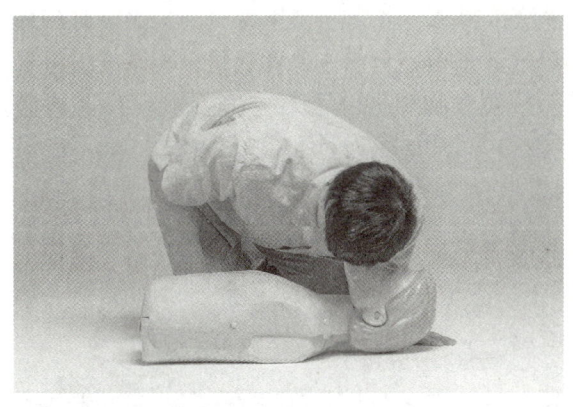

图8-3　判断患者意识

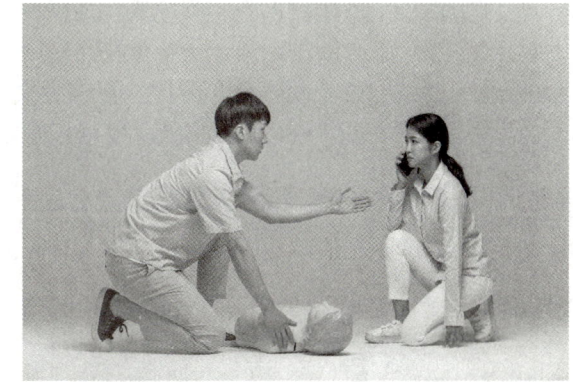

图8-4　大声呼救并请求支援

（4）摆放体位（图8-5）。确认患者姿势正常，保护颈部作整体翻动，仰卧位。确定患者被放置在平坦的硬地面或硬纸板上。

（5）胸部按压（图8-6）。① 解开衣物，充分暴露胸壁，并口述："开始急救。"② 定位：胸部正中两乳头连线水平。③ 手法：双手交叉互扣，掌跟（掌跟为用力点）一字形重叠，手指上抬。④ 姿势：双臂绷紧垂直，上半身前倾垂直向下用力按压，双肩连线中点在按压点正上方，连续快速有力，确保胸廓充分回弹。⑤ 深度：成人5～6 cm。⑥ 频率：100～120次/分钟。⑦ 次数：按压30次/循环（时间15～18秒最佳）。⑧ 边按压边数数：01、02、03……30，按压同时观察患者面部情况，如有好转（面色回血，指压回血红润）立即停止。

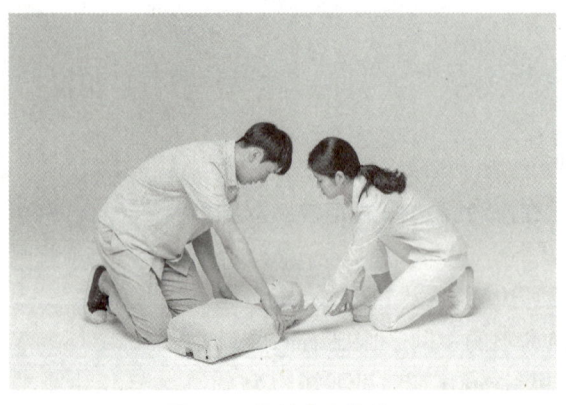

图 8-5　摆放患者体位

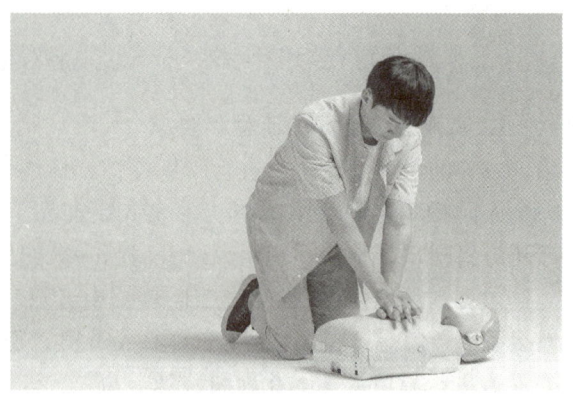

图 8-6　进行胸部按压

（6）开放气道（图 8-7）。① 检查是否有口鼻异物：双手大拇指按住下巴，确保用拇指按住下嘴唇，头向后仰查看是否有异物。② 清除口鼻异物：双手护在患者耳朵位置，轻轻向一边倾斜；扣住下巴打开口腔，将手指伸入口中清除异物，头部归位。③ 采用仰头举颏法，使气道开放：一手五指并拢，放在额头位置；一手食指和中指并拢，放在下巴硬骨位置，双手同时用力将气道打开。

（7）人工呼吸（图 8-8）。① 手法：拇指、食指捏住鼻翼两侧（使用放在额头的手，另一手不变动），轻吸一口气。张嘴完全包住患者双唇，缓慢、用力吹气（做好个人防护，正常吸气吹气），观察胸廓是否起伏（用眼睛余光），再松口、松鼻。② 次数：2 次 / 循环。

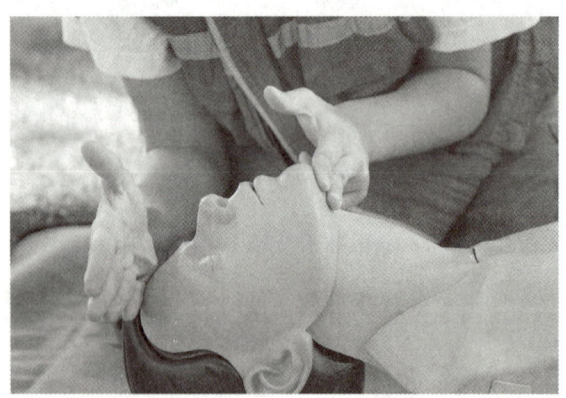

图 8-7　打开患者气道

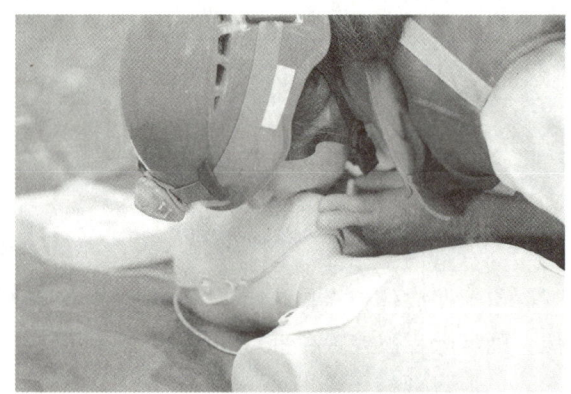

图 8-8　对患者进行人工呼吸

（8）五个循环后评估。① 重复胸部按压、人口呼吸，每个循环比例为 30 : 2；5 个循环后重新快速评估、判断意识："1001、1002、1003、1004、1005、1006、1007、1008……"复苏成功后将病人送往医院继续抢救，检查 CT 等。② 合上衣物，对患者说："你好，你刚才晕倒了，我已为你做了急救措施并拨打 120，在救护车来临之前我都会陪伴着你，直到救护车到来。"③ 复苏不成功继续心肺复苏。

2. 实施心肺复苏的注意事项

（1）注意每分钟按压的频率。进行心肺复苏的人员，应将按压频率保持在每分钟 100 ~ 120 次之间。除了要关注按压频率之外，还要注意按压的深度，如果是给一个成年人进行心肺复苏，那么按压的深度不应当小于 5 cm，但是不要超过 6 cm。如果是给儿童或者是婴儿进行心肺复苏按压，那么建议按压的幅度至少应当是胸部前后径的 1/3。要注意在进行心肺复苏时一定要避免中断，如果是有紧急情况不得不中断时，最多不超过 10 秒。

（2）对于存在室颤的患者，如果具备条件，应当及时给予电除颤，但是一定要注意在进行电除颤之后及时进行胸外按压。除了要进行胸外按压以及电除颤外，还要注意开通气道，保持呼吸道通畅是成功复苏非常重要的一步。在开通气道之前要注意清除患者口中的异物或呕吐物，如果患者有活动的假牙，要及时取出。

（3）开通气道往往在 30 次胸外按压之后进行。在开通气道后要给予两次人工呼吸，每次人工呼吸要持续至少一秒。成人的按压与通气的比例是 30 : 2，如果是对儿童或者是婴儿进行心肺复苏，按压与通气的比例是 15 : 2。

3. 记录急救实践过程

在开展急救实践的过程后，急救实施者应养成复盘记录的习惯。对每一个病患的情况进行记录和分析研判，这样不仅可以提升自我急救能力，真切体会挽救生命的成就感和幸福感，还可以为后续的实践成果展示与分享提供详细且具体的资料。请填写急救实践记录表（表 8-1），也可以通过语音或者视频的形式记录。

表 8-1　急救实践记录表

时间：	地点：	急救类型：
急救环境情况		
被救者发病情况		
急救过程		
急救结果		

4. 顺利完成急救实践劳动

（1）按实际情况，与专业医护人员保持沟通，告知前期了解的现场情况、采取了哪些急救措施及患者的注意事项；

（2）按实际情况，做好急救现场和设备的整理；

（3）按实际情况，做好记录和总结。

（三）急救实践成果展示与分享

1. 图片展示

将图片制成 PPT，PPT 可以包含最有感触或记忆最深刻的一次急救实践劳动、急救基本情况、常见急救技巧、经验与感想等。

2. 视频展示

分享者也可以根据自己的设想，设计有特色的视频分享，比如急救知识普及、现场模拟演练等视频。

3. 体验分享

通过简单的问卷或访谈，了解听众对你急救实践分享的评价，分享体验感受，让更多人愿意了解急救、加入急救。

三、 劳动赋能站：劳动科学知识积累

（一）医药卫生大类劳动的特点

1. 劳动性质的服务性

医药卫生大类劳动者的劳动对象是人，劳动者的劳动因人类健康需要而存在。服务社会是医药卫生大类劳动的基本特点，要求劳动者在专业兴趣与社会需要发生矛盾时，应首先服从社会需要，以全心全意为患者服务为宗旨，自觉弘扬白求恩精神。

2. 劳动内容的探索性

医药卫生大类劳动为人类保持健康、防治疾病、延年益寿而服务，它是世世代代积累的实践经验和精神财富，今天仍是一门充满未知的科学。由于患者之间存在个体差异，对同一病种的不同患者，用药方案不能简单套用，医务工作者要在临床观察的过程中不断探索，才能达到最佳的治疗效果。因此，医药卫生大类劳动者必须具有探索问题的能力。

3. 劳动时间的紧急性

一有呼救必须紧急出动，遇到病情必须立即抢救，抢救后还要根据病情进行后续的治疗与复健，这些都充分体现了"时间就是生命"的紧急性。

（二）医药卫生大类劳动者的职业素养

1. 敬畏生命的意识

医药卫生大类劳动者，无论是一线医护人员还是药品、医药器械研究生产人员，都是从事与生命相关的事业。因此，全体医药卫生大类劳动者必须将敬畏生命的意识贯串工作全过程。

2. 高尚的仁爱之心

医药卫生大类劳动者需有为人排忧解难、解除痛苦的仁爱之心。我国古人就提出了医者必须关注人之本身，即要有与人共情的能力，懂得换位思考。在实际工作开展过程中，要急人之所急、想人之所想，将人的健康和生命放在首位。

3. 救死扶伤的自觉

救死扶伤、延长患者生命、提高患者生活质量是公众对医务工作者的期待。"救死扶伤"这四个字也是医药卫生大类劳动者的终极目标。在面对有人生命和健康受到威胁的情况时，每一位医药卫生大类劳动者都要有救死扶伤的职业自觉，及时果断地采取相关措施挽救生命、护佑健康。

4. 良好的判断能力和果断的应急处理能力

医药卫生大类劳动具有紧迫性的特点，而且关乎人的生命健康，这就要求医药卫生类劳动者具有良好的判断能力和果断的应急处理能力，在紧急情况下做出正确的判断，拯救患者的生命。

四、 劳动提升站：总结、反思与评价

（一）急救实践总结

1. 素材总结

整理急救实践的文字、图片和视频资料，将当次急救素材进行有序分类，以便日后再碰到同类型急救时有例可循，提升急救效果。

2. 数据总结

记录与急救实践相关的数据，方便日后做急救知识的普及和分享，相关数据包括但不局限于以下类别：成为公益性急救劳动者的天数，急救劳动服务累计人数、次数和时长，参与急救类型总数，获得的感谢数量等。

3. 经验总结

根据你收集、整理的素材与数据，总结你本次实践收获的经验和感想。

（二）急救实践反思与感悟

完成急救实践后，请进行自我反思和感悟，从而提升对医药卫生大类劳动的认识，提高急救技能，并增强对急救精神和劳动精神的理解。请同学们反思本次实践的过程，填写急救实践反思和感悟表（表8-2）。

表8-2　急救实践反思与感悟表

时间：	地点：	急救类型：
主要实践内容		
我的优势（本次实践体验中我做得好的方面）		
我的劣势（本次实践体验中我做得不足的方面）		
我的反思（对急救的认识以及对医药卫生大类劳动的感悟）		
我的感悟（对救死扶伤的急救精神和甘于奉献的精神感悟）		

（三）急救实践自我评价

完成急救实践后，请进行自我评价，填写急救实践自我评价表（表8-3），为本次的实践体验画上一个圆满的句号，为下次实践积累经验。

表8-3　急救实践自我评价表

姓名：
急救实践类别：
急救实践角色：
胜任情况：A. 完全胜任　　B. 基本胜任　　C. 不胜任
期望尝试岗位：

急救态度（急救态度是否积极正面）： 急救态度积极、主动，敢于承担，时刻保持良好的状态，在需要的时候挺身而出	优秀 良好 一般 较差
急救技能（应用相关急救知识的能力）： 掌握比较全面、专业的急救知识、流程和方法	优秀 良好 一般 较差
急救效率（完成急救实践的速度与预期的标准相比）： 高于预期急救效率，能尽快完成高质量现场急救	优秀 良好 一般 较差
组织协调（把控急救全过程）： 快速组织人员掌控现场，为急救实践做好前期环境准备、中期物资调配、后期交接沟通	优秀 良好 一般 较差

拓展资料

1. 书籍：《医路向前巍子　给中国人的救护指南》（高巍著）

本书作者高巍是一名专业的急救医生，也是中国医师协会健康传播工作委员会委员。针对大众缺乏急救常识的问题，他动笔科普日常生活中的疾病知识和急救技能，用简单、通俗的文字，写就了这本健康科普书。该书包含近 400 页对健康知识的详细解读，能够满足一家人的健康知识需求，文章有温度，体现出了医生的情怀与责任，同时采用手绘漫画、视频演示等形式，简单有效，让读者能够轻松学习。

2. 纪录片：《生命时速·紧急救护 120》

该片以上海市 120 急救中心的三辆救护车为拍摄主线，以急救医生的生活日常"关怀人间世"为副线，直面社会广泛关注的医患矛盾、信任危机，记录了一个个真实鲜活的急救案例，展现了人生百态，传递了人生暖意。该片以 100% 的纪实拍摄手法，通过摄制组 100 多天的 12 小时跟踪拍摄，采取多组摄制组并进的方式，从 120 调度中心、急救车厢到医院急诊部，多地多机位覆盖上海市 70 余家医院、43 个 120 分站点。通过贴身跟拍、航拍等手段，全面记录了一线救护人员的急救日常，让观众体验最真实的现场，聚焦院前急救的同时，也传播了健康急救常识。

3. 纪录片:《急诊室故事》

该片使用78个固定摄像头,24小时跟踪直击常人视角无法触及的急诊室真实故事,记录生死关头的人生百态。同时,为确保真实还原,现场使用了66路全方位收音,确保急诊室各处都可以收到现场声。该片的核心立意是直面社会广泛关注的医患矛盾、信任危机,并始终坚持"生命有痛,有你真好"的主导思想,通过深入挖掘一个个真实而充满人道主义精神的救治故事,让观众了解患者如何被救治,以及感受过程中医患间、患者与亲友间的各种情感迸发,赞颂生命的力量与尊严,传递社会正能量。节目全方位纪录并还原了真实的医患关系,直击中国医疗现状,带领观众感悟人生百态。

第九章

诚实守信的银行柜员

学习目标

1. **知识目标**：掌握银行柜员工作的基本要求，理解银行柜员的职业精神和劳动精神，并通过劳动赋能站，拓展银行柜员职业发展的相关知识和视野。

2. **能力目标**：通过体验银行柜台职员的工作，具备银行柜员工作所需的基本能力和技巧，具备安全保密意识，具备遵法守纪、保守秘密和廉洁自律的职业规范，达到财经商贸职业能力要求。

3. **素养目标**：通过对银行柜员劳动的学习、体验、反思与拓展，提升对财经商贸类生产劳动的认识，提高自身的劳动素养，树立正确的价值观，自觉弘扬崇尚劳动、热爱劳动、辛勤劳动、诚实劳动的劳动精神。

"财经商贸"这个词听起来很遥远，实际上就在我们身边，移动支付、银行业务、工资、股票、保险等都属于这个范畴。财经商贸大类专业，也是学生们喜欢的专业类别之一。2022 年，我国高校毕业生人数再创新高，达到了 1 076 万人，其中，金融、财经类毕业生比例超过 10%。但很多学生对财经商贸大类的具体职业、岗位特点、职业素养要求、工作流程等并不熟悉，本章将带领同学们体验银行柜台职员的岗位劳动。

一、 劳动观摩站：金融行业的劳动模范

（一）劳动金句

中国古人说："诚信者，天下之结也。"就是说诚信是结交天下的根本。

——2021年10月30日习近平主席在二十国集团领导人第十六次
峰会第一阶段会议上的讲话

（二）职业讲堂

金融行业的劳动模范：把每一件平凡的事情做好

"五一"国际劳动节，是全世界劳动人民共同的节日。每年的"五一"国际劳动节上，一些在各行各业平凡岗位上做出不平凡业绩的劳动者会被授予标兵、劳模的称号。

"我的工作初心就是想为乡亲们做点实事。"

"我来自基层，是金融系统中微小的一分子，荣誉属于和我并肩作战的领导及团队伙伴们，还有支持我工作的家人和朋友。"2019年被授予"全国五一巾帼标兵"荣誉称号的雷荣香谦虚地说。

在浦发银行丽水分行零售业务部工作的雷荣香，参加工作20年来，一直扎根银行服务一线，在各个岗位上恪尽职守，开拓进取，兢兢业业，奋发争先，真心服务群众。

"农村金融一直是金融体系中较为薄弱的环节，对我国金融体系的整体构建和完善起着较大的制约作用。"长期的工作实践，让雷荣香对农村金融改革的迫切性和重要性有着深刻的认识，但她也知道，探索农村金融改革，必须找到最符合农民利益需求的切入点。

为此，雷荣香经常带领团队人员深入村里调研，和村干部一起了解村里的生产经营情况，逐户上门了解村民的收入来源、生产情况及日常需求。2015年创建了浦发银行在丽水的首个"金融服务创新示范村"。

在领导和团队伙伴的支持下，雷荣香牵头起草了个人农房抵押贷款管理办法，将专业知识与实践调研相结合。"我是学金融专业的，现在又在银行工作，我的工作初心就是想用自己所学专长和单位的金融服务优势，为乡亲们做点实事，为农村金融改革贡献微薄的力量。"雷荣香说。

"有责任心、脚踏实地地做好每一件事。"这是雷荣香对自己这么多年来工作的一个评价。可以看出，能够得到这个荣誉称号是对她工作的高度肯定，但背后却也是以她为代表的金融行业工作者立足新时代、担当新使命、彰显新作为的真实写照。

不忘初心、坚守岗位，把每一件平凡的事情做好

在浦发银行天津分行直营中心的资深客户经理鞠景屹看来，劳模就是把每一件平凡的事情做好，把每一件简单的事情做到极致。"我是全国千千万万个金融工作者中平凡的一员，在我身边也有许许多多无怨无悔从事金融服务的人，他们都坚守在自己的岗位上日复一日、年复一年地书写着不平凡的故事。"

鞠景屹是 2020 年天津市劳动模范，入行 5 年来，始终冲锋在业务营销第一线。他勇于创新，狠抓业务契机以实现银行和客户的双赢，他利用一些上海自贸区的优势产品，与客户形成联动，为客户提供了一系列整体的自贸区服务。2016年他成功落地天津自贸区首笔 NRA（non-resident account，境外机构境内外汇账户）人民币贷款业务；2018 年，鞠景屹操作首笔 NRA 美元贷款落地；2020年，在分行负债提升、资产投放中表现突出，成绩优异。

鞠景屹坚信，只要有一份不忘初心的坚守、履职尽责的担当、踏实肯干的信念、无私奉献的情怀，撸起袖子加油干，就一定能在平凡的岗位上干出不平凡的业绩。

荣誉意味着责任，责任需要付出和坚守

"心存敬畏，行有所止。"浦发银行贵阳分行的张辉，在 2009 年贵阳分行成立时便加入浦发银行，主要从事授信业务的审查审批工作。"对于我们授信从业人员而言，底线思维尤为重要，底线就要求我们要有敬畏之心，敬畏风险、敬畏制度、敬畏授权、敬畏规律。"

他十年如一日，坚守工作岗位，不忘初心，热爱工作，热爱生活。张辉告诉记者，要坚守风险把控的底线，坚守"前瞻精准，慎行知止"的风险文化，用严谨负责的态度审视每一笔贷款，在符合国家产业政策和总行信贷投向的前提下，确保精准投放。

近 5 年来，张辉共累计完成 900 余笔公司评级和授信的审查审批工作，企业所获贷款资金全部投入贵州省基础建设项目，为贵州省脱贫攻坚注入了不可忽视的金融力量。

张辉的坚守终于得到了回报，他的工作态度得到了认可。2020 年他被评为贵州省劳动模范。"这是组织对我个人的认可，也是对我岗位价值的认同，荣誉意味着责任，责任需要付出和坚守。"张辉感慨道，双手创造幸福，幸福来源于劳动，劳动是实现自我人生价值和理想的途径。但个人的幸福离不开集体的强大，唯有靠每一个人辛勤劳动，拼搏奋斗，才能够创造大家的幸福生活。

只有热爱，才能无怨无悔

机会只会眷顾有准备的人，这同样也体现在王真身上。她是 2020 年河南

省五一劳动奖章获得者，现任浦发银行许昌分行外汇综合柜员。入行以来，她始终秉承敬业专业、勤勉尽责的工作态度，开拓创新、勇于钻研的学习精神。

2020年，最艰难的莫过于进出口企业。在许昌，仅外贸企业就有300多家，很多外贸企业在国内购买原材料的资金，都来源于收汇回款，及时入账结汇变得非常重要。"很多企业等着外汇汇款救命，我能做的就是跟时间赛跑，为进出口企业提供外汇金融服务保障。"王真表示，只有稳定住外贸服务，才能实现国内国际双循环。

"只有热爱，才能无怨无悔。一直以来我都走在提升自我专业素养的路上，从未停下脚步。"王真告诉记者，你永远不知道未来会发生什么，但是你能做的就是努力变成更好的自己。正是因为这份对专业的热爱，这份对工作的坚守，她先后获得两枚五一劳动奖章。

"这些年的历练让我明白工作不单单只是一项任务，也是一种历史使命，能够让我切实地去服务实体经济的稳步发展。"王真由衷地说道，"我为自身的专业而骄傲，更为能一展所长，为企业解决燃眉之急而自豪。"

爱这份工作，首先要爱队伍里的人

只有热爱工作，才能在工作岗位上干出不平凡的事业。2020年新疆维吾尔自治区劳动模范、浦发银行乌鲁木齐分行运营管理部负责人李杨静，进入浦发银行12年以来，从柜员到会计主办再到运营主管，一步一个脚印，通过一点一滴的成长和积累，严于律己，带领支行运营团队的小伙伴一路提升，不断进步。

当李杨静所在运营条线的队伍整体水平有所提高时、员工学到知识点得到成长时、工作被分行认可时，她都由衷地感到开心。她告诉记者，爱这份工作，首先要爱队伍里的人。

用李杨静的话说，运营是银行业务的大动脉，他们就像战斗队伍中的工兵，逢山开路、遇水架桥，为前锋部队做好支撑和服务。"我理解的劳模，是一种积极向上力量的体现，是奋斗者形象的浓缩，是甘于奉献的典范，是身边人心中的榜样和标杆。"

（资料来源：人民网，有删改）

案例分析： 金融行业劳模们用自己的学识、对专业的热爱、对岗位的尽职尽责，面对职场中的困难，毫不畏惧。他们学会在大环境的变化中调整自己，用青春和热血诠释了崇尚劳动、热爱劳动、辛勤劳动、诚实劳动的劳动精神。

（三）银行柜员的一天

7:40—8:00　准时到达银行，查看《当日任务分解表》，确定本日应办理的业务数量及种类。整理单证，检查单证是否齐全，预估当日的使用量，预先领用单证放置在平日伸手可及的地方。检查办公用章是否齐全，订书机内确保有足够的订书针，印泥、胶水等其他常用物品齐全。

8:00—8:30　准时参加晨会，调动团队氛围，用积极的态度来迎接全新的一天。晨会内容包括：① 昨日业绩回顾。营业经理宣读昨日业绩，并宣布昨日"营销明星"和"转介明星"，并为今日的工作鼓气。② 经验分享。在昨日营销中有突出表现的同事，请他进行经验分享，大家互相学习，一同进步。③ 话术演练。营业经理会精心准备适合大堂经理、柜员、客户经理使用的话术。④ 今日目标。通过班前准备查看今日的工作目标与计划，并结合实际进度，宣誓今日将完成目标。

8:30—17:00　为客户办理业务。提供优质的客户服务。在接待客户时做到微笑接待、双手接递、快速办理、主动营销、礼貌道别。做到微笑接待每位客户，并为客户快速准确地办理每项业务，做到急客户之所急，把业务办理时间控制在分行要求的范围之内。同时，利用分行新上线的系统平台，在叫号的同时，能够准确看到客户的姓氏。在问好时，同时称呼客户为 × 先生或 × 小姐，给客户耳目一新的感觉，也能获得意想不到的效果。在送别客户时，需要目送客户离开，待客户离开柜台 2 米远时，再坐下。

要尽量做到快速办理。快速为客户办理各项业务，是柜员一项最基本的职业素养。这不仅体现在急客户之所急，更体现在想客户之所想。平日工作中需留心工作台上单据、印章的摆放，为客户节省时间。在明确客户需办理的业务种类之后，快速在伸手可及的地方拿出相应的单据，认真处理每一笔业务。

17:00—19:00　夕会前的工作。协助大堂积分统计人员统计今日销售积分，并将积分情况上报营业经理，同时在月度任务分解表上写下今天的任务完成情况。

日终柜员结账。按券别清点库存现金（本外币），操作现金上缴交易，将超出库存限额的人民币现金、外币现钞上缴钱箱管理员，办妥交接手续。打印当日交易流水清单，核对各项业务发生额及传票是否缺少，并逐一勾对。对当日工作中出现的问题进行记录，分析原因，总结避免再次出错的方法，以减少差错率，提高业务办理的准确率。

19:00—20:00　夕会。夕会包含以下几个内容：① 业绩统计。向营业经理汇报今天的营销业绩，同时相互核对转介卡的成交情况。② 问题分析。主动提出当日工作的困惑，请大家出谋划策。结合自己的月度目标任务分解表，总结各项指标的完成进度，分析弱项指标产生的原因。③ 表扬先进。对当日工作表现突出者进行表扬，并积极向其学习，以推进日后的工作，促进自我进步。④ 明日晨会安排。若第二天主持晨会，需协助营业经理安排晨会流程。

劳动体验站：体验银行柜员

（一）银行柜员实践准备

1. 了解银行员工守则

（1）爱国爱行，敬业奉献。无论从事何种职业，爱国都是从业的第一准则，它体现了员工高尚的政治品质；爱行与职业忠诚度和职业归属感息息相关，它体现了员工良好的职业素质和精神风貌；敬业奉献则与从业产出和个人职业发展正相关，在工作中投入的精力越多，预期的业绩及荣誉就越丰富。

在工作中可具体落实到以下三个方面：一是明确工作目标，按计划逐步进阶；二是具备较强的职业意识和奉献精神，肯付出、敢担当、善作为；三是增强服务意识，提高服务技能。要谨记银行的服务业属性，以客户为本。

（2）着眼整体，顾全大局。维护银行整体利益是员工义不容辞的责任，是员工队伍凝聚力的体现，是银行金融事业发展的基础。所有员工都应站在整体和大局的角度上想问题、办事情，要时刻把银行的改革与发展放在首位。

在工作中可具体落实到以下两个方面：一是坚持统一法人制度，维护统一法人权威，严格按照授权授信范围开展工作，不越权、不擅权，认真执行管理制度和办事程序；二是处理好个人与银行之间的关系，能够将自身利益与集体利益紧密联系在一起。

（3）积极乐观，诚实守信。银行柜员直接开展与人有关的工作，要直面大量形形色色的人物，在日常工作中难免会受人影响。这就要求柜台员工要有积极乐观的心态，始终保持积极主动的工作态度、饱满的工作热情和良好的精神状态。只有这样，才能既完成工作又提升职业获得感和幸福感。

诚实守信是所有银行员工必备的从业素质之一。金融行业与钱物资产打交道，所有员工务必恪守诚信准则，对单位的相关政策要求不可折扣和变通执行，对客户不可虚假诱骗。

2. 了解银行柜员应有的言谈、举止

银行柜员的言谈举止反映着银行的精神风貌。银行柜员应温和得体，文雅端庄；使用规范语言和礼貌语言，不得使用禁忌语言；回答客户问题时，多用简练明确、通俗易懂的语言，避免使用对方不懂的专业术语；回绝客户请求时，措辞应婉转，解释应清楚，不得与客户发生争执。

具体来看可落实到以下三个方面：一是接听、拨打电话时应注意礼仪，如接电话应先说"您好"，传呼找人应告诉对方"请稍等"，打电话前应做一些必要

的准备等；二是在营业、办公场所，坐、起、立的姿势要端正；三是在客户面前避免不礼貌的言行，如匆匆忙忙收拾东西、东翻西找材料、行动或说话慢吞吞等。

3. 了解银行柜员应有的着装、仪容

银行柜员的着装、仪容不仅展示着员工个人的风度，也体现着银行对外的形象（图9-1）。银行柜台员工着装要整洁、得体，与职业身份、工作岗位和环境要求相称。柜台工作人员应着职业装，不得着休闲装。男员工要整洁清爽，女员工不得化浓妆。

图9-1 银行柜员的着装仪容

具体可落实到以下两个方面：一是服饰整洁大方，不过于华丽（如男士的衬衫过于花哨，女士的饰物过于繁多）；二是讲究个人卫生，不留怪异发型。

（二）银行柜员工作过程与操作要点

1. 班前工作

（1）检查网点安全情况（含 ATM）及大厅客户服务设施是否处于正常状态。

（2）按考勤指纹仪签到，打扫网点卫生包括办公设备。

（3）严格按照安全保卫制度的要求接库。查看押运车辆及其停放位置，核对押运人员照片无误后打开联动门，仔细检查款箱的完整情况，双人签字后，关闭联动门。

（4）打开各种电子设备电源，开启服务评价器及本行视频系统。

（5）查看凭条盒，根据需要补充所需的各种凭条。

（6）由两人在监控下打开各自的款箱，整理好钱款、凭证准备对外营业。

2. 班中工作

（1）根据人员的分工情况，按总部要求及网点需要打印各类批量凭证清单及报表等。

（2）主管柜员查看各种账务清单、报表并核对待清算科目余额，检查大小额有无退汇等。

（3）主管柜员每月初要做好报表的填写报送，利息税、印花税等的上划，每月按照总部的文件精神及时整理费用发票并填表，之后送财务部报销。季度结息日要做好存贷款的结息工作，做到应付尽付、应收尽收。

（4）库管柜员要根据网点情况做好现金及重要空白凭证的计划申报、上下解确认及下发。

（5）客户前来办理业务，柜员一定要先按评价器，根据不同的客户群体灵活地做好"三声"服务，并让客户使用评价器对自己的服务进行评价。

（6）为客户办理业务的同时要针对不同的对象推广介绍本行的新业务如网银、财税库银等。

（7）认真做好柜面的反洗钱工作。大额存取款要查验身份证并登记号码；遇到可疑的交易时，要提交给反洗钱报告员上报；反洗钱报告员要及时登录反洗钱系统录入大额可疑交易并验平，情节严重的要进行专报。

3. 日终工作

（1）停止对外营业后检查整理传票，盘点自己尾箱的库存，保证账款准确无误。

（2）柜员之间交叉盘点库存现金及重要凭证并登记交叉盘库登记簿。

（3）将钱、证、章及重要物品放入款箱，两人共同上锁加锁扣，登记押运交接登记簿。

（4）换人认真复核勾兑流水并签字。

（5）打印现金收付登记簿、柜员流水账、表外销号清单后，正式签退。

（6）主管柜员查看内网通知（上解款日还要看中心库是否已做上解确认），一切正常后日结，关闭终端与办公电脑。

（7）押运车来后，不仅要与早上接库时一样查看车辆、核对照片，还要让押运员按指纹仪确认成功后打开联动门，待押运员在押运交接登记簿上签字后才将款箱移交。

（8）关闭除监控主机和 UPS 外的所有设备电源，检查所有的水龙头、灯、门窗等是否关闭，关闭联动门，按指纹仪签退，查看自助设备是否正常，110 布控后，锁好网点大门。

4. 操作要点

（1）客户来到柜台，柜台服务人员应在距离客户 3 米左右时起身迎候客户，要注视客户，面带微笑，主动问候客户"您好"，并请客户坐下。

（2）客户递交过来存折、现金、证件等物品时，服务人员需及时接过。

（3）服务人员需迅速按照客户需求办理相应业务，做到热情、耐心。

（4）客户办理业务过程中，服务人员应使用"某某先生／小姐（或女士）"来称呼客户，给客户以亲切感。

（5）客户办理业务过程中，服务人员如果需要暂时离开座位，应主动告知客户，并说"对不起，我需要离开一会儿，请您稍等"；回来后，服务人员需向客户致歉，说"对不起，让您久等了"。

（6）业务办理完毕后，需要客户签名时，服务人员应递出凭条，并请客户核对后在指定位置签名确认。

（7）如果客户办理的是大额的取款业务，服务人员需主动为客户提供信封。

（8）客户离开柜台时，服务人员应礼貌地与客户道别，说"再见，欢迎下次光临"。

（三）银行柜员工作展示与分享

1. 图片展示

体验过程中可以用相机、手机等工具记录自己的工作状况，结束后将照片按流程先后进行排序，并配上文字，由此展示自己的银行柜员工作实录。

2. 视频展示

可将相机记录的工作影像导出并制作成短视频，配上自身工作的心得体会，通过个体独有的视角展示银行柜员的工作情况。

3. 体验分享

通过问卷或当面询问，了解老师和同学对你工作和分享内容的评价与建议，积极吸纳有益的建议，为后续工作和分享打下良好的基础。

三、 劳动赋能站：劳动科学知识积累

（一）财经商贸大类劳动的特点

1. 工作性质的服务性

财经商贸大类的劳动岗位中有很多窗口岗位，如银行柜员、保险人员、理财专员等，这些窗口岗位具有很强的服务性。而且财经商贸大类劳动服务的对象是人，其内容主要是帮助客户办理相关的财经业务，这就决定了其工作性质的服务性特点。

2. 工作内容的自律性

财经商贸大类劳动者经常接触到大量资金或者能够换取金钱的金融产品，这对财经商贸大类劳动者而言具有很大的诱惑性，因而对自律性和职业操守的要求也更高。

3. 工作手段的信息化和智能化

财经商贸大类劳动的技术含量高、综合信息量大，单靠人工难以完成相应的金融财经业务，需要借助信息化和智能化的手段。同时，信息化和智能化的手段也可以用于财经商贸类的反腐工程。

4. 劳动结果的效益化

适应市场、满足新需求是财经商贸大类劳动百年不衰之魂，靠新品开发市场，靠精细化提升效益，靠科技发展经营力，体现了财经商贸大类劳动结果的效益化特点。

（二）财经商贸大类劳动者的职业素养

1. 廉洁自律的品质

财经商贸大类岗位工作内容的诱惑性，要求财经商贸大类劳动者要牢固树立"合规创造价值、违规引发风险"的风险理念，增强自身遵纪守法的意识，依法经营，守规操作，廉洁自律。

2. 良好的服务意识

财经商贸大类工作的服务性，要求财经商贸大类劳动者具备较强的服务意识和服务能力，要将高质量的服务水平视为赢得客户信任的要素之一。

3. 公私分明的品格

财经商贸大类劳动者时常会面临外部条件的影响和诱惑，在此情形下务必要恪守职业准则，不利用自身职业便利做有损单位和行业的事。

4. 严守秘密的职业操守

财经商贸大类劳动者能较多接触到客户及行业的相关信息，在日常生活工作中要严格要求自己，不泄露和传播客户及行业要求保密的信息。

5. 诚实守信的职业态度

"人无信则不立"，财经商贸大类劳动者在日常工作中要时刻谨记"诚实守信赢得未来"的从业经验。对单位不谎报、不瞒报、不虚报，对客户不夸大、不引诱、不强制。

四、 劳动提升站：总结、反思与评价

（一）银行柜员实践总结

1. 素材总结

整理工作记录、财务记录、服务评价记录等，有序地进行分类整理。

2. 数据总结

收集截至目前的银行柜员实践的数据，如工作的天数、服务对象人数、服务次数、被表扬的次数等。

3. 经验总结

对你在客户业务办理、客户服务、客户反馈、客户投诉、客户新需求办理等业务中积累的经验进行总结。

（二）银行柜员实践反思与感悟

完成银行柜员实践后，请进行自我反思和感悟，从而提升对财经商贸大类劳动的认识，增强对劳动精神和劳模精神的理解。请同学们反思本次实践的过程，填写银行柜员实践反思与感悟表（表9-1）。

表9-1 银行柜员实践反思与感悟表

时间：	地点：	项目名称：
主要工作内容		
我的优势（本次实践体验中我做得好的方面）		
我的劣势（本次实践体验中我做得不足的方面）		
我的反思（对银行柜员岗位的认识和对财经商贸大类劳动岗位的理解）		
我的感悟（对辛勤劳动、诚实劳动、爱岗敬业、艰苦奋斗的精神感悟）		

（三）银行柜员实践自我评价

完成银行柜员实践后，请进行自我评价，填写银行柜员实践自我评价表（表9-2），为本次的实践体验画上一个圆满的句号，为下次实践积累经验。

表9-2 银行柜员实践自我评价表

姓名：
银行柜员实践项目：
银行柜员实践内容：
胜任情况：A. 完全胜任　　B. 基本胜任　　C. 不胜任
期望尝试岗位：

工作态度（工作态度是否积极正面）： 工作态度积极、主动，时常保持良好的状态完成工作并解决问题	优秀 良好 一般 较差
工作技能（应用相关知识的能力）： 能掌握比较全面、专门的业务知识，熟悉工作流程和方法	优秀 良好 一般 较差
工作效率（完成工作的速度与预期的标准相比）： 高于预期效率，能早于期限完成	优秀 良好 一般 较差
执行力（落实并完成工作）： 快速完成常规任务和领导指派的临时任务	优秀 良好 一般 较差

拓展资料

1. 书籍：《做卓越的银行客户经理：实战文案 30 例》（巴伦一著）

文书写作是商业银行进行营销与管理活动的重要工具，不仅关系到市场营销活动的成败，而且关系到个人的进步与发展。优秀的文书能够明确地传递出正确的信息，而且可以为银行和客户经理个人树立专业、良好的形象，赢得客户的信赖。该书提供的范文是作者 40 年市场营销工作中创造使用并已取得显著成效的实用范文，是商业银行营销文案的写作参考，是银行客户经理营销写作的实用工具，可以使读者即学即用，活学活用。

2. 书籍：《一位银行家的管理笔记》（刘晓春著）

该书立足于作者从事银行一线管理工作 30 多年的宏观思考和微观审视，从金融业大势、金融新业态、金融供给侧改革、金融监管的逻辑，到银行业如何赋能实体经济，再到银行内部的业务实践、品牌和人事管理等，深入浅出地探讨了经济金融热点话题和银行管理的方方面面。本书从宏观视角切入，深入探讨了如何构建现代金融体系、如何理解金融供给侧结构性改革、金融监管的逻辑和尺度、银行业如何转型与升级、突破金融科技瓶颈的五个闭环等问题。作者基于自身 30 多年的银行一线管理经验，深度复盘银行业务的实操思路、品牌建设理念、人事管理经验等。

3. 书籍:《银行数字化营销与运营：突围、转型与增长》(金腰子著)

该书从营销和运营两大维度，深度解读了数字化时代银行转型与增长的方法。在这个数字化时代，银行如何突破自身桎梏，真正完成营销和运营方面的数字化转型？在面对互联网企业时，银行如何结合自身优势，借助数字化方式实现逆势增长？书中涉及数十个类似的典型问题，涵盖获客、业务、营收等多个方面，作者对这些问题进行了深度分析，寻求问题出现的根源，并结合多年的银行从业经验，给出了破解方法。

4. 纪录片:《激荡 · 1978—2008》

该片是由第一财经制作的大型财经电视纪录片，共 31 集，它以历史编年体的形式重述了中国改革开放 1978 年到 2008 年的重大经济事件。

5. 纪录片:《大市 · 中国》

该片是央视节目组历时一年收集了近万张图片、几十件珍贵的实物，录制了100 多位当事人、亲历者长达 200 小时的珍贵资料，采访了 20 多家上市公司制作而成 8 集大型电视专题片，是对中国资本市场近 20 年的一次全面梳理。

第十章

勇于创新的新媒体运营师

📄

学习目标

1. **知识目标**：掌握企业创意新媒体运营的过程，理解生产劳动的意义，并通过劳动赋能站，拓展文化艺术从业者的视野和知识。

2. **能力目标**：通过学习新媒体运营，切身体验企业创意新媒体运营的特点，具备企业创意新媒体运营在准备、过程、操作、总结、展示、计划等环节必需的能力和技巧，具备审美能力，达到文化艺术大类职业能力要求。

3. **素养目标**：通过对企业创意新媒体运营的学习、体验、反思与拓展，提升对新媒体运营的认识，提高自身的劳动素养，具备创新意识和政治意识，自觉践行执着专注、精益求精、一丝不苟、追求卓越的工匠精神。

新媒体运营、文化创意、动画制作、绘画设计、网络推文等都是当代大学生喜爱的文化艺术类劳动实践。文化艺术类劳动能够彰显学生个性，表达学生想法和创意，是当代大学生创新创业的主要方向之一。近年来，随着创新创业教育的深入开展，越来越多的大学生选择文化艺术类专业，体验文化艺术类劳动，从而提高自己对文化艺术类劳动的认识，增强文化素养和艺术涵养。本章将带领同学们体验新媒体运营的工作内容和要求。

劳动观摩站：新媒体运营师的成长之路

（一）劳动金句

广大文艺工作者要增强文化自觉、坚定文化自信，以强烈的历史主动精神，积极投身社会主义文化强国建设，坚持为人民服务、为社会主义服务方向，坚持百花齐放、百家争鸣方针，坚持创造性转化、创新性发展，聚焦举旗帜、聚民心、育新人、兴文化、展形象的使命任务，在培根铸魂上展现新担当，在守正创新上实现新作为，在明德修身上焕发新风貌，用自强不息、厚德载物的文化创造，展示中国文艺新气象，铸就中华文化新辉煌，为实现第二个百年奋斗目标、实现中华民族伟大复兴的中国梦提供强大的价值引导力、文化凝聚力、精神推动力。

——2021年12月14日，习近平在中国文联十一大、中国作协十大开幕式上的讲话

（二）职业讲堂

从校媒学生负责人到新媒体运营师的职场成长之路

小蛙（化名）是某高校2021届学生，在毕业之际，她十分感恩母校的三年培养，让其成为一个"多面手"。通过担任学生传媒中心负责人，她曾获评中青报年度评选的十佳职院校媒负责人。在校期间，小蛙不仅提升了媒介素养，锻炼了新媒体宣传技能，更明确了自己的职业兴趣和职业生涯规划方向。她希望组建一个有特色的工作室，成为一名优秀的新媒体运营师。

时间回到2020年10月，小蛙刚刚完成了学生传媒中心组织工作的交接，走在林荫道上，正当她思考自己应该找一个怎样的实习单位时，校友微信公众号的一则推文引起了她的注意——《校友走访 | 500W+粉丝网红"深圳十一妹"——某学院2017届校友小温（化名）》。"深圳十一妹"是校友小温独立打造的个人IP，主营全国城市吃喝玩乐资讯分享、生活圈公众号及各类平台渠道推广，目前全网粉丝量达500多万，小温也曾被CCTV专访，并参与电台节目录制。微信推文记录了小温对目前全国各大城市网红产业的发展现状及趋势所做的深入分析，并认为网红经济将持续受到市场关注，深圳区域的网红市场仍处于起步阶段，未来有较大发展空间。而网红经济本质上还是内容产业，吸引用户要靠内容，这也意味着独特的、优质的内容输出将迎来发展良机。于是，小蛙对"网红

经济"这一种随着互联网的迅速发展而兴起的新型经济模式和社交化的电子商务经济新模式发展有了自己的思考。

新媒体行业是近几年突然兴起的，它的发展并不是一帆风顺的。由最开始的不被看好，到现在的热门，其中的不易相信每一位新媒体人都懂。不过，初入新媒体行业的小蛙是比较幸运的。2019年，新媒体行业已经进入快速发展阶段，而此时也是一次契机——尤其是市面上的各种"新媒体+"、网络直播、直播带货、App运营、网红营销、电商等，这些新出现的行业都急需新媒体人才。碰巧小蛙之前加入了学生传媒中心，有过相关的运营经验，也有一定的写作能力。于是，小蛙通过学校的校园招聘双选会选择了一家传媒公司进行实习，开始了她的新媒体运营生涯。她负责公司或产品在微博、微信、短视频软件等平台上的内容策划、文章编辑等工作，通过原创、编辑、组织等手段，围绕自己的产品，在新媒体平台输出用户需要或感兴趣的高质量内容；她还负责推广营销事件，撰写策划案并负责具体活动的执行，通过举办活动达到曝光产品、推销产品、拉新用户的目的；同时，她也在各大平台上解答用户的问题，深入接触用户，了解用户需求和产品使用意愿，根据这些用户资源来优化内容和活动。在日常工作中，她进一步了解了新媒体平台：视频平台，如抖音、快手、花椒等；社交平台，如微信、微博、知乎等，这些平台的用户互动性强、活跃度高；内容分发平台，如搜狐号、今日头条等，其有更强的专业性，也有更精准的用户。

小蛙在参与新媒体宣传推广工作时，深化了对新媒体运营劳动的认识。新媒体运营的最终目的应当是服务企业品牌、企业产品和企业利润。具体落实到工作上，主要有以下三点：第一是品牌，品牌就是占领用户心智，即在某一种场景下，强调产品是行业的领导者。比如"怕上火，喝王老吉"，在上火这个场景下，消费者第一时间想到的就是王老吉。第二是用户，在提高用户量这件事上，各平台当真是八仙过海、各显神通，爆文、广点通、互推、H5裂变、免费资料等轮番上阵，哪种手段获客成本最低、见效最快，就用哪种。内容运营、活动运营、社群运营等无一不是为提高用户量服务的。最后是转化，转化应该细致到每1 000人次阅读量、每10 000人次阅读量转化为多少个粉丝。这里就涉及数据分析了，可以提炼某篇爆款文章的SKU单元，再运用到另外一篇文章中，推送之后，看看后者是否也能成为爆款，以此确认该SKU单元是否占了决定性因素。在新媒体运营中，转化就是如何把一个项目通过新媒体平台推出去，成功转化一部分付费用户。用户量多少不重要，真正愿意付费的用户有多少才最重要。新媒体运营的工作应当以清晰的结果为导向，再确定工作内容。如果结果本身不清晰，那工作内容就很模糊。

如今的小蛙，已经有意识地在建立个人品牌，她组建团队并成立了属于自己的工作室，通过写作长期输出来建立行业影响力，并通过公共表达把影响力放大，为自己建立声势和影响力，从而实现职业生涯的登峰和经济上的自由。"种一棵树最好的时间是十年前，其次是现在。"只要心中有梦，就抓紧付诸实践，冲刺吧！

案例分析：小蛙作为一名00后大学毕业生，不仅怀揣梦想，而且勇于追梦。她通过自身努力、学习与探索，一步一步靠近自己的梦想，实现了从全国十佳校媒学生负责人到新媒体运营师的成长，展现了新时代青年有梦追梦、努力拼搏、勇于创新的劳动品质。

（三）新媒体运营师的一天

9:00—10:00　起床洗漱，出门坐地铁上班，在乘地铁等交通工具时使用听书 App，了解一些新闻时事、网络热词，学习一些品牌营销或者管理学方面的知识，利用碎片时间提升自我。

10:00—11:30　进入公司开始新一天的工作。每日第一件事是整理当日待做事项，将待做事项分为四类，分别为：重要紧急、紧急不重要、重要不紧急、不紧急不重要，每个部分按完成进度记录，确保项目有序执行、无遗漏。

11:30—12:30　与公司运营部确认前一周询单但暂未下单的客户，确认项目是否合作。若确认合作，根据商务部门所整理的项目信息（包括：品牌、产品、合作博主、合作形式、发布时间、产品寄送进度、产品特质、产品卖点及视频/图文需求等），进一步执行相关对接工作，向商务沟通后续项目进度；若确认不合作，未与品牌方达成合作方案，则与商务部门确认合作未达成的原因，方便后续复盘、水平提升及业务优化。

12:30—14:00　午休

14:00—16:00　与运营策划团队召开有关正在接洽的品牌话题营销项目的会议，就品牌背景、客户需求和营销目的进行讨论，会后整理会议内容，完成营销方案的撰写。

16:00—18:00　推进已确认待执行的项目，跟进我方需创作的文案内容、话题方向及图片素材，保证项目在已确认的发布时间前完成内容创作并准时发布。

18:00—19:00　整理当日接洽的品牌信息、客户需求及已发布项目，记录成表格。

19:00—19:30　下班。由于行业特点与岗位性质的特殊性，新媒体运营师的工作时间一般较为弹性，需要全天候待命，根据品牌方及渠道方不定时抛出的项目询单需求，及时维护新媒体运行，理解项目需求。平均每天会接洽 2～6 个客户需求及意向方案。

二、 劳动体验站：体验企业创意新媒体运营

（一）企业创意新媒体运营实践准备

1. 能力准备

（1）文案写作能力。文案撰写是新媒体运营人员必做的工作。平台需要好文章来吸引一大批用户，清晰的文案逻辑和思路是吸引用户的基础。

（2）产品营销能力。除了推广公司产品，新媒体运营师还要承担创立和维护企业品牌的任务。在这个过程中，挑选内容其实也是一种营销手段，要针对不同用户的属性制定不同的营销策略，为用户打造专属的内容。

（3）活动策划能力。活动策划是线上和线下"拉新留存"的过程，如每年的"双11""618"等活动策划。

（4）社群经营能力。社群是新媒体运营的重要一环，社群也可以说是流量池，拥有优秀的社群经营能力可以为企业创造更多有黏性的用户。

（5）数据分析能力。新媒体运营的数据最能反映工作业绩，所以对于新媒体运营师来说，数据分析能力非常重要。

2. 知识技能准备——新媒体运营工具

（1）剪辑软件的选择。① 剪映：带有全面的剪辑功能，支持变速，提供多样化的滤镜效果，以及丰富的曲库资源。操作简单，用户选好模板后点击"剪同款"，上传对应的照片/视频素材，即可一键生成炫酷大片。② 快影：有强大的视频剪辑功能，以及丰富的音乐库、音效库和新式封面，能轻轻松松完成视频编辑，制作出令人惊艳的趣味视频，特别适用于30秒以上的长视频制作。③ 快剪辑：支持录制全网视频，可以在线边看边剪辑。④ Adobe Premiere Pro：简称 Pr，它提供了采集、剪辑、调色、美化音频、字幕添加、输出、DVD 刻录的一整套流程。

（2）图片处理软件的选择。① Adobe Photoshop：简称 PS，其主要处理由像素构成的数字图像，提供众多的编修与绘图工具，可以有效地进行图片编辑工作。② 图怪兽：在线编辑服务平台，为用户提供图片模板，用户可通过替换修改文字来完成图片设计。③ Canva：在线平面设计工具，为用户提供丰富的版权图片、原创插画以及各类优质的设计模板。④ 美图秀秀：免费影像处理软件，原创高品质图片社区，可以进行图片的分享交流，结交相同兴趣的好友，创造属于自己的独特个性世界。

（3）推文素材库平台的选择。① 花瓣网：用户可以将网上看见的一切信息都保存下来，简单上手，玩味无限。② 新片场：为创作人提供作品展示、互动交流、影视教学、素材交易、影视创作工具等服务。③ 包图网：主要提供图片、视频、音频、psd 源文件等形式的素材。④ 千图网：网站拥有大量正版素材，涵盖平面广告、视频音效、背景元素、插画绘画、电商设计、办公文档、字体、新媒体配图等。

（4）热点选题的来源。① 新榜：以榜单为切口，向众多 500 强企业、政府机构提供线上、线下数据产品服务，"号内搜""新榜认证""分钟级监测"等功能获得了广泛应用。新榜还向图文、视频内容创业者提供版权经纪服务，并通过与新希望、罗辑思维、如涵等共同发起设立的新榜加速器实行内容创业投资孵化。② 今日热榜：提供各站热榜聚合，追踪微信、今日头条、百度、知乎、V2EX、微博、贴吧、豆瓣、天涯、虎扑、GitHub、抖音等全网热点，简单高效。

（5）排版编辑工具的选择。① 秀米编辑器：一款专用于微信公众号平台的文章编辑工具，秀米编辑器拥有很多原创模板素材，排版风格也很多样化、个性化。② 135 编辑器：主要应用于微信文章、企业网站、论坛等多种平台，支持秒刷、一键排版、全文配色、公众号管理、微信批量回复、48 小时群发、定时群发、云端草稿、文本校对等 40 多项功能与服务，能够像拼积木一样组合排版文章。③ i 排版：用户通过软件可轻松编辑适用于微信个人或企业公众号的内容，方便简单，支持全文编辑、实时预览、一键样式、一键添加签名等。

3. 内容制作准备

（1）选题。在写文章之前，应先想好自己到底需要写哪种类型的文章，是情感类、观点类还是实用类。选好主题后，才能搜集相应的资料。选题内容或观点不能违背法律法规及社会公序良俗。情感类文章应想好什么情节能打动人，引起读者共鸣；观点类文章要搜集论述主题的事例，做到自圆其说；实用类文章要下点功夫把有价值的内容做足，引发读者收藏。此外，还可以通过建立素材库、从身边的小事入手、追踪实时热点等方式寻找选题。

（2）寻找切入点。当你找到一个热点选题，还要思考从哪个角度、哪个立场来写。好的切入点具备稀缺性，也就是别人没写过的、跟别人观点不同的。不具备差异性的切入点，会让你的文章与他人的雷同。

（3）资料搜集。寻找几篇同类型文章，看看别人是怎么写的，培养文感。同时，还需要找到一些新颖的论证资料，加在文章中，增加文章的可读性和说服力，制造差异化。

（4）构架大纲。写文章之前需要先草拟一个大纲，写文章就好比建高楼，文章的切入点就像坚实的地基，这是搭起高楼重要的第一步。在此基础上，再根据自己的想法搭建楼体框架，这样，在框架里添砖加瓦也就相对容易些。

（二）企业创意新媒体运营过程与操作要点

1. 企业创意新媒体运营过程

新媒体运营设计过程包括：策划搭建、内容输出、用户运营、数据分析和思考归纳总结。

（1）策划搭建（初期）。根据项目要求，制定详细的新媒体营销及品宣计划，并负责具体执行和追踪营销效果。

（2）内容输出（持续）。在各个新媒体平台撰写、编辑以及发布文章、视频、图集、音频等原创作品。新媒体运营师要追踪实时热点，并根据用户需求、品牌特点及时进行创作，以达到产品和品牌推广的目的。

（3）用户运营（持续）。在新媒体平台下，提高粉丝的数量以及粉丝黏性，维持正常的用户活跃度。

（4）数据分析（定期）。对新媒体平台进行日常的运营，维护好平台的数据。

（5）思考归纳总结（定期）。对相关新闻、资料等有价值信息进行收集，并形成参考资料，为作品的创作提供帮助。

2. 新媒体推文制作技巧

（1）内容求质不求量。微信公众号若每天发布太多条内容，而这些内容不是用户想要看的，就会让用户产生厌烦和抵触的心理。微信图文的数量一般为1篇主文搭配2～3篇副文，这样能达到最佳效果。好文章只需一篇就可以源源不断地在朋友圈传播，带来粉丝数量的增长。但是如果推文内容质量不高，再多篇文章也不可能带来粉丝。因此，质量要比数量重要。

（2）要有自己的风格。推文若同质化严重，便不能够脱颖而出，也无法吸引粉丝。新媒体账号要根据自己的理念、风格来设计定位，打造独具特色的形象，不能一味地模仿他人。

（3）文章要精简。图文信息的长度会对用户阅读率造成影响，一般情况下，用户打开文章后扫一眼就知道要不要继续往下阅读。如果文章过长、字太多、图片又少，密密麻麻的会让人没有想看的欲望，用户就会失去兴趣，长此以往，可能会取消关注。

（4）站在不同角度看热点。一般媒体新闻反复进行报道的热点是会有很多网友关注的，这时就需要找到新奇的角度进行推文，这样才更有吸引力，也更有利于公众号的推广，从而开拓新用户。

（5）确定标准模板排版。要统一正文的字号、颜色、字间距，各级小标题的字号、颜色、格式、字间距，段落的行距，图片的尺寸、格式，文字重点突出的样式等，形成自己的审美风格后，切忌随意更换。

（6）文章配图要统一。一是配图风格要统一，不要为了配图而配图，如果一篇文章包含实拍照片、手绘图片，还夹杂着表情包，配图风格混乱，就会影响文章效果。二是配图要有主色调，也有主打色，不要一篇文章五颜六色的图片都有，要注意文章配图的整体性。三是配图尺寸大小要统一，且与手机等常用设备适配。

3. 企业创意新媒体的数据统计

完成推文后，可以对相关数据进行统计，填写企业创意新媒体数据统计表

（表 10-1），为以后的推文和新媒体运营提供思路和参考。

表 10-1　企业创意新媒体数据统计

团队名称		负责人	
媒体平台		宣传时间	
企业的设计需求			
企业数据分析			
企业设计目标与定位			
企业宣传内容与意义			
运营基本思路			
宣传推广方式			
宣传素材			
宣传创意点			
宣传计划的预算			
如何引起关注			
如何让流量活跃			
成果的展示与分享			
注意事项			

（三）企业创意新媒体运营成果展示与分享

新媒体运营内容的成果可以通过微信公众号、抖音、小红书、微博、喜马拉雅、今日头条、知乎、豆瓣、快手、简书、百家号等网络平台展示与分享。

（1）微信公众号。通过文字、图片、语音、视频等方式和特定群体进行全方位沟通、互动，形成一种主流的线上线下相结合的互动方式。

（2）抖音。通过这款软件选择歌曲，拍摄视频，用音乐创意短视频与全年龄人群进行社交。

（3）小红书。通过文字、图片、视频笔记的分享，记录生活或分享经验等。

（4）微博。以文字、图片、视频等多媒体形式，实现信息的即时分享、传播、互动。通过裂变式传播，让用户与他人互动并与世界紧密相连。

（5）喜马拉雅。音频分享平台，用声音分享智慧，用声音服务美好生活。

（6）其他形式。根据自己的设想设计有特色的分享形式。

三、 劳动赋能站：劳动科学知识积累

（一）文化艺术大类劳动的特点

1. 原创性

文化艺术大类劳动不是机械的、重复的劳动，而是原创性劳动，比如绘画创作，其构图、色调、布局、意境、格调，都是作者独创的，即使是画同一件物品，不同画家的作品也不尽相同。

2. 创新性

文化艺术大类的劳动成果是一种突破机械性重复的、不断变化的精神产品，从业者需要不停变换创作主题甚至创作风格，不断推陈出新，与时俱进。

3. 脑力劳动与体力劳动相结合

文化艺术大类劳动，特别消耗脑力，同时也特别需要体力。如创作一幅大型油画，要经历构图、塑造骨架、铺大色调、色彩布局、深入刻画、调整收尾等环节。构图是最重要的，往往光是构图，画家就要花许多时间和精力，画几百张草图，以求达到最能给观众震撼的效果。所以文化艺术类劳动，不仅仅需要脑力劳动，还需要体力劳动的有效支撑。

（二）文化艺术大类劳动者的职业素养

1. 良好的创新精神与创新能力

文化艺术大类劳动要求劳动者有很强的创新精神和创新能力，能够根据社会生活发展的需要，不断拓宽自身的眼界，只要社会在不断地发展变化，那么，文化艺术类劳动者就要不断地创新，跟上时代的发展和潮流。

2. 敏锐的政治意识

党的二十大报告指出，要加强全媒体传播体系建设，塑造主流舆论新格局。作为文化艺术大类劳动者，要掌握马克思主义意识形态理论，巩固壮大奋进新时代的主流思想舆论，在保有创造性思维的同时，需时刻坚持底线思维，识别现象本质，明辨行为是非。既保持自信昂扬的奋进姿态，又保持居安思危的忧患意识，在重大问题准确判断，保持头脑清醒、心明眼亮，坚持政治立场不移，保证政治方向不偏。

3. 网络安全意识

文化艺术大类劳动，尤其是与互联网、新媒体相关的劳动，都涉及网络安全。因此，文化艺术大类劳动者要有敏锐的政治意识与网络安全意识，并积极参与国家网络安全宣传周等各项活动，主动获取有关法律法规知识和网络安全知识与技能，依法上网、文明上网、安全上网，并做好个人数据资料保护，谨慎进行电子交易、网上支付等涉及经济利益的操作，及时修复网络安全漏洞，防范个人信息泄露和财产损失。

4. 良好的审美素养

文化艺术大类劳动者应具有一定的审美能力。审美能力一般是指艺术鉴赏力，包括感受、评价、鉴赏、创造美的能力。审美感受能力指的是审美主体凭借自己的艺术修养、生活体验、审美趣味等，有意识地对审美对象进行鉴赏，并且从中获得美感的能力。审美评价能力是指在审美鉴赏的基础上，对审美对象的价值、性质、内容、形式等进行分析，并且做出评价的能力。审美创造能力指在具备一定的审美感受、鉴赏和评价能力的基础上，运用某种艺术形式和表现技巧创造美的艺术形象的能力。审美能力是后天培养的，通过劳动，我们可以不断提升自己的审美素养。

四、 劳动提升站：总结、反思与评价

（一）企业创意新媒体运营实践总结

1. 素材总结

整理各类信息素材库，主题包括社会、生活、文化、娱乐热点等，形式包括照片、视频、音频、动态图、表情包、文字等。

2. 数据总结

定期进行数据分析，维护好平台数据，统计读者数量、推文点击量以及阅读量，以及更新时间的频率。

3. 经验总结

定期进行阶段性总结和思考，提炼总结、收获、经验和感想。

（二）企业创意新媒体运营实践反思与感悟

完成企业创意新媒体运营实践后，请进行自我反思和感悟，从而提升对文化艺术类劳动的认识，提高新媒体运营的能力，并增强对工匠精神的理解。请同学们反思本次实践的过程，填写企业创意新媒体运营实践反思与感悟表（表10-2）。

表 10-2　企业创意新媒体运营实践后的反思与感悟表

时间：	地点：	项目名称：
主要工作内容		
我的优势（本次实践体验中我做得好的方面）		
我的劣势（本次实践体验中我做得不足的方面）		
我的反思（对企业创意新媒体运营的认识和对文化艺术大类劳动的理解）		
我的感悟（对勇于创新、精益求精、一丝不苟、追求卓越的精神感悟）		

（三）企业创意新媒体运营实践后的自我评价

完成企业创意新媒体运营实践后，请进行自我评价，填写企业创意新媒体运营实践自我评价表（表10-3），为本次的实践体验画上一个圆满的句号，为下次实践积累经验。

表 10-3　企业创意新媒体运营实践自我评价表

姓名：
企业创意新媒体运营项目：
企业创意新媒体运营内容：

胜任情况：A. 完全胜任　　B. 基本胜任　　C. 不胜任	
期望尝试岗位：	
工作态度（工作态度是否积极正面）： 工作态度积极、主动，时常保持良好的状态完成工作并解决问题	优秀 良好 一般 较差
工作技能（应用相关知识的能力）： 能掌握比较全面、专门的业务知识，熟悉工作流程和方法	优秀 良好 一般 较差
工作效率（完成工作的速度与预期的标准相比）： 高于预期效率，能早于期限完成	优秀 良好 一般 较差
执行力（落实并完成工作）： 快速完成常规任务和领导指派的临时任务	优秀 良好 一般 较差

拓展资料

1. 书籍：《文案创作完全手册》（罗伯特·布莱著）

作者在本书中强势主张"广告的目的不是要讨好、娱乐观众或赢得广告大奖，而是要把产品卖出去"。在这部多年为广告界所推崇的文案经典中，文案大师布莱结合多年的实战经验，告诉读者如何才能撰写出极具销售力的广告文案。书中介绍了如何写出引人注目的标题；揭秘了经验丰富的"老鸟"创作极具销售力的好点子所遵循的步骤；阐述了如何挖掘一件产品的特色，并将它转化为能强烈吸引顾客的产品功效……跟着这位文案大师的一步步指点，便可以完美写出"超好卖"的文案。

2. 书籍：《新榜样：新媒体运营实战指南》（新榜著）

这是一本新媒体运营实战指南，全书基于对当前各类公众号的对比分析，阐述互联网时代各类公众号的运营之道。全书分为五个部分，分别为：如何让政企公众号接地气、如何让媒体在公众号平台重生、如何做垂直领域的特色公众号、新媒体深度人物以及新媒体深度分析。

3. 书籍:《公众号运营实战手册》（粥左罗著）

作者粥左罗在刚入行做新媒体的一年时间里，就写出了 100 篇阅读量超 10 万人次的公众号文章，在此之前，他足足花了两个月的时间研究公众号运营和爆款文章的逻辑和打法。这本书就是他总结和归纳自己公众号写作和运营的全部秘诀和技巧，是一本行之有效的实战指南。如何注册一个公众号？给公众号起什么名字？多长时间更新一次为好？如何找选题？如何积累爆款素材？如何编辑内容？如何做版面设计？如何运营推广？如何增加粉丝数量、加强读者黏性？和公众号写作、运营相关的内容，这本书里都有回答。通过各种案例分析，书中提供了详细而系统的工作实战手法，从基础操作到内容策划，从素材整理到价值提升，从单篇设计到品牌输出，让新媒体从业者的运营力、策划力、传播力得到快速提升。

4. 纪录片:《当我们谈论艺术时》

这是一档关于当代艺术的纪实谈话节目。节目围绕当代艺术创作的本质，由青年演员探访一线当代艺术家工作室，和艺术家一起探讨艺术作品、生活感悟，并共同完成一件艺术品，传递出艺术与生活紧密相关、艺术为生活带来启发的审美感受。节目深入浅出地讲述当代艺术的知识与面貌，旨在通过明星嘉宾约会艺术家和大师共同谈论艺术、体验艺术创作的这一过程，让观众更好地欣赏艺术作品，带给大众关于创造力以及独立思考的启迪。

能工巧匠系列视频

第十一章

辛勤耕耘的幼儿教师

学习目标

1. 知识目标：掌握学前教育绘本课程的教学方法，理解人民教师的社会担当，并通过劳动赋能站，拓展教育、体育从业者的视野和知识。

2. 能力目标：通过完成学前教育绘本故事课程教学项目，切身体验学前教育工作，具备学前教育专业开展绘本故事课程教学在准备、过程、总结、展示、计划等环节必需的能力和技巧，达到教育与体育大类职业能力要求。

3. 素养目标：通过对教育类行业劳动的学习、体验、反思与拓展，提升对生产劳动和服务性劳动的认识，具备良好的劳动素养和职业道德，自觉地弘扬热爱劳动、辛勤劳动的劳动精神和爱岗敬业、甘于奉献的劳模精神。

百年大计，教育为本。教育关系到国民的素质，体育关系到国民的体质，中国特色社会主义的建设者和接班人既要有高的素质，也要有强健的体魄。学前教育是整个教育体系的开端，是对进入小学前的幼儿进行的教育，其主要任务是使儿童的身心获得协调发展，为儿童接受小学阶段的教育做好准备。本章将带领同学们体验幼儿园绘本故事课堂教学。

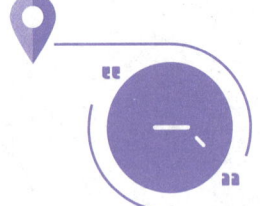

一、 劳动观摩站：幼儿教师的成长之路

（一）劳动金句

人民教师无上光荣，每个教师都要珍惜这份光荣，爱惜这份职业，严格要求自己，不断完善自己。做老师就要执着于教书育人，有热爱教育的定力、淡泊名利的坚守。

——习近平总书记在 2018 年 9 月 10 日全国教育大会上的讲话

（二）职业讲堂

教育行业小白成长为独当一面的主班老师

树荫下的秋千还在悠悠地荡着，转眼已是六月，又迎来了幼儿园大班孩子的毕业季。此刻，祝晓梅老师的内心百感交集，想到眼前的孩子们从小班升入中班，再升入大班，奶声奶气的哭泣声变成了如今欣欣向荣的笑脸，她脑海中闪过了孩子们成长的点点滴滴，同时她也回忆起了自己从一个教育行业小白成长为一位主班老师的过程。

三年前，祝晓梅还是学前教育专业的一名高职在校生，在学校安排的岗位实习中，她来到了如今工作的小太阳幼儿园。新手上路的她由于经验不足，作为配班老师被安排在了小一班，由主班张老师指导祝晓梅学习带班。

祝晓梅第一天去幼儿园实习，班上一个调皮的孩子就给她来了个"下马威"。这名调皮的孩子名叫彬彬，是个精力非常旺盛的小男孩，刚转来这个班级不久。平时他的表现就很"突出"，一直笑嘻嘻的。如果老师批评他，他就会一脸无所谓的样子，好像批评的不是他，过一会儿又将老师的话忘得一干二净，继续调皮捣蛋。因此，有一些孩子不喜欢跟他一起玩，也经常有孩子跑来告他的状。这一天，在美术区活动时，孩子们都按老师的要求在动手操作，彬彬却显得异常兴奋，满教室乱跑，还破坏其他孩子的手工作品。彬彬看到了紫馨捏的彩泥数字，就一把抢走了紫馨的作品，使得其他小朋友纷纷大叫，紫馨也大哭了起来，场面一度失去了控制。祝晓梅老师站在一旁看到这样的场景顿时手足无措，她试图让大家安静下来，却没有一个孩子听她的话。好在主班张老师闻声而至，先是用注意力转移法吸引了大家的注意，控制住混乱的场面，然后把紫馨带到一旁进行安抚，再叫来彬彬了解事情的原委进行教育。原来彬彬的父母由于工作比较忙，很少照顾他，更别说和他交流了。这使得彬彬内心比较孤独，渴望结交朋友却不知道用什么方法，只好用打扰别人、抢别人东西的方法来吸引小朋友的注意。

在接下来吃点心的环节，张老师故意给彬彬安排了协助分发餐具的工作，一是通过为班级做事，来体验劳动的成就感，让彬彬感觉到自己被需要，通过主动帮助小朋友，找到正确结交朋友的办法；二是通过赏识激励进行正向教育。张老师以赏识他的语气对他说："彬彬，你真是个勤劳的孩子。如果以后你一直听老师的话，和小朋友好好相处，上课举手回答问题，那老师和小朋友们会更喜欢你的。"彬彬听后点了点头，用坚定的语气说："我会听老师话的，我会的。"

经历了这次事件，祝晓梅深刻地认识到，作为一名幼儿教师，不光要掌握一定的教育理论，而且对于突发事件要有应急预案，并且具备把控班级场面的能力，教育孩子要有"四心"（爱心、耐心、细心、责任心）和智慧。祝晓梅发现自己的专业水平与成为一名优秀的幼儿教师的目标还有很远的距离，于是她暗暗下定决心，一定要提升自己的专业水平。

每每有空闲，祝晓梅就会到图书馆阅读有关学前教育的书籍，一有机会就跟着幼儿园的资深教师学习，不断总结经验，她希望通过努力，有朝一日也成为像张老师一样能独当一面的幼教工作者。

就这样一边学习一边工作，时间很快就来到了实习结束、回学校参加毕业典礼的日子。典礼刚一结束，祝晓梅就迫不及待地回到了小太阳幼儿园，她实在是太喜欢幼儿园里的孩子们了，更舍不得她的小一班。由于祝晓梅兢兢业业的工作态度和不断追求上进的精神，她顺利通过入职考核，成为小太阳幼儿园的一名正式教师。

祝晓梅所带的班级顺利升入了中班，随着工作越来越熟练，主班张老师也在有意培养她接手主班老师的工作，工作的压力也因此越来越重。但是祝晓梅没有退缩，她学会在日常工作和生活中寻找快乐，培养乐观豁达的态度，维持积极的精神状态。她在工作总结中写道："每当累得筋疲力尽，心情不佳地坐在教室里时，那群小不点就围过来亲昵地叫着'梅梅老师'，身体上的疲惫和心里的闷气便随着甜甜的声音烟消云散。有时候因为班上的男孩子调皮、打架、破坏玩具，我会想训斥他们，情绪里面夹杂着一丝愤怒。但当这些小男孩围绕在我身边，丝毫没有对我刚刚的训斥'记仇'，若无其事地围着我喊'梅梅老师'时，我就瞬间被这种天真无邪的情感感动了。感受童真，善待幼儿，带着爱感受爱，就能够快乐地工作。"祝晓梅面对纯真的幼儿，体验他们从幼稚到成熟的过程，也同时感受到了生命的成长，用爱心和豁达的态度去包容幼儿的不完美，让幼儿的快乐成为自己工作和生活的动力之源。

当班级升入大班时，主班张老师因为工作岗位变动要离开大一班。在离开前，张老师极力向幼儿园领导推荐祝晓梅接替主班老师一职。领导考察祝晓梅能否胜任主班老师一职时，认为她已经具备了解幼儿的意识，专业技能也有长足的进步。于是，在进入小太阳幼儿园的第二年，祝晓梅成为大一班的主班老师。

大班的幼儿不再像小班幼儿那样需要哄，也不再像中班幼儿那样听话乖巧，他们像小大人一样有了自己的主意。幼儿园在食谱中增加了猪肝，由于很多孩子不喜欢吃猪肝，所以祝晓梅带着实习老师组织了教育活动"身体不可缺少的微量元素"，鼓励小朋友吃猪肝补充维生素 A 和铁质，孩子们不吃猪肝的现象随之减少了。可是最近一段时间，一位叫雨辰的小朋友总是闹着不上幼儿园，尤其是在进餐的时候经常哭闹。祝晓梅询问其原因，她说肚子疼吃不下。家长带她去医院检查，结果却是正常的。祝晓梅认为或许是因为雨辰不爱吃猪肝。于是，在接下来的几天里，祝晓梅有意识地引导雨辰克服挑食的坏习惯，但都没有效果。一天，祝晓梅和雨辰聊天："雨辰吃饭的时候如果遇到不喜欢的食物，可以尝试少吃一点，说不定就能习惯那种味道呢，做一个不挑食的小朋友。"雨辰趴在祝晓梅的耳朵边悄悄说："梅梅老师，有的菜我咬不动，一咬我的牙就疼。"祝晓梅随即明白了，说："原来是雨辰长大了，要换牙啦，如果遇到咬不动的菜可以吐出来，一定告诉老师，老师好帮你打一些软的菜。"经过这次谈话，雨辰在吃饭时再也没有哭过，也不再闹着不上幼儿园。挑食是大班幼儿普遍存在的现象，针对这种情况，不能只是简单粗暴地认为孩子挑食，要关注到每一位幼儿的发展需要。

在幼儿园的三年是孩子们童年最重要的组成部分，祝晓梅见证了孩子们的成长，孩子们也帮助祝晓梅成长为了一位能独当一面的主班老师。

案例分析：祝晓梅从一名学前专业的高职毕业生成长为一名能独当一面的主班老师，离不开她用心用爱去做的教育理念和爱岗敬业的劳动品质。面对活生生的、充满感情需求的孩子，她有耐心和爱心，关注每一个孩子的个性化需求，细心周到，是孩子眼中的好教师。在她身上，我们可以看到热爱劳动、辛勤劳动的劳动精神和爱岗敬业、甘于奉献的劳模精神。

（三）幼儿园教师的一天

7:00—7:30 起床洗漱，用完早餐，前往幼儿园。

7:30—8:20 到达幼儿园，开启一天新生活。开窗通风，简单整理教室的环境卫生；以饱满热情的精神状态向家长及幼儿主动问候；对幼儿健康、情绪等进行观察，做到心中有数；组织并带领幼儿参加劳动，指导值日生工作。

8:20—9:00 组织幼儿如厕、盥洗，认真填写出勤人数，记录幼儿体温。组织幼儿就餐，播放就餐音乐。

9:00—9:20 第一节教学活动。组织绘本故事教学，通过阅读绘本，让幼儿充分理解故事内容，激发幼儿的想象力和创造力。进行游戏活动，用唱歌、讲故事、做游戏等方式吸引幼儿注意力，稳定幼儿情绪，同时还要观察每个孩子的需求。

9:20—9:30 课间休息。组织幼儿如厕、洗手、喝水等。

9:30—10:00 第二节教学活动。组织区域活动。

10:00—10:20　课间休息，吃点心。组织幼儿如厕、洗手、喝水等。注意幼儿情绪，及时处理各种情况。

10:20—11:10　户外活动。组织幼儿分组活动，注意幼儿安全，防止幼儿在玩闹时产生打斗行为，密切关注幼儿的活动，如发生意外，要及时处理。保证幼儿在活动区域不受伤害、不破坏花草树木等。

11:10—11:30　组织幼儿如厕、洗手；组织餐前游戏，营造餐前氛围。

11:30—12:00　组织幼儿吃午餐。观察每个孩子的进餐情况，注意不吃饭、吃得慢、挑食的孩子，并针对不同情况进行处理，如喂饭、擦嘴、擦桌子等。

12:00—13:00　组织睡前散步、如厕。

13:00—14:30　教师进行午餐，回到寝室照看孩子午睡，趁机总结孩子上午的表现，以便放学后与家长进行沟通。

14:30—15:00　午睡后，给孩子穿衣服、穿鞋，给女孩子梳头。

15:00—16:00　室内活动，组织幼儿游戏。组织幼儿如厕、洗手、喝水、吃点心。

16:00—17:00　组织幼儿区域活动、室外活动。放学前，确认每一个孩子情绪稳定、身体健康状况良好。

17:00—18:00　家长陆续到幼儿园接孩子放学，把幼儿挨个送到幼儿园大门，确认家长身份信息，将幼儿交给家长，做离校告别或与家长沟通。

18:00—19:00　晚餐，整理家务。

19:00—21:00　复盘当日工作情况，准备次日的上课内容，休息。

二、 劳动体验站：体验幼儿园绘本故事课程教学

（一）幼儿园绘本故事课程教学实践准备

1. 了解作为幼儿教师应该具备的心理素质

幼儿教师的职业是一种用生命感动生命，用心灵浇灌心灵的职业，雅斯贝尔斯曾经说过："教育意味着一棵树摇动另一棵树，一朵云推动另一朵云，一个灵魂唤醒另一个灵魂。"作为一线幼儿教师，要具备"四心"，严格遵循幼儿的身心发展规律，不断探索和挖掘更科学、更合理的教育方法，保持高度的责任心对待我们祖国的下一代，力争把每一个孩子们培养成积极向上，德智体美劳全面发展的人。"四心"的具体要求主要有：

（1）爱心。《幼儿园教师专业标准（试行）》中提出，"关爱幼儿，重视幼儿身心健康，将保护幼儿生命安全放在首位"。爱护和尊重幼儿是一个全面的概念，是从身体到心理的全面爱护和尊重，给幼儿安全感。教师不仅要把知识教授给幼儿，还要给予幼儿无私的爱。

（2）耐心。由于幼儿的理解能力、思维能力、接受能力是有限的，幼儿教师在教育的过程中，必定需要有耐心，很多道理、话语、示范需要不断重复。幼儿教育不可能一蹴而就，需要教师用耐心慢慢地渗透。

（3）细心。每个幼儿都是独特的个体，差异很大。作为一名幼儿教师，要细心地观察孩子的一言一行、一举一动，发现每个幼儿的差异并尊重和爱护每一个幼儿。"教育来源于孩子的生活"，只有细心发现才能让教育产生"润物细无声"的效果。

（4）责任心。拥有较强责任心的人能够主动承担对他人、社会应尽的责任。作为一名幼儿教师，要具备责任心，不仅仅是喜欢孩子，还必须拥有职业理想和为理想奋斗的敬业精神。

2. 掌握幼儿教师组织绘本故事活动的必备技能

（1）较好的语言表达能力。幼儿教师应该使用规范的普通话，口齿清晰、声音洪亮、语调自然、抑扬顿挫、语言流畅。在进行绘本故事讲授时，语言要有一定的感染力，才能唤起幼儿的情感体验。

（2）绘本故事的基本知识。绘本是一种以图画为主要表现内容和形式的读物，构图巧妙，造型生动，色彩优美，富含节奏感和韵律，诙谐幽默、拟人夸张的语言也符合小读者们的语言年龄特点。绘本故事是一种深受幼儿喜爱的书籍形式，在幼儿园教学实践中，幼儿教师可以通过绘本故事开展丰富多彩的活动。

（3）讲述绘本故事的技能技巧。绘本中的文字是图画内容的补充。因此，幼儿教师在阅读绘本故事时不能只读其中的文字，这样会使得故事情节不够完整和精彩。另外，声音的抑扬顿挫、语音语调的变化，也可以让幼儿区分角色，感知剧情的走向。适当运用肢体语言能够提升故事的精彩程度，眼神要与幼儿真诚地交流，并随着故事情节发生变化。遇到突发状况要用语音语调或动作暗示幼儿注意听讲，不能随意停止讲故事。

3. 绘本故事的选择

（1）根据出版社的资质和信誉度选择绘本。现在市面上有很多粗制滥造的所谓"绘本"，有时主题导向不良，内容经不起推敲，对幼儿的身心健康有消极影响。因此，必须要选择资质和信誉良好的出版社，一些绘本的奖项也可以为选择绘本提供很好的参考，如凯迪克大奖、英国格林威大奖、国际安徒生大奖、丰子恺儿童图画书奖、信谊图画书奖等。

（2）根据幼儿的年龄特点选择绘本故事。针对小班幼儿（3~4岁），建议选择主题突出、情节相对简单的绘本，整个故事呈现重复式的叙事结构，故事不宜太长。出场人物不必太多，语句应简单重复，富有拟声词汇。如《好饿的毛毛虫》《我的连衣裙》《小蓝和小黄》等。

针对中班或大班的幼儿（4岁以上），可以选择以时间线为线索、情节连贯的叙事性绘本，再由情节简短的单线性叙事绘本逐渐过渡到情节较长的曲线式或双线式绘本。内容可以涵盖知识类、教养类、传记类、游戏类，满足幼儿日益发展的想象力和求知欲。如《一园青菜成了精》《朱家故事》《母鸡萝丝去散步》等。

（3）根据幼儿园课程需要选择绘本。绘本故事可以运用到语言教学、美术教学、游戏活动等课程中，幼儿教师可以根据活动目标灵活选择相应的绘本故事，例如此次课程的认知目标设置为促进大班幼儿对于色彩知识的认知、了解对比色的概念和搭配效果，则可以选择《彩虹色的花》作为绘本故事进行导入。

4. 学习写教案

教案是教师为有效开展教学活动，以课时或课题为单位，对教学内容、教学步骤、教学方法等进行具体安排和设计的一种教学文书。幼儿园教学同样需要教案。

（1）熟悉教材。如果是利用绘本故事开展教学活动的话，幼儿教师首先要读懂绘本。教师只有先学会"读书"，才能"教书"。读绘本并不仅仅只是"读"绘本上有限的文字，而是从绘本的主题、内容以及绘画风格、画面细节等出发，分析绘本中的教育价值。这些价值体现在认知能力发展、语言学习、社会交往、习惯养成、情绪调控、审美体验等各个方面。

（2）了解教案的内容。

① 活动名称。活动名称要简明，针对哪个年龄阶段要备注清楚。

② 活动目标。活动目标即通过教育活动所要达到的预期目的。目标的制定要符合《3-6岁儿童学习与发展指南》《幼儿园教育指导纲要（试行）》的精神，符合幼儿的认知水平和情感需要。通常幼儿教师需要设置三个层次的活动目标，即认知目标、能力目标和情感目标。

③ 活动准备。幼儿教师要根据活动目标、围绕教学内容为幼儿提供支持学习的环境、材料等必要的玩、教具。活动材料不宜过多过杂，以免分散幼儿注意力。

④ 活动过程。活动过程是教案中最主要的环节，幼儿教师要根据教学内容和幼儿实际情况选择有效的教学策略，激发幼儿学习的兴趣，采用体现幼儿自主性、合作性、探究性的学习方法。活动过程包含绘本故事导入、绘本故事阅读以及由绘本故事延伸出来的教学内容（可以是益智游戏、语言游戏、美工活动等）。

⑤ 活动结束。引导幼儿进行总结或分享交流。

⑥ 活动提示。即教学反思，写出对于此次教育教学实践的再认识、再思考，并以此来总结经验教训，进一步提高教育教学水平。

5. 仪态仪表准备

幼儿教师的教育对象是活动的幼儿，教育的形式以游戏为主，因而，幼儿园教师的仪态仪表应该满足职业特点，形象健康向上，言谈举止大方得体。

（1）着装。幼儿教师既是教育者，更是幼儿园环境的创造者，美观得体、便于活动就是幼儿教师的着装原则。上岗时宜穿色彩活泼、款式轻便的休闲装，着平底鞋。

（2）化妆。长发束起，短发打理整齐，前额头发不宜过长，以免遮挡视线。日常化妆要求淡雅，不得浓妆艳抹，不得涂抹有刺激性气味的化妆品。

（3）体态。姿态端庄，面带微笑；手势自然，力度与弧度适中；与幼儿交谈时可蹲下或对坐，与幼儿视线保持在同一水平线上。

（二）幼儿园绘本故事课程教学实践过程与要求

1. 活动说明

本次活动选取的绘本故事为《一园青菜成了精》（图11-1）。绘本作者周翔将一首趣味十足的北方儿歌《一园青菜成了精》与中国画写意手法相结合，在画面中加入了京剧武打场面的元素，描绘出了一幅幅仿佛会动起来的水墨画面。儿歌当中巧妙地蕴涵了各种蔬菜的特性，例如绿头萝卜靠它压倒性的体量当起了大王，胡萝卜长得修长笔直插上彩旗好像将军，韭菜叶片又扁又长好似刀锋……打开绘本，各种蔬菜活灵活现地呈现在画面中，让阅读者不光能够感受到蔬菜的质地，仿佛还能听到画面当中热闹非凡的动静。

图 11-1 《一园青菜成了精》绘本

绘本中富有韵律的语言，能让幼儿感受童谣中诙谐幽默的创作形式，反复出现的句式如"打得大蒜裂了瓣，打得黄瓜上下青，打得辣椒满身红，打得茄子一身紫"，为幼儿仿编童谣或续编绘本故事提供了句式体例的支持；故事中蕴涵的蔬菜特性，如"豆芽菜跪倒来报信，胡萝卜挂帅去出征"等，这些将蔬菜拟人化的情节能够激发幼儿的想象力和创造力，使其学会在事物之间寻找共通之处，为幼儿在美术活动中提供创作灵感。

因此，在《一园青菜成了精》绘本故事中，我们提取出来的教育价值是语言和美术元素。通过带领幼儿阅读绘本获得趣味性的体验，尝试结合蔬菜特性将蔬菜进行拟人化想象，充分发挥幼儿想象力与创造力。

2. 活动方案（教案）

（1）活动名称：我创作的青菜精（大班）

（2）活动目标

①感知目标：感受绘本中富有节奏感的儿歌和生动的画面。

②能力目标：尝试通过用多种材料绘制蔬菜的造型，并结合蔬菜特质赋予其拟人化的形象，组合成一个"青菜精"。

③情感目标：体验阅读绘本故事激发想象力的乐趣。

（3）活动准备：PPT、各种蔬菜、彩笔、颜料、排笔、卡纸

（4）活动过程

① 由蔬菜引起幼儿的兴趣。教师展示准备的蔬菜，引起幼儿兴趣（展示萝卜、韭菜、莲藕、辣椒等蔬菜）。

师：小朋友们，你们看，今天老师带来了什么？（一边请教师出示蔬菜，一边请幼儿说出物品名称）。

② 邀请幼儿观察、触摸蔬菜，并进行讨论。

师：小朋友们，你们看莲藕身上有什么？

幼：有泥土。

师：你们知道莲藕从哪里来的吗？

幼：从土里面挖出来的。

师：我们再来看看韭菜，它长得长不长？

幼：它长得又长又扁。

师：小朋友们看韭菜像不像小刀啊？

幼：像。

师：今天老师给小朋友们带来了一个很神奇的绘本故事。这个故事发生在一个神秘的菜园里，刚刚看到的蔬菜们就是今天故事的主角。

③ 欣赏绘本，感受蔬菜成精的乐趣。教师讲述故事，幼儿初步了解故事内容。教师展示 PPT，用讨论式的教学方法逐页向幼儿讲述故事。教师带领幼儿读一遍绘本中提到的儿歌，感受儿歌语言的诙谐幽默和具有形式感的句式。

《一园青菜成了精》

出了城门往正东，一园青菜绿葱葱。

最近几天没人问，他们个个成了精。

绿头萝卜称大王，红头萝卜当娘娘。

隔壁莲藕急了眼，一封战书打进园。

豆芽菜跪倒来报信，胡萝卜挂帅去出征。

两边兄弟来叫阵，大呼小叫争输赢。

小葱端起银杆枪，一个劲儿向前冲。

茄子一挺大肚皮，小葱撞个倒栽葱。

韭菜使出双刃锋，呼啦呼啦上了阵。

黄瓜甩起扫堂腿，踢得韭菜往回奔。

莲藕斗得劲头儿足，胡萝卜急得搬救兵。

歪嘴葫芦放大炮，轰隆隆隆三声响。

打得大蒜裂了瓣，打得黄瓜上下青。

打得辣椒满身红，打得茄子一身紫。

打得豆腐尿黄水，打得凉粉战兢兢。

藕王一看抵不过，一头钻进烂泥坑。

④ 欣赏绘本，感受画面中各种蔬菜生动的形象和绘本故事的想象力。首先，出示"莲藕打进园"和"胡萝卜挂帅"的图片（图 11-2）。引导幼儿通过模仿蔬菜的动作来感受将蔬菜拟人化的乐趣，进而对不同的蔬菜产生不同的想象。

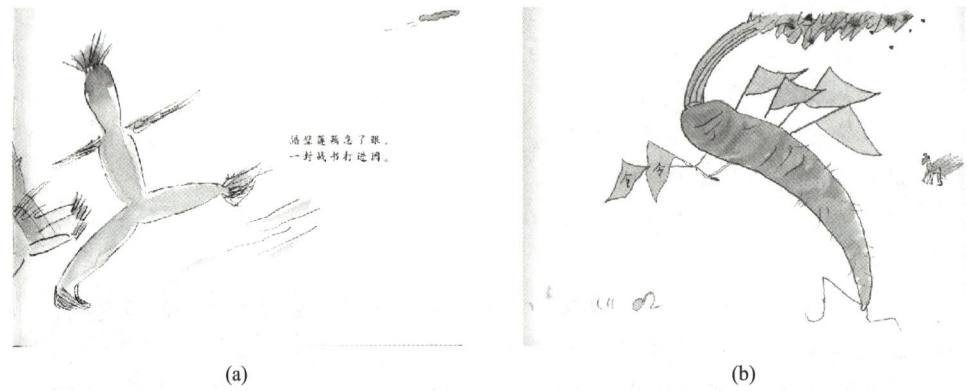

图 11-2
莲藕打进园（a）
和胡萝卜挂帅（b）

(a)   (b)

其次，出示"小葱端起银杆枪""茄子一挺大肚皮"和"韭菜使出两刃锋""黄瓜甩起扫堂腿"的图（图 11-3），引导幼儿观察几个蔬菜组合在一起的奇特形象。

图 11-3
小葱端起银杆枪
等蔬菜组合

⑤ 引导幼儿运用将人和蔬菜结合的方法进行创作，布置任务。

师：绘本故事中各种蔬菜成精以后，做了一些天马行空的事情，那么你们心目中的青菜精是什么样子的呢？他们都有什么本领？请小朋友们相互讨论。

下面请大家结合我们吃过的或者见过的蔬菜，给他们画上手和脚，还可以给他们加上眼睛、鼻子和嘴巴，让他们更加活灵活现，成为一个青菜精。

⑥ 幼儿创作，教师巡回指导。一方面引导幼儿表现时，既要有蔬菜的特征，又要加入人的特征和生动的动作。另一方面鼓励幼儿尽可能创造跟同伴不一样的青菜精。

⑦ 展示作品，欣赏分享。教师将大家的作品贴在展示板上，组织幼儿一起欣赏。并引导幼儿说一说自己的青菜精是什么蔬菜变的，拥有什么本领。幼儿在

说的时候，可以鼓励幼儿引用"打得大蒜裂了瓣，打得黄瓜上下青，打得辣椒满身红，打得茄子一身紫"的句式进行描述。

（三）绘本故事课程教学实践成果展示与分享

绘本故事课程的教学实践成果可以通过说课的形式来进行展示和分享。说课的步骤可以归纳为以下几点：

（1）说教材（绘本故事）。通过分析所选活动主题的内容特点，指明教材（绘本故事）在整体教学实践中的地位。

（2）说学情。重点关注幼儿的年龄特点、身心发展情况、幼儿原有的知识基础或生活经验，以及幼儿的兴趣、动机、行为习惯等方面。

（3）说教法。主要说明在本次绘本故事教学活动中采用的教学方法和手段，以及这样做的原因。

（4）说学法。说出教给幼儿哪些学习方法，培养了幼儿什么样的能力。教师在说学法时要说出在本活动中幼儿是怎样学习的，依据是什么。幼儿园中常用的学习方法有：操作法、体验法、观察法、小组合作法等。

（5）说流程。要说清总共有几个环节，各个环节的主要目标，分环节讲清楚教什么、怎么教。

（6）说亮点。说明教学中的重点难点是怎样突破的，突出自身的教学风格与特色。

注意，说课时可使用一些辅助材料和手段。PPT 就是一个非常好的选择，在PPT 中要呈现绘本故事教学的目标、重难点、教法、学法、流程等主要信息，流程中可以加入教学过程中采集的实景图片、视频精华片段等，并配上幼儿作品作为教学实践的成果。

三、 劳动赋能站：劳动科学知识积累

（一）教育与体育大类劳动的特点

1. 劳动内容的复杂性和创造性

复杂性是指受教育对象千差万别、劳动任务复杂丰富等因素的影响，教师的工作是一种高度复杂的心智劳动；创造性是指在教学过程中应注重因材施教，在教学方法上做到"教学有法，教无定法"等。

2. 劳动过程的连续性和广延性

连续性是指教师工作时间的连续性，换言之教师工作没有严格的时间界限；

广延性是指教师工作空间的延伸，换言之课堂内外、学校内外都有可能成为教师工作的场所。

3. 劳动效果的长期性和间接性

长期性是指教师培养人才是一个长期的过程，并非一朝一夕之功，"十年树木，百年树人"便是对此最好的诠释，同时教师对学生施加的影响，往往需要很长时间才能见效；间接性是指教师工作并不直接创造物质财富，而是以学生为媒介来实现其工作价值。

（二）教育与体育大类劳动者的职业素养

1. 良好的师德师风

教师职业道德，又称"教师道德"或"师德"，是教师在从事教育劳动中所遵循的行为准则和必备的道德品质。教师职业道德的基本内容包括爱国守法、爱岗敬业、关爱学生、教书育人、为人师表、终身学习。

2. 终身学习的意识与能力

现代社会是一个迅速发展的社会，也是一个竞争激烈的社会，知识总量不断增加，更新周期日益加快。教师更应该树立终身学习的理念，从"教书匠"转向"学者型教师"，这是新时代教师发展的大趋势。

3. 健康的身心素质

身体素质是指在身体方面的基本情况和应具备的条件，它是教育和体育类从业者体质的反映，也是教师和运动员在教育教学活动、体育活动中所表现出的各种机体能力。良好的身体素质是进行一切劳动的基本保障，好的身体素质并非一天两天就可以养成的，需要养成良好的作息习惯、坚持锻炼。

心理素质是一个人性格品行、心理能力、心理健康状况的综合表现，是人整体素质的组成部分。保持心理健康十分重要，想要拥有积极稳定的情绪、坚定的意志、良好的心态，则需要加强心理健康相关知识的学习，学会自我进行心理疏导，并不断提升个人修养。

四、 劳动提升站：总结、反思与评价

（一）绘本故事课程教学实践总结

1. 素材总结

整理教学实践中的绘本故事、备课记录、活动图片和学生作品图片。

2. 数据总结

包括绘本故事课程教学幼儿的人数、作品的数量、师幼互动的次数等。

3. 经验总结

提炼你在本次实践体验中的收获、经验和感想。

（二）绘本故事课程教学实践反思与感悟

完成绘本故事课程教学实践后，请进行自我反思和感悟，从而提升对教育与体育类劳动的认识，增强对劳动精神和劳模精神的理解。请同学们反思本次实践的过程，填写绘本故事课程教学实践反思表（表 11-1）。

表 11-1　绘本故事课程教学实践反思与感悟

时间：	地点：	绘本名称：
简述教学内容和过程		
我的优势（本次实践体验中我做得好的方面）		
我的劣势（本次实践体验中我做得不足的方面）		
我的反思（对绘本故事课程教学的认识、幼教职业的认识以及教育与体育大类劳动的理解）		
我的感悟（对热爱劳动、辛勤劳动、爱岗敬业、甘于奉献的精神感悟）		

（三）绘本故事课程教学实践自我评价

完成绘本故事课程教学实践后，请进行自我评价，填写绘本故事课程教学实践自我评价表（表 11-2），为本次的实践体验画上一个圆满的句号，为下次实践积累经验。

表 11-2　绘本故事课程教学实践自我评价表

姓名：	
绘本故事课程教学实践项目：	
绘本故事课程教学实践内容：	
胜任情况：A. 完全胜任　　B. 基本胜任　　C. 不胜任	
期望尝试岗位：	
工作态度（工作态度是否积极正面）： 工作态度积极、主动，时常保持良好的状态完成工作并解决问题	优秀 良好 一般 较差
工作技能（应用相关知识的能力）： 能掌握比较全面、专门的业务知识，熟悉工作流程和方法	优秀 良好 一般 较差
工作效率（完成工作的速度与预期的标准相比）： 高于预期效率，能早于期限完成	优秀 良好 一般 较差
执行力（落实并完成工作）： 快速完成常规任务和领导指派的临时任务	优秀 良好 一般 较差

拓展资料

1. 书籍：《新时代劳动教育 100 问》（党印著）

该书立足于新时代劳动教育的热点问题，以 100 个问答的形式，阐述劳动与劳动教育的内涵与价值，梳理中国古代与近代劳动教育的演变历程，介绍世界上代表性国家劳动教育的内容及其特点，讲述学校劳动教育、家庭劳动教育和社会劳动教育的内容和开展方式，探讨在人工智能趋势下劳动教育的意义与实践路径等。这本书旨在解读热点，深化共识，普及劳动教育的理念，回应社会各界关于劳动教育的种种困惑，汇聚劳动教育持续发展的磅礴力量。是一本适合教育从业者阅读的、有关新时代劳动教育的书籍。

2. 书籍：《图画书应该这样读》（彭懿著）

这是一本关于绘本阅读的入门级指导书籍。作者从绘本的意义、绘本的构造、绘本的类型、如何有效开展阅读等多个方面来指导读者进行绘本阅读，向读者阐明了绘本为什么值得反复阅读。因为世界经典图画书中的很多画作本身就是一件艺术作品，要是能掌握一些看图画书的技巧，读起来就会更好玩、更生动、更深入。相信读者在合上书的瞬间，一定会有把书中提到的其他绘本重新找出来仔细再翻一遍的冲动。

3. 书籍：《静悄悄的革命》（佐藤学著）

这本书结合了作者自己到学校参观、调查等亲身体验和实际的学校改革例子。佐藤学强调一种从教室里萌生出来的、根深于下层的民主主义，要求打破以往的虚假主体性，构建学习共同体。书中提到要将学习共同体组成革命队伍，教师之间合作、家长和社区提供协作、学生之间互助等。各个角色不再拘泥于单一的个体，各单位要分别扮演好各自的角色并建立相互信任、合作的关系。这是以学校和社区为基地，单位间协同反思围绕学生而进行的革命，是支持每一个学生多元个性的革命，是促进教师自主性和创造性的革命，是孵化家长望子成龙望女成凤愿景的革命，是推动社区和谐互动与发展进步的革命。

能工巧匠系列视频

4. 纪录片：《幼儿园》

该片以一种纪实的形式，表现了孩子与成年人之间的关系与影响，既充满童趣又具有社会内涵，是一部寓意式的纪录片。该片非常清晰地展示了儿童世界中成人世界价值观的折射，同时提醒了成年人该负的责任。画面中的情景是在幼儿园里经常出现的，就像发生在我们身边一样，但是具体解决的方法是多种多样的。如果一个教师把热爱事业和热爱学生结合起来，其就是一个完美的教师，他就能用爱心塑造幼儿的心灵，用爱心激发幼儿的热情。爱心是一种感情，也是一种催化剂，只有时刻把它带在身边才能帮孩子创造美好的明天。千人千脾气、万人万模样。幼儿园生活是人生中十分关键的时期，如何打下良好的基础，也许就是这部片子的价值所在。

能工巧匠系列视频

- 第三篇 -

**投身社会服务
领悟劳动真谛**

第十二章

无私奉献的志愿者

学习目标

1. 知识目标：掌握志愿服务精神和劳动精神以及二者的关系，并通过劳动赋能站，拓展志愿服务相关的视野和知识。

2. 能力目标：通过完成志愿服务项目，具备开展志愿服务在准备、过程、总结、展示、计划等环节必需的能力和技巧，具备沟通能力、协作能力，具备志愿者应有的能力素养。

3. 素养目标：通过对志愿服务的学习、体验、反思与拓展，提升对服务性劳动的认识，提高自身的劳动素养，认同为人民服务的宗旨，自觉弘扬崇尚劳动、热爱劳动、辛勤劳动、诚实劳动的劳动精神和淡泊名利、甘于奉献的劳模精神。

志愿服务是服务性劳动的重要形式之一，也是高校中常见的大学生活动之一。根据中国志愿者服务网统计，截至 2022 年 5 月 25 日，全国志愿者总数为 2.22 亿人，志愿服务队伍总数 126 万个，志愿项目总数 920 万个，服务时间总数 378 999 万小时。其中大学生志愿者是志愿服务队伍中的主力军，志愿服务也是大学生喜爱的校园活动。本章将带领同学们体验志愿服务劳动。

劳动观摩站：一个深圳女生的西部志愿梦

（一）劳动金句

党的十八大以来，广大志愿者、志愿服务组织、志愿服务工作者积极响应党和人民号召，弘扬和践行社会主义核心价值观，走进社区、走进乡村、走进基层，为他人送温暖、为社会作贡献，充分彰显了理想信念、爱心善意、责任担当，成为人民有信仰、国家有力量、民族有希望的生动体现。

——2019 年 7 月 23 日，习近平致中国志愿服务联合会第二届会员代表大会的贺信

（二）职业讲堂

从深圳到林芝：西部志愿梦

于晨光是深圳职业技术学院 2014 届医护学院眼视光技术专业的一名学生，2014 年，她参加大学生西部计划，在西藏自治区林芝市八一镇林芝人民医院服务了 2 年，于 2016 年 7 月结束服务期，现在深圳市某企业从事眼科工作。

2014 年夏天，于晨光放弃了深圳的工作机会，怀揣着满腔热情，踏上了开往西部的列车，来到了西藏自治区林芝市八一镇，开始了一段难忘而有意义的志愿者生涯。

在西藏林芝市人民医院眼科服务期间，她接触最多的眼内手术是白内障。在这里，个别仪器跟深圳的仪器不一样，使用方式也不同，她需要重新学习。好在熟能生巧，经过多次练习，她很快便熟练掌握了使用这些仪器的技巧。

2014 年 10 月 17 日，中国慈善总会、九三学社深圳市委和深圳潮青会协深圳眼科医院专家来到林芝市人民医院，举行"光明行"活动，免费为林芝区有需要的藏族同胞做白内障手术。活动中，于晨光用自己的专业知识贡献了一份微薄的力量。在 3 天的时间里，她为 96 名白内障患者进行了术前检查、晶体度数的测量以及选择。她之前和科室的藏族医生学的藏语终于派上了用场，虽然不够标准，但这样的简单沟通对藏族患者来说也很有帮助，这使她受到了很大的鼓舞。她更加坚信，以后要用空闲时间多学一些藏族的语言文化。19 日，经过术后复查，所有病人的术后视力都很好，患者们非常激动，表达了重获清晰视力的喜悦之情，并为医生们献上了哈达。这是她来到西藏收获的第二条哈达，望着颈间的哈达，她觉得这几天的辛苦都值了，这也鼓励着她奋勇前行。

在西藏的这两年时间里，于晨光跑遍了林芝5个乡镇的学校，走访100多户贫困生家庭，协助为400名藏区居民做白内障手术，真正融入了林芝市八一镇人民的生活，和他们同呼吸、共感受，倾听他们的声音，了解他们的困难，并竭尽全力为他们带去帮助和关爱。同时，她也被这里淳朴的民风所感动，被这里坚强刻苦的孩子们所触动。

于晨光用行动诠释了"90后"志愿者的责任与使命。身为青年志愿者，她不忘要贴近社会、关爱社会，在向灾区捐款和为家庭困难的重症患者爱心捐助活动中，她积极募捐，为需要帮助的人们送去一份爱心。于晨光积极参与医院定期开展的义诊活动，乡镇里有些孤寡老人，因为无人照顾，生活困难。义诊时，志愿者们就到乡里去，为他们测血压、检查视力、发放药物、科普健康知识等。业余时间，她还坚持每周和医院的志愿者一起去当地福利院，辅导小朋友的课业，与他们做游戏，为他们插上梦想的翅膀。

2015年12月，于晨光被西藏自治区精神文明建设指导委员会评为西藏自治区"最美志愿者"。于晨光的志愿梦在大学的三年生活中生根、发芽，志愿服务已经成为她的人生态度。两年的西部志愿服务也展现了这位"90后"深圳大学生乐于奉献、勇于拼搏、敢于担当的精神境界（图12-1）。

图12-1　于晨光在西藏林芝市

西部需要人才，西部也是人才大展宏图的舞台。"青年人就应该选择祖国和人们最需要的地方，最需要的事业。""以年轻的名义，以志愿者的身份，用一年的时间，做一件终生难忘的事情。"——这不是文学作品中的豪言壮语，而是于晨光的真情独白。投身西部，无私奉献，历练品格，在基层的实践中丰富自己，开阔眼界，增长知识，提高能力，学以致用，以青春的力量，充实更加美好的人生。

正如于晨光所说："西部志愿服务，是我无悔的选择，这两年的西部志愿服务磨炼了我的意志，让我学到了工作经验、提高了思想品质、增强了责任感，为以后的发展打下了基础，提供了不竭的动力。"

（资料来源：微信公众号"深职院团委"，有删改）

案例分析： 作为一个出生在深圳、成长在深圳的大学生，毕业后能够选择到离家3 000多千米的林芝市做一名西部志愿者，于晨光的故事彰显了当代大学生敢闯敢试、无私奉献、勇于担当的志愿者精神。作为一名医护工作者，于晨光始终热爱她的专业，她不怕辛苦，走遍林芝5个乡镇，为白内障患者带来光明，身体力行地践行着崇尚劳动、热爱劳动、辛勤劳动、诚实劳动的劳动精神和淡泊名利、甘于奉献的劳模精神。

（三）西部专业性志愿者的一天

于晨光毕业于眼视光技术专业，在西藏自治区林芝人民医院主要从事专业性志愿服务，以下是她在医院眼科做专业性志愿服务的一天。

9:00—9:15　起床洗漱，用完早餐后，前往门诊眼科上班。

9:15—9:30　进入门诊眼科诊室开始一天的工作。今天的工作是要完成白内障术前筛查的工作以及下午的术前准备工作。主任组织讨论今天主要的工作安排和其他日常工作的安排，包括当日下午手术病人的基本情况、术后交代注意事项、回访计划安排等。

9:30—9:45　眼科门诊开诊，门口迎来的第一位就诊患者是昨天白内障手术的患者，其需要进行第一天的术后复查。为患者取下术眼眼罩，对眼周进行擦拭清洁后，为患者进行视力测量、眼压检查，将相关的数据进行记录并汇报给主任。接下来由主任进行裂隙灯检查来了解患者的角膜情况、炎症反应情况。经过详细的术前筛查，大多数患者的情况是比较稳定的，少数患者眼压有问题或者炎症反应比较重，医生会给予特殊处理。

9:45—10:00　复查情况良好，接下来根据眼科医生的用药医嘱，对患者进行用药讲解说明：白内障患者术后必须要用到两类药物，分别是抗炎和抗感染药物。抗炎药物一般会使用醋酸泼尼松龙或者地塞米松；术后的抗感染也是十分重要的，对于白内障手术来说最严重、最可怕就是发生眼内炎。因此，对术后患者的用药进行叮嘱非常重要。此外，还要进行相应的健康指导（清淡饮食，避免辛辣刺激的食物。不要熬夜，不要用脏手揉眼睛，不要做重体力劳动，避免剧烈运动，关注视力恢复情况等），指导后预约下一次的复查时间。

10:00—13:00　跟随门诊医生出诊，主要负责眼压测量、检影验光，以及白内障术前筛查，包括视力测量、角膜曲率测量、眼轴、眼部B超、泪道冲洗等方面的检查。最后将患者的检查报告呈现给眼科医生，看是否预约白内障的手术时间并指导术前用药。

13:30—15:00　午休时间。

15:00—15:30　下午有一台白内障手术，提前将患者带至手术室门口，为患者散瞳，将术眼的瞳孔散大，为医生手术做好提前准备。结合瞳孔散大的实际情况一般需散瞳3次左右。

15:30—15:40　更换好手术服后，在手术室门口接病人换衣服，并将患者引至手术台，接下来协助眼科医生更换手术服，并准备相应耗材。

15:40—16:00　为患者的眼部周边消毒后，贴上黏膜，滴上表麻，传递医生所需要的手术器械（根据当地医疗水平，手术为白内障小切口手术，指的是白内障囊外摘除术，即将混浊的晶状体核和皮质摘出而保留后囊膜的术式植入人工晶体）。

16:00—16:15　医生结束白内障手术，志愿者为患者在结膜囊处涂抹妥布霉素地塞米松眼药膏，为术眼粘贴纱布以及眼罩，送患者至手术门口，交代患者回家注意事项以及明日复查时间。

16:15—18:00　和医生回到门诊继续开始常规仪器操作检查工作。

18:00—19:00　晚餐，整理家务。

19:00—20:30　骑车和同行的小伙伴们去福利院看望小朋友或辅导福利院小朋友写作业。

20:30—22:00　结束一天的工作，休息。

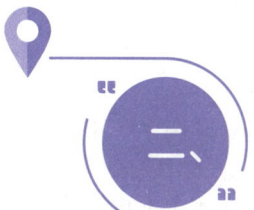

二、劳动体验站：体验志愿服务

（一）志愿服务实践准备

1. 思想准备——了解志愿者精神和志愿组织的宗旨

通过了解志愿者精神和所要参加的志愿服务组织的宗旨，明确参加志愿服务项目的目的，树立为人民服务、无私奉献的社会主义道德观，为参与志愿服务项目、成为一名优秀的志愿者做好思想准备。

（1）"奉献、友爱、互助、进步"的志愿者精神。"奉献"指不求回报地付出。奉献精神是高尚的，是志愿服务精神的精髓。志愿者在不计报酬、不求名利、不要特权的情况下参与推动人类发展、促进社会进步的活动，这些都是高尚的奉献精神的体现。

"友爱"指欣赏他人、与人为善、平等尊重的品质。志愿者之爱跨越了国界、职业和贫富差距，是没有文化差异、没有民族之分、不论高低贵贱的平等之爱，它让社会充满阳光般的温暖。

"互助"指互相帮助、助人自助。志愿者凭借自己的双手、头脑、知识、爱心开展各种志愿服务活动，帮助那些处于困难和危机中的人们。

"进步"指志愿者通过参与志愿服务，使自己的能力得到提高，同时促进了社会的进步。志愿活动中无处不体现着"进步"的精神，正是这一精神使人们甘心付出，追求社会和谐之境的实现。

（2）了解参与的志愿者组织的宗旨——以深圳市南山区志愿者联合会为例。南山区志愿者联合会成立于1996年3月，由共青团南山区委发起成立，为深圳最早的义工组织之一，是由志愿为市民特别是青少年服务的社会各界人士组成的社会团体。南山区志愿者联合会以"服务社会、传播文明"为宗旨，倡导"参与、互助、奉献、进步"的义工精神，致力于社会弱势群体的帮扶工作，关注他们的生活与发展，营造和谐的社会氛围。

2. 条件准备——了解志愿者招募的要求

不同的志愿服务项目对志愿者招募有不同的具体要求。通过了解志愿者招募的要求，我们可以选择适合自身的志愿服务项目。以下按照一般性志愿服务项目招募、专业性志愿服务项目、政策性志愿服务项目进行介绍。

一般性志愿服务项目种类较多，如大型赛事志愿者、校内活动志愿者等，对志愿者的专业要求较低，服务时间较短，灵活性大，选择多。大多数的志愿者都能够符合招募要求。

专业性志愿服务项目对志愿者的专业有一定的要求，通常志愿者还需要承担一定的风险和责任，例如急救公益讲座志愿者等。这类项目的服务时间较固定，灵活性和主动性小，需要具有一定专业水平的志愿者。

政策性志愿服务项目是政府部门组织的志愿服务项目，严格来说，属于政策性就业的一种形式，对志愿者专业和综合素质具有较高要求。除了自愿报名外，还需要进行考试和面试，合格者才能成为志愿者，且会对志愿者在志愿服务期间进行监督和考核。同时，项目也有一定的补贴和政策优惠。这类项目的服务时间较长且固定，需要专业水平和综合素质高的志愿者。

3. 能力准备——了解自身的能力

每个人都应该依据自己的能力选择符合招募要求的志愿服务项目。下面提供一些了解自身能力与能力倾向的方法。

（1）可衡量的业绩。例如奖学金、获奖证书、荣誉等。

（2）他人的认可与评价。比如询问他人的客观评价。

（3）撰写成就故事。比如写自己最有成就感的一件事。

（4）能力测试。比如职业能力测试。

（二）志愿服务过程与操作要点

1. 提前熟悉志愿服务项目的具体内容和要求

（1）一般性志愿服务项目要求——以深圳国际马拉松比赛志愿者服务项目内容和要求为例。

① 办公室志愿者：接送服务、入住协调、餐饮服务等。

② 竞赛场地部：起点区域主要负责检录、发令、兴奋剂检测等；赛道沿途主要负责饮料站、饮水站、补给站的布置与维护，以及完成分段计时录像、显示计时服务等；终点区域主要负责物品发放、计时、仲裁录像等；其他还涉及特邀选手服务、技术官员服务等。

③ 医疗保障部：辅助医疗救护等。

④ 志愿者部：车辆调度、志愿者保障工作等。

⑤ 礼仪活动部：礼仪服务、贵宾接待、物质保障等。

（2）专业性服务项目招募——以法律援助志愿者内容和要求为例。依据司法部、中央文明办印发的《法律援助志愿者管理办法》第七条，根据自身专业知识和技能情况，法律援助志愿者可以提供下列服务：

① 法律咨询、代拟法律文书、刑事辩护与代理、民事案件、行政案件、国家赔偿案件的诉讼代理及非诉讼代理、值班律师法律帮助、劳动争议调解与仲裁代理等法律援助服务；

② 为受援人提供外语、少数民族语言翻译、心理疏导等相关服务；

③ 为有需要的残疾受援人提供盲文、手语翻译等无障碍服务；

④ 为法律援助经费筹集提供支持，参与法律援助的宣传、培训、理论研究、案件质量评估等工作。

（3）政策性服务项目招募——以广东高校毕业生志愿服务乡村振兴行动内容和要求为例。

① 服务内容。服务内容涵盖乡村规划和产业发展、农产品电子商务推广、农业技术推广、政策法律宣讲、乡村文化建设、乡村生态文明建设、乡村教育、乡村公共服务、基层党团组织建设等方面。岗位类别包括乡镇党政群机构、镇村公共服务机构、驻镇帮扶工作队、村居"两委"等办事员（助理）。专业对口的志愿者，可到现代农业产业园、农业科技园区、高素质农民培育示范基地、农产品出口示范基地、农业龙头企业、农村生态环境治理机构等从事专业技术服务。

② 服务地点。汕头、韶关、河源、梅州、汕尾、阳江、湛江、茂名、肇庆、清远、潮州、揭阳、云浮、惠州龙门县的乡村。

③ 服务考核。每年对志愿者进行评价考核，分为优秀、合格、不合格三个等级。对年度考核不合格的志愿者，终止服务协议。对表现突出、考核优秀的先进典型要开展广泛宣传，鼓励并授予相应荣誉。

④ 服务保障。按照标准发放生活补贴和交通补贴、节日补贴。为志愿者缴纳社会保险、购买商业保险。鼓励有条件的地区、服务单位为志愿者提供适当的补助，提高保障水平。

⑤ 服务后优惠政策。按照《关于印发〈2021—2022 年度广东大学生志愿服务西部（山区）计划实施方案〉的通知》（团粤联发〔2021〕18 号）规定，志愿者根据实际服务年限享受机关事业单位考录（招聘）、就业、创业、升学等优惠政策。

（资料来源：公众号"深职院团委"，有删改）

2. 记录志愿服务的过程

记录是最好的积累过程。在志愿服务过程中，志愿者应养成记录的习惯。对有意义的人、事、物进行记录，这样不仅可以提升自我综合能力，体会做志愿者的成就感和幸福感，还可以为后续志愿服务实践成果的展示与分享、申请志愿者相关奖项提供详细的资料。可以通过以下的志愿服务记录表（表 12-1）进行记录，表格可依据实际情况或个人偏好进行调整，也可以通过视频等形式记录。

表 12-1　志愿服务记录表

时间：	地点：	志愿服务项目名称：
主要工作内容		

志愿服务项目简介	
志愿服务过程（志愿服务的工作过程、工作强度、工作状态、工作幸福感、工作获得感等）	
志愿服务的效果	

3. 顺利完成志愿服务项目

志愿服务项目完成后，志愿者应核对并归还志愿服务过程中使用的物品，做好志愿者的登记、核对和签字，完成志愿者的考核。最后，进行必要的卫生消毒，安全有序地离开志愿服务场所，为志愿服务项目画上圆满的句号。

（三）志愿服务实践成果的展示与分享

1. 图片展示

将图片制成 PPT，PPT 可包含基本情况、获奖情况、最有感触的一次志愿服务活动、记忆最深刻的志愿服务活动、经验与感想、致谢等内容。

2. 视频展示

分享者也可以根据自己的设想设计有特色的视频分享形式。

3. 体验分享

通过简单的问卷或询问，了解老师和同学对你分享的评价，并分享做志愿者的感受。

三、 劳动赋能站：志愿者的素养要求

1. 无私奉献的精神

志愿者不求经济利益回报，向社会或他人提供服务，因此，志愿者要有无私奉献的精神，不计较个人得失，愿意奉献自己的时间、精力、爱心和力量，帮助有需要的人，只有具备这样的精神境界，才能成为一名合格的志愿者。

2. 良好的服务意识

志愿者要有良好的服务意识。一般需要帮助的群体中，老、弱、病、残、孕、幼等群众居多，他们需要的帮助可能较为烦琐，例如为老年人提供志愿服务时，可能面临着服务对象听不清、说不清、看不清等情况，这就需要志愿者有较强的服务意识，才能胜任志愿服务工作。

3. 团结协作的能力

一般而言，志愿者是一个团体，志愿服务项目是由志愿团队完成的。个人力量有限，这就需要团结协作。团结协作能力，要求志愿者在志愿团队中，首先要服从安排、服从分配、服从管理；其次要在队友需要帮助时，及时给予协助；最后，要以团队完成志愿项目为目标，不以个人完成为目标，个人完成后应协助团队成员。

4. 较强的沟通能力

无论是日常志愿服务活动，还是大型体育赛事志愿服务，都需要志愿者与人沟通。既然是为他人提供帮助，就要学会理解他人的感受，明确他人的需求。志愿者需具备较强的沟通能力，提前了解服务对象的需求，服务过程中及时了解服务对象的感受，调整服务工作，结束后与服务对象沟通、回收反馈，以提高志愿服务能力。此外，在志愿团队中，队员之间也需要进行沟通。

5. 自觉的集体意识

志愿者要始终以集体利益为先，个人利益为后。在考虑事情和判断事物时，要有集体意识，有利于集体的事要坚持，不利于集体的事要反对。因为只有集体好，个人才会好。集体意识也能够帮助志愿者赢得团队成员和服务对象的信任，有利于开展志愿服务项目，顺利完成志愿服务工作。

劳动是成长的秘密

四、劳动提升站：总结、反思与评价

（一）志愿服务实践总结

1. 素材总结

整理志愿服务记录、图片和荣誉证书，并有序分类，如荣誉证书可按获奖级别从高到低排序。

2. 数据总结

整理截至目前的志愿服务数据，如成为志愿者的天数、累计服务时间、参与志愿服务项目数量、获得表扬的次数、服务对象人数等。

3. 经验总结

提炼你在本次实践体验中的收获、经验和感想。

（二）志愿服务实践反思与感悟

完成志愿服务实践后，请进行自我反思和感悟，从而提升对服务性劳动的认识，增强对劳动精神和劳模精神的理解。请同学们反思本次实践的过程，填写志愿服务实践反思和感悟表（表12-2）。

表12-2　志愿服务实践反思和感悟表

时间：	地点：	志愿服务项目名称：
主要工作内容		
我的优势（本次实践体验中我做得好的方面）		
我的劣势（本次实践体验中我做得不足的方面）		
我的反思（对志愿服务的认识以及对服务性劳动的理解）		
我的感悟（对崇尚劳动、热爱劳动、淡泊名利、甘于奉献的精神感悟）		

（三）志愿服务实践自我评价

完成志愿服务实践后，请进行自我评价，填写志愿服务实践自我评价表（表12-3），为本次的实践体验画上一个圆满的句号，为下次实践积累经验。

表12-3　志愿服务实践自我评价表

姓名：
志愿服务项目：
志愿服务岗位：
胜任情况：A. 完全胜任　　　B. 基本胜任　　　C. 不胜任

期望尝试岗位：	
工作态度（工作态度是否积极正面）： 工作态度积极、主动，时常保持良好的状态完成工作并解决问题	优秀 良好 一般 较差
工作技能（应用相关知识的能力）： 能掌握比较全面、专门的业务知识，熟悉工作流程和方法	优秀 良好 一般 较差
工作效率（完成工作的速度与预期的标准相比）： 高于预期效率，能早于期限完成	优秀 良好 一般 较差
执行力（落实并完成工作）： 快速完成常规任务和领导指派的临时任务	优秀 良好 一般 较差

拓展资料

1. 书籍：《志愿者》（马克·A.缪其克著）

该书作者认为，志愿动机与个人的主观状态、他们的可用资源等都有关系。书中展示了志愿工作是如何受家庭关系、学校和社区影响的。这是一部关于志愿服务研究的学术译著，对我国志愿者工作有极大的借鉴意义。

2. 书籍：《亲历可可西里 10 年：志愿者讲述》（杨欣等著）

有一群快乐的人，他们不同年龄、不同职业、来自不同都市，但选择在可可西里无人区相逢——完全依靠书籍义卖和极为有限的零星捐助，他们徒手建造中国第一座民间保护站。之后，又完全依靠志愿者的力量，在可可西里孤军奋战了10年。这本书正是这十年来坚守在可可西里的志愿者的真实写照，向我们娓娓道来每一份对环境、对生命的敬重和坚持。

3. 书籍：《志愿者你准备好了吗》（北京志愿者协会著）

小到社区里的邻里互助服务，大至国际人道主义援助活动，志愿者的身影无处不在，全世界千百万的志愿者为人类的和平与发展贡献了巨大的力量。大家可曾思考过，为什么要做志愿者？志愿服务的意义是什么呢？如何对待受助者才是正确的？这本书给我们带来的恰恰是这些回归志愿本身的问题的答案，通过志愿者的故事与感言，为读者道出做志愿的初衷与坚持。

4. 电影：《志愿者》

影片主要讲述一群青年学子放弃城市优越的生活和工作条件，自愿参加大学生志愿服务西部计划，去偏远的西部地区支教的故事。电影展现了当代青年默默奉献爱心，找到并实现自己人生价值的动人经历。

5. 纪录片：《中国志愿者》

这部8集系列纪录片以独特的人文关怀视角，以人物为核心，选取不同领域、不同地域、不同年龄的优秀志愿者，通过对他们志愿服务现场鲜活、生动的细节纪录，以及志愿者及其服务对象、事件见证者的真实口述，最真实、感人地讲述志愿者运用专业技能服务社会，同时也完成个人成长的故事，彰显"奉献、友爱、互助、进步"的志愿服务精神。

第十三章

磨炼品行的社会实践

学习目标

1. 知识目标： 掌握社会实践和劳动两者的关系，理解服务性劳动的意义，理解社会实践对当代大学生的意义，并通过劳动赋能站，拓宽社会实践的视野，拓展相关知识。

2. 能力目标： 通过了解社会实践组织形式，切身体验社会实践，具备开展社会实践各阶段所需的能力和技巧，具备实践本领。

3. 素养目标： 通过对社会实践的学习、体验、反思与拓展，提升对劳动实践的认识，形成正确的劳动价值观，提高自身的劳动素养，自觉地增强社会文明素养、社会责任意识，自觉地弘扬崇尚劳动、热爱劳动、辛勤劳动、诚实劳动的劳动精神。

三下乡、重走长征路、支教、红色之旅等社会实践活动普遍受到大学生的喜爱。在社会实践中，大学生不仅可以提高动手能力、表达能力、沟通能力等综合素质，而且可以结交到不同年级、不同专业的同学，拓展朋友圈，增长见识。社会实践是服务性劳动的一种形式，通过体验社会实践，大学生能够提高对服务性劳动的认识，提高劳动素养。本章将带领同学们体验社会实践劳动。

劳动观摩站：用青春绘制乡村振兴新图景

（一）劳动金句

社会是个大课堂。青年要成长为国家栋梁之材，既要读万卷书，又要行万里路。社会实践、社会活动以及校内各类学生社团活动是学生的第二课堂，对拓展学生眼界和能力、充实学生社会体验和丰富学生生活十分有益。高校学生支教、送知识下乡、志愿者行动等活动，都展现了学生的风貌和服务社会、报效国家的情怀。许多学生正是在这样的社会实践和社会活动中树立了对人民的感情、对社会的责任、对国家的忠诚。当年，我在梁家河插队，实际上就是在上社会大学，向群众学习，向实践学习，那段经历让我受益匪浅。

——2016年12月7日，习近平总书记在全国高校思想政治工作会议上的讲话

（二）职业讲堂

青春出动 绘制乡村振兴新图景

贵州理工学院大三女生李安花有个奇特的"工作后遗症"。走在路上，看到路灯、垃圾桶时，她总是下意识地上下打量、思考：路灯有多高、间距是多少。有时，她还会打开手机，标记路灯或垃圾桶的位置。

这个"后遗症"来源于2021年暑假的社会实践。2021年7月初，她和30多名教师、同学到贵州省某县为当地3个村庄编制发展规划。这群高校师生要做的工作，是乡村振兴图景中的一小块拼图。如今，他们参与的拼图越来越大。

为村庄绘制图景

清早起床时，满耳鸟叫声，山腰上云雾缭绕，师生们吃了简单的早饭就准备开始当天的工作。

走访村民不算轻松。全村有401户人家，有的农户不在家，就由村干部提供资料，或和农户打电话聊聊，即便如此，一个小组平均每天也要走访四五十户。李安花从小习惯了爬山，但一天的走访工作结束后，她还是觉得腿疼脚麻。

李安花和另外两名同学跟着一名教师和一名村干部入户走访。这位人文地理与城乡规划专业的女生负责查看农户家的厨房、厕所等基础设施，她要留意村民家的厕所是水厕还是旱厕，猪圈有没有改造等。建筑学专业的同学负责查看、记录建筑的整体构造和内部布局，环境设计专业的同学主要负责和教师一起访谈村民。

除了硬件设施，村庄的文化、产业也是规划的一部分。在村里访谈时，大家有个意外收获：东庄村的"十二诗腔苗歌"是贵州省非物质文化遗产，它的歌词一半是汉语，一半是苗语。在大家眼中每个村子都有各自的文化特色，因此，要真正做到"一村一规划"。在每天 10 小时、持续数天的高强度调研走访后，东庄村的未来面貌逐渐清晰起来。

村庄的未来

对于李安花来说，参与过规划项目后，课本上"公共服务设施""景观小品""土地处理"等抽象的概念变得鲜活起来。它们是村口道路两旁的路灯、垃圾桶，而不同用途的道路上，路灯的高度、间距都不相同。他们为东庄村规划了 4 米宽的产业路、高七八米的路灯，便于大车通过。过了半个多月，队伍带着设计效果图又返回东庄村，给村民代表做了效果演示。对于当地人来说，乡村规划承载着对未来生活的美好希望。

故事却远没有结束

过了几个月，施工队开工。规划团队成员经常在驻村干部的朋友圈里看到村庄的近况：金丝皇菊开花了，黄精的种苗种下去了，仿古步道、石板路铺设起来了……施工队还时不时联系这支规划团队，询问设计细节。村民们还希望这些队员能帮他们修村志、整理"十二诗腔苗歌"的歌词，乡村振兴的新图景会越来越美。

（资料来源：中国青年报，有删改）

案例分析：和许多高校师生所在的社会实践团队一样，李安花同学通过社会实践劳动将智力资源带入乡村，把人才资源、社会资源引流到乡村，为改善乡村治理及乡风文明提供了新思路，为乡村增强持续发展能力打开了新通道。在社会实践过程中，李安花同学崇尚劳动、热爱劳动，并通过辛勤劳动、诚实劳动，在青春奉献中成长，在实践劳动中成才。

（三）参与社会实践的一天

7:30—8:30　起床洗漱，整理宿舍。

8:30—9:00　参加动员大会，听当地负责人介绍本地现状。

9:00—10:00　和当地学校里的孩子们进行第一次破冰活动。

10:00—11:00　根据之前掌握的情况，再次进行学科知识基本情况调研。

11:00—11:30　送孩子们回家，为下午走访调研做好前期准备工作。

14:30—16:30　根据路程远近和队伍实际情况，在保障队员基本安全的情况下，合理安排家访。

16:30—18:00　返回集合点，队员们结合之前了解的情况与当地实际，充分讨论活动方案细节。讨论决定，将支教的重心放在安全教育、心理健康和学科知识普及教育三方面，其中穿插音乐和美术的授课；将调研的对象定为驻村干部以及留守老人和儿童。

18:00—19:00　晚餐，整理宿舍。

19:00—19:30　整理自己一天的工作日志。

19:30—21:30　团队分享会，对第二天工作进行安排。

21:30—22:00　结束一天的工作，休息。

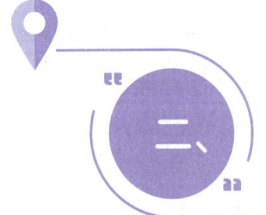

二、 劳动体验站：体验社会实践

（一）社会实践准备

1. 了解社会实践

大学生社会实践活动是大学生根据高等学校人才培养目标的要求，有计划、有组织地深入社会，积极参与社会政治、经济和文化生活，以了解社会，增长知识技能，培养正确的世界观、人生观和价值观的实践活动过程。大学生社会实践活动是相对于理论学习以外的各种实践环节，既包括与生产劳动相结合的实践活动，又包括与课堂教学相结合的实践活动。大学生社会实践从最开始的自发、零散义务劳动、社会调查等单一的内容，逐渐发展出社会调查和考察、社会服务和公益劳动、寒暑假社会实践、"三下乡"活动、"四进活动"等丰富的内容和形式。

2. 社会实践策划

社会实践策划是开展实践活动的前提和基础。策划是指根据目标，以实际情况为基础，确定活动实施的内容和方法，是目标与内容的统一、内容与方法的统一、理论知识与实践实际情况的统一。在策划中，要注重的不仅包括步骤和方法，还包括目标与内容本身。活动策划是社会实践的第一步，也是关键性的一步。实践策划直接关系到实践项目的价值、可行性和创新性，具有重要的战略地位。

（1）策划的原则。策划社会实践时要注意以下四点原则。

① 现实性原则。策划是理论和实践的统一，必须深度追问现实生活中的问题，从而使社会实践活动围绕现实问题开展。这是大学生社会实践活动所必须坚守的原则，也是社会实践的价值魅力和精神魅力所在。

② 可行性原则。策划时要充分考虑和分析人力、物力、财力等各方资源的客观情况。通过对活动开展的主体和对象进行客观系统地分析调研，为活动开展提供依据的一种综合性、预见性、可靠性、科学性的系统分析。

③ 创新性原则。策划时要充分调动学生的创新思维和能力，切忌盲目照搬其他组织或个人的经验。策划的创新可以从以下两方面考虑：从主题、形式到内容都是新的；或是同样的主题，通过新形式，开展不同的内容。

④ 融入性原则。好的活动策划必须与活动对象一起共创，让活动对象也提前参与进来。特别是开展类似暑期社会实践、"三下乡"活动、"四进"活动等有明确服务对象的实践活动，应提前针对服务对象进行分析调研。

（2）策划的主题。决定社会实践的主题时应注意以下四个方面。

① 突出专业。把所学知识和研究成果运用于社会实践，既有利于强化大学生的专业素养、培养良好人格，也有助于提升高校专业建设与国家发展需求的吻合度，推动专业内涵建设，实现德智体美劳全面发展的目标。因此，大学生社会实践活动的策划要结合专业特色来开展，用所学的专业知识来解决实际问题。一方面，大学生可以在专业中学会实践劳动，在实践劳动过程中检验专业，学以致用、知行合一，能更有效地理解、掌握和运用专业技能。另一方面，专业和实践的结合，使大学生的实践活动与社会需求接轨，有利于打通高校资源与社会资源之间的壁垒。

② 紧扣社会热点。现实主义精神是活动策划的主基调，时代精神是大学生实践活动开展的内生动力。新时代的大学生要关注社会热点，在新的社会素材空间，用大学生群体所特有的价值表达方式，策划出有鲜明时代特色的社会主题活动。同时，还要对自身群体关注的信息有极高的敏感度。活动策划要发挥自身优势，结合大学生群体的思维特点、思想特征和认知规律，聚焦其关心的热点、难点问题，特别是大学生群体的思想困惑和精神诉求，形成自己对社会热点问题的认知。

③ 目的明确。目的明确与否是社会实践能否收到好的效果的首要条件，目的性是人的活动特点之一。正如恩格斯所说，在社会历史领域内进行活动的，全是具有意识的、经过思虑或凭激情行动的、追求某种目的的人。有了明确的目的，就有了方向，就能激励人们为实现其目的而奋斗。反之，如果目的不明确，就没有方向、没有动力。

④ 围绕兴趣。兴趣是实现社会实践活动目的的原动力，能对学生积极主动地开展社会实践产生持续性的效果。大学生社会实践是一项系统、复杂的持续性活动，从活动准备、开展到总结都包含着大量工作。面对烦琐的实践工作，如果学生对主题活动缺乏兴趣，存在被动应付心理，不仅会降低各个环节任务完成的质量，最终还会对学生能力的发展形成阻碍。所以，在设计实践策划时，可以充分围绕自己的兴趣和爱好，要尽可能选择那些能发挥自己的专长，学有所感、学有所悟的策划主题。

（3）策划方案的撰写。一个详细严密的社会实践活动策划方案，能够使活动有序进行。撰写方案就是一个把社会实践活动计划内容逐步书面化、条理化、具体化的过程。一般来说，实践活动策划方案包括活动名称、活动背景、目的及意义、活动开展、具体实践内容、预期成果和注意事项等。

① 方案名称。撰写者应尽可能具体地写出策划方案的名称，并且名称要突出活动主题，将其置于页面居中位置。

② 活动背景。这部分内容应根据活动内容重点阐述，做好全面的背景分析，对过去与现在的情况进行详细描述，并通过对情况的预测制订计划。

③ 活动目的及活动意义。在陈述目的要点时，应明确写出该活动的核心构成或策划的独到之处以及由此产生的意义（社会效益、媒体效应等）。活动目标要具体化，同时需要满足重要性、可行性、时效性等条件。

④ 活动的开展。围绕人、地、时、物资、资金等方面一一列出。人员方面，主要列出参加社会实践活动的学生名单；时间地点要详尽，描述清楚准确，并且需要结合实践地相关单位的情况进行及时调整；应列出所需的人力资源和物力资源，包括使用的场所等，可按已有资源和需要补充的资源分别列出；活动的各项费用须根据实际情况具体、周密地计算，并用清晰明了的形式列在策划方案中。

⑤ 具体实践内容。简而言之就是实践期间每天需要做的事情。该部分内容可以以表格的形式呈现，按照时间排序，最好能细化到每半天的行程。实践内容的安排一定要紧扣实践主题，并能够为预期的社会实践成果服务。

⑥ 预期成果。这部分在整个策划中也十分重要，它能够帮助团队成员进一步明确任务。可以从活动本身效果以及个人和组织成长两方面进行描述。

注意，内外环境的变化不可避免地会给方案的执行带来一些不确定性因素。因此，当环境变化时是否有应变措施、损失的概率是多少、造成的损失会有多大，以及应急预案等，也应在策划中加以说明。

（二）社会实践过程和操作要点

社会实践策划方案制订完成后就到了实践活动的开展阶段。一般来说，社会实践活动的开展包括项目的申报、筹备、动员培训、实施四个阶段。

1. 项目申报

目前，大学生社会实践活动普遍实行申报制度。申请团队必须认真填写"社会实践活动项目申报表"，经相关组织审查合格后才能予以立项。

要在前期科学策划的基础上撰写项目申请表，在规定日期前交至相关组织。相关组织进行项目的审批和修改，再根据各申报方案的可行性和实际情况确定批准立项的团队。

社会实践团队所提交的社会实践申报材料应包括以下内容：① 社会实践方案的意义。② 社会实践活动的目标。③ 社会实践活动的专业性。④ 社会实践活动的内容（人、时、地）。⑤ 社会实践活动的具体流程。⑥ 社会实践活动的成果形式。⑦ 安全措施以及应急预案。

在填写过程中要注意，实践团队的人数应控制得当、分工明确。

2. 筹备阶段

各活动组织要认真贯彻落实关于大学生各类社会实践的重要要求，精心做好筹备工作，科学编制活动筹备总体方案，并随时动态调整筹备方案，为高质量完成社会实践活动提供坚强保障。只有筹备工作整体统筹，各实践工作小组各司其职，明确工作分工，全体活动人员拧成一股绳，才能共同确保筹备工作有条不紊、按期推进。

（1）确定指导教师。能否有效开展实践指导是影响实践活动质量的重要因素。富有经验和有责任心的指导老师的加入不仅能有效提升活动的科学性，更在很大程度上影响着活动漏洞或隐患的消除程度。

（2）搜集信息。社会实践团队可以围绕以下问题搜集信息。

① 主题方面。主题所涉及的领域是否正在或即将迎来国家、地方政策的关注和支持？所策划的主题是否与现近期学校、学院正在进行或即将推进的各类主题实践活动契合？可否被纳入整体的活动之中，能否获得更丰富的资源？

② 项目基础。调研之前是否有人进行过与本次策划方案类似的实践活动？如果有，那么他们进行到何种程度，取得过哪些实践成果（包括实践报告、论文汇编、奖项荣誉等多种形式）？

③ 项目客观条件。实践是否和项目主要负责人、指导老师、服务对象有时间上的冲突？计划开展实践的地点，当地的气候、地理条件、民俗习惯等有没有特别之处？这些因素对预计的活动开展会不会产生促进或阻碍作用？

④ 项目主观条件。活动参与组员的专业、特长以及参加活动的意愿程度如何？

（3）整合资源。新成立的团队在社会实践过程中不可避免地面临着资源约束的问题。社会实践团队共同开展项目要对各个成员的资源进行梳理和整合，形成优势资源，共同推进活动的开展。

实践团队可结合活动的需要，充分发挥团队及个人的地缘、亲缘等优势，挖掘实践活动可以利用的资源。例如，很多暑期社会实践活动都是从学生自己的家乡开始的；又如，可以借助校内资源，寻求指导教师、班主任或是辅导员的协助等；或是吸引校企资源，形成团体独特的优势。

实践团队要形成整合资源的制度。在资源整合过程中，实践团体要对不同来源、不同层次、不同内容的资源进行选择、汲取、配置、激活和有机融合，使之具有较强的系统性和价值。同时，在实践过程中，要对原有的资源体系进行重构，摒弃无价值资源，最终形成新的核心资源体系。总之，资源整合是一个复杂的动态过程，实践团体要对所持有的资源实时同步。

3. 培训阶段

社会实践活动开展前的培训工作对于整个实践活动的顺利开展起着至关重要的作用。在实践团队组建完成后，学校（学院）会针对实践过程中涉及的一些方法、技能、安全等方面的知识邀请相关人员进行专项培训。实践活动项目开展比较成熟的学校（学院）还会灵活地组织分享会，深入讲解社会实践的流程及各项目注意事项，并邀请经验丰富的社会实践成员分享自己实践过程中的心得，帮助学生们更深入地了解社会实践的内涵和流程，提高对社会实践的重视程度，顺利完成社会实践活动，取得优秀的实践成果。一般来说，培训的内容主要有：相关材料的报送要求，包括申报材料、过程材料以及结项要求；选题的确立、团队的搭建、如何设计实践项目、实践研究的具体方法；文明礼仪常识、医疗急救常识和应急管理技能；社会实践新闻报道和图片采集方法，特别是新媒体的使用等。只有实践前期的各项培训工作开展到位，实践活动才能顺利开展。

4. 实施阶段

在经过充分的前期准备之后，实践团队就要奔赴实践地开展社会实践活动了。一般情况下，实践团队要依据原定计划按部就班地一一执行，并在实施阶段要做好活动的记录工作。大学生社会实践活动一般要经历 2 ~ 4 周时间，集中实践时间一般为 2 周左右，做好实践情况的记录对于事后整理和归纳相关材料非常重要。社会实践活动的记录，既可以采用纸质材料书写记录的方式，也可以利用通信媒介，如录音笔、手提电脑、智能手机等进行录音、拍照。记录下来的资料既是社会实践活动开展的证明，也是顺利完成社会实践活动总结的重要保障。

实践过程中，要及时调整活动方案。调整方案是为了顺利完成社会实践活动既定的计划和任务。一般而言，社会实践活动方案在报送学校相关组织批准、确定之后便不再进行更改。但是，如果遇到一些特殊情况，则有必要进行调整。这些特殊情况可以分为两类，即客观情况和主观情况。客观方面的情况主要有：天气变化、突发的地质灾害等。遇到这些因素，尤其是地震、台风等自然灾害时，一定要及时调整实践方案，确保实践队员的人身安全。主观方面的情况主要有：因某种原因不能完成预先协商好的接待任务，造成实践对接单位的衔接不畅，实践队员突发疾病等。对于这种突发事件应该灵活应对，及时调整社会实践活动方案，确保社会实践活动顺利进行。

（三）社会实践成果的展示与分享

1. 图片展示

用图文并茂的方式展示团队和本人社会实践的过程、最有感悟的一次社会服务活动经历、经验、感想与致谢。分享的语言尽量丰富，譬如综合运用日记语言、媒体语言等。

2. 视频展示

分享者可以根据日常实践中收集整理的素材，设计有特色的分享形式，比如短视频等。

3. 体验分享

通过简单的问卷或询问，了解老师和同学对你分享的评价，分享社会实践的

劳动赋能
乡村振兴

体验。分享会可以邀请指导老师、团队成员和服务对象共同参加。

三、劳动赋能站：社会实践对当代大学生的意义

社会实践对当代大学生具有重要意义。

首先，社会实践能够帮助大学生融入社会。新时代大学生的人生目标不同，职业选择也有差异，但只有把自己的小我融入祖国的大我、人民的大我、社会的大我之中，与时代同步伐、与人民共命运、与社会共呼吸，才能更好地实现人生价值、升华人生境界。

其次，社会实践能够加强大学生的社会调研能力。调查研究是做好各项实践工作的基本功。新时代大学生可以通过社会实践提高调查研究能力，不断破解实践难题。深入社会开展实践，需要脚勤、脑勤、手勤，多层次、多方位、多渠道地努力从社会中寻找解决问题的方法和路径。同时仔细斟酌调查所得的大量素材，去粗取精、去伪存真、由此及彼、由表及里，找出劳动实践中规律性的东西，归纳、总结、提炼出科学的认知，最后指导社会劳动实践。

最后，社会实践能够增强大学生的自主学习动力。把"读万卷书"与"行万里路"结合起来，向书本学、向实践学，只有在大量社会实践"处理系统"中不断升级"存储系统"中的专业知识，才能进一步提高社会效能。当代大学生既要读有字之书、学精业务本领，也要读无字之书、勤于社会实践，做到学思践悟相统一。当代大学生应主动将专业知识融入社会实践，将钻研技能的专业素质、职业精神贯穿于整个社会实践，从而增强自主学习的动力。

四、劳动提升站：总结、反思与评价

（一）社会实践总结

1. 素材总结

实践团队要严格按照实践方案开展活动，对实践过程中通过访谈记录、调查问卷等收集的信息资料妥善保存。社会实践期间，除了整理文字资料，更要注重影像资料的收集和保存，还要对媒体相关报道进行整理和保存。

2. 经验总结

提炼你在本次实践体验中的收获、经验和感想。完成实地调研后，要以实践成果为依据，回收专项调查问卷并进行数据分析，宏观把握、点面结合，形成一份调研报告。实践过程中，团队成员要彼此沟通，交流社会实践过程中自己的感悟。集思广益，在碰撞中形成新的思想和主张，做好记录并整理汇编成册，形成一本感想日志，让真实的感悟转化为可视的文字或影像，将短暂的社会实践变为永久的经验与回忆。

（二）社会实践反思与感悟

完成社会实践后，请进行自我反思和感悟，从而提升对服务性劳动的认识，提高社会实践能力，并增强对劳动精神的理解。请同学们反思本次实践的过程，填写社会实践反思与感悟表（表 13-1）。

表 13-1　社会实践反思与感悟表

时间：	地点：	社会项目名称：
主要工作内容		
我的优势（本次实践体验中我做得好的方面）		
我的劣势（本次实践体验中我做得不足的方面）		
我的反思（对社会实践的认识以及对服务性劳动的理解）		
我的感悟（对崇尚劳动、热爱劳动、辛勤劳动、诚实劳动的精神感悟）		

（三）社会实践自我评价

完成社会实践后，请进行自我评价，填写社会实践自我评价表（表 13-2），为本次的实践体验画上一个圆满的句号，为下次实践积累经验。

表 13-2　社会实践自我评价表

姓名：	
社会实践项目：	
社会实践队伍中的职责：	
职责完成度：A. 高　　B. 一般　　C. 低	
服务对象的满意度：A. 高　　B. 一般　　C. 低	
工作态度（工作态度是否积极正面）： 工作态度积极、主动，时常保持良好的状态完成工作并解决问题	优秀 良好 一般 较差
工作技能（应用相关知识的能力）： 能掌握比较全面、专门的业务知识，熟悉工作流程和方法	优秀 良好 一般 较差
工作效率（完成工作的速度与预期的标准相比）： 高于预期效率，能早于期限完成	优秀 良好 一般 较差
执行力（落实并完成工作）： 快速完成常规任务和其他需要完成的任务	优秀 良好 一般 较差

拓展资料

1. 书籍：《习近平的七年知青岁月》（中央党校采访实录编辑室著）

习近平总书记是首位出生和成长在新中国的中共中央总书记。他有过曲折的少年时代，也有过奋斗的青年时代。从农村大队党支部书记到党和国家的领导人，党和国家的各个领导层级他都工作过。党的十八大以来，习近平总书记之所以能够带领党和人民披荆斩棘、攻坚克难，推动中国特色社会主义进入新时代，很大程度上来自习近平总书记扎实的实践基础、深厚的经验积累和由此而来的深邃理论思考。

2. 书籍：《行走三下乡 聚力青春路：大学生社会实践工作管理与研究》（王一钦，葛士新著）

该书是全国大学生"三下乡"社会实践的经验总结，是大学生高质量参与社会实践的实用指南，能为高校共青团开展大学生"三下乡"社会实践活动提供有益参考，为大学生朋友高质量开展"三下乡"社会实践活动提供有效指南。

3. 书籍：《黄文秀扶贫日记》(中国共产党百色市委员会宣传部著)

该书首次展示了黄文秀同志在扶贫期间的工作日记，真实反映了黄文秀学习、工作和奋战在广西百色市乐业县新化镇百坭村脱贫攻坚一线的历程及取得的成绩，体现了她作为一名共产党员不忘初心、牢记使命，勇于担当、甘于奉献的精神，引导和激励广大党员干部和青年同志以黄文秀为榜样，在新时代新征程上做出更大的贡献。

- 第四篇 -

提高安全意识
保障劳动权益

第十四章

一丝不苟的劳动安全管理人员

学习目标

1. 知识目标：掌握劳动安全意识的相关知识，理解劳动安全的意义，并通过劳动赋能站，拓展劳动安全的视野和知识。

2. 能力目标：通过完成劳动安全项目，切身体验志愿服务，具备保障劳动安全所需的各项能力和技巧。

3. 素质目标：通过对劳动安全的学习、体验、总结与反思，树立劳动安全意识，提升对劳动安全的认识，提高自身的劳动素养，自觉弘扬崇尚劳动、热爱劳动、辛勤劳动、诚实劳动的劳动精神。

劳动安全与个人的生命安全和企业的长远发展息息相关。同学们无论将来从事什么样的职业、在什么样的岗位上、做什么类型的劳动，都要有安全意识。通过体验应急调查评估，大学生可以提高对劳动安全的认识，自觉增强安全劳动意识，为劳动实践提供安全保障。本章将带领同学们体验劳动安全管理工作。

一、 劳动观摩站：劳动安全管理人员的成长之路

（一）劳动金句

党和国家要实施积极的就业政策，创造更多就业岗位，改善就业环境，提高就业质量，不断增加劳动者特别是一线劳动者劳动报酬。要建立健全党和政府主导的维护群众权益机制，抓住劳动就业、技能培训、收入分配、社会保障、安全卫生等问题，关注一线职工、农民工、困难职工等群体，完善制度，排除阻碍劳动者参与发展、分享发展成果的障碍，努力让劳动者实现体面劳动、全面发展。

——2015 年 4 月 28 日，习近平总书记在庆祝"五一"国际劳动节暨表彰全国劳动模范和先进工作者大会上的讲话

（二）职业讲堂

一个安全工程专业大学生的劳动安全梦

刘瑭是中国劳动关系学院安全工程系的一名毕业生，2016 年，他考入北京市海淀区安全生产监督管理局，后任海淀区应急管理局调查评估科四级主任科员。2021 年 12 月，他获得北京市应急管理系统"十大青年榜样"称号。

入职以来，刘瑭敢担当、善作为，不断优化工作方式，积极探索劳动安全与应急管理专业领域的新方法、新举措，全年备勤待命，随时准备奔赴事故现场，在生产安全事故调查工作岗位上做出了不平凡的业绩。

不忘初心，常怀担当信念

刘瑭大学期间曾任系学生党支部副书记，工作之后又在通州区史东仪村担任村党支部书记助理，在海淀区应急局担任党小组长。从学校的大门再到单位的大门，刘瑭一直在做党建引领发展工作。如果说刘瑭身上有标签，那"坚守初心、勇挑重担"就是他的标签。事故调查工作关系重大，承载着多因素、多角度的期望与审视，重压之下，更要确保各项细小细微工作"零差错"。从制作事故发生初期的信息上报、初步原因查询，到中期与事故相关的询问笔录制作、证据收集，再到后期撰写报告时所需要的信息提炼和法条运用，刘瑭都努力做到追求极致，并将具体的工作方法在科务会上分享，助力科室其他年轻同志提高业务能力。

2019 年 12 月的一天，刘瑭接到科长电话，海淀区中关村附近发生一起汽车

式起重机倾翻事故，需要马上核查。中关村地处海淀核心，必须立即了解事故详情，做好舆论引导工作。刘瑭主动请缨，表示自己会立刻赶赴现场，率先做好前期信息收集及上报工作，等待科室其他同志随后支持。经领导同意，刘瑭以最快速度到达现场，核实事故性质，完成事故初报，配合其他单位完成舆情引导，圆满完成了现场处置工作。

善于突破，创新工作方式

刘瑭是安全工程专业出身，又曾担任大学生村官，科班培养加上基层锻炼，刘瑭面对问题时不拘泥于固定程式的工作方式和温和的服务态度，让他深受事故单位与服务对象好评。另外，刘瑭在事故调查后期证据稳定后，创造性地开展企业主要负责人约谈工作，对后期事故处理工作和企业主体责任落实工作也起了很大作用。

在 2021 年 6 月的一起事故调查过程中，因为涉及专业领域的钢结构工程吊装，区应急管理局委托了具备相关资质的鉴定单位对事故发生的直接原因进行鉴定。按照相关法律法规的要求，事故鉴定时间不在事故调查期限范围内，以往的情况就是等鉴定报告出来后，再进行事故其他方面的调查工作。但施工单位反映该工程系重点项目，工期紧、任务重，希望政府能尽快拿出结论。刘瑭了解情况后，认真研读该工程施工组织的设计文件，并积极与鉴定单位沟通，询问钢梁实验进展，经过几周反复沟通与商定，刘瑭将该事故调查期限整整缩短了一个多月。在之后与该企业主要负责人的约谈工作中，企业负责人感激地说："刘同志，感谢您能从我们企业角度考虑实际问题，帮我们解决时间上的大问题。您的专业能力强，能在这么短时间内就从技术上找到了我们可能发生事故的根本性原因。此次事故我们认罚，接下来会根据您提出的意见建议尽快拿出整改方案，落实好安全监管。"短短几句话，是对刘瑭工作能力的高度认可。

现如今，刘瑭处理各类事故已游刃有余，在完成海淀区事故调查工作的同时，他也多次参与上级政府和部门交办的其他事故调查工作，得到了上级领导和服务对象的认可与好评。

充满干劲，永远积极阳光

刘瑭的朋友圈签名是："永远要做一束光，照到哪里哪里亮。"熟悉他的人当然知道，这就是刘瑭本身的写照。刘瑭无论是在生活中还是工作中，始终能够做到充满激情，雷厉风行。一年 365 天随时备勤的事故调查工作在其他人眼里是苦活、累活，但在他眼中，那是将青春热血献给党和献给应急管理事业发展的必由之路。刘瑭要求自己努力提高各项理论知识，紧跟时代要求，时刻保持强烈的进取心和求知欲，将自己的身体和心理都推向"备战状态"。在事故现场，刘瑭不苟言笑，做好前期资料收集整理工作；中期调查阶段，刘瑭积极解决问题，协调事故调查组各成员单位的取证工作，给事故各方一个相对满意的答案，这就是刘瑭给自己定下的不拖不推、注重落实的工作标准。有同事说："你累不累啊，事故一年到头都处理不完，一个接一个的，你那么着急干吗？"刘瑭笑称："工作习惯了。事故对咱们是工作，对当事人那可是一辈子可能就只遇到一次的事，咱们的工作那就是他们的定心丸啊。"工作 5 年多，刘瑭经手的案子已逾百件，但在他心中，每一个新的案子都是起点，每一次与事故发生单位及相关当事人的接触都是"为人民服务"的生动实践。

案例分析：宝剑锋从磨砺出，梅花香自苦寒来。刘瑭作为安全工程专业的毕业生，保障劳动者的劳动安全是其工作的重要内容。毕业多年来，刘瑭一直工作在劳动安全的一线，他按照应急管理干部"四种特质"不断涵养精神，将个人理想与国家发展紧密联系起来，成为新时代应急管理事业的"排头兵"，体现了崇尚劳动、热爱劳动、辛勤劳动、诚实劳动的劳动精神。

（三）劳动安全管理人员的一天

下文以中铁上海工程局城轨分公司合肥地铁 4 号线的安全员工作为例，讲述安全员的一天。

6:50—8:00　开展安全讲话。安全员早上利用早点名的时间，对劳务队伍进行安全讲话，指出前一天他们存在的施工安全风险问题并要求整改落实，并对新一天的安全工作提出严格要求。

8:00—11:10　进行安全巡查。参加完早点名及安全讲话后，像往常一样开始安全巡查工作。在施工现场，要一遍遍认真检查工地电箱是否正常、消防栓是否能够使用、工地防护是否到位，在这些问题上安全员必须认真慎重。

11:10—14:25　签发工地整改单。安全员针对上午发现的问题，在上午下班前做出工地整改单，找责任人签字下发。

14:25—14:35　张贴安全宣传牌。如遇雨季的气象状况，工地施工除了日常要注意的安全风险源，防汛防洪工作更是绷紧了安全员的神经，需要在工地显眼的位置张贴安全宣传牌。

14:35—16:00　处理违章作业。张贴安全宣传牌不久，安全员便发现工地现场有工人正在进行违章作业，在雨天湿滑的天气影响下，工人施工时若不佩戴安全带一旦摔倒后果很严重。在安全员的讲解和督促下，工人很快认识到了错误，并表示今后将严格按照施工规范操作。

16:30—18:00　安全施工生产碰头会。在巡查工地安全之后，安全员准时到项目监控室参加安全施工生产碰头会，对今天的工作进行汇报梳理。

18:00—18:30　总结一天的安全日志。下班前，安全员回到办公室整理归档日常的内业资料，并记录今天的安全巡查日志，总结一天的工作。

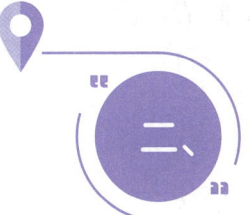

二、 劳动体验站：体验应急调查评估

（一）应急调查评估实践准备

1. 了解应急调查评估科员工作职责

应急调查评估科员依法承担生产安全事故调查处理工作，监督事故查处和责任追究情况，组织开展自然灾害类突发事件的调查评估工作；也负责规划信息传输渠道，健全自然灾害信息资源获取和共享机制，拟订有关科技规划、计划并组织实施；同时还要负责应急管理与安全生产统计分析、受理生产安全事故的举报、查处和举报奖励等工作。

2. 了解应急调查评估科员的素质要求

由于应急调查评估工作的特殊性，从事调查评估的人员需要具备多种能力素质。首先要求调查评估科员具备扎实的专业知识储备。在发生事故后，调查评估科员要迅速理清流程，按既定流程逐步开展调查评估工作。其次要求调查评估科员具备较强的组织协调能力。在开展调查评估工作时要与相应责任部门和人员沟通到位，为正式的现场调查评估扫清障碍，避免调查评估过程中产生矛盾甚至冲突。最后还要求调查评估科员廉洁自律。事故往往伴随着责任，由于人的趋利避害特性，常常会有事故责任人企图用贿赂等不正当手段左右调查评估结果，因此调查评估科员要持身中正，不为外界利益所诱惑。

（二）应急调查评估实践的工作过程和操作要点

1. 事故调查准备

（1）前置判断。公安机关接到事故信息后，应当立即赶赴现场，对现场进行保护，对相关人员依法进行管控，排除刑事案件的可能。初步判断为生产安全事故的，应当通知同级政府应急管理部门及负有安全生产监督管理职责的部门。经确定为非生产安全事故的，应按程序核销生产安全事故。

（2）确定事故管辖。一般事故按属地管理原则，由企业所在地政府应急管理部门或负有安全监督管理职责的有关部门负责调查处理。确需提级调查的一般事故，由对应业务科室负责牵头调查处理。较大事故由市应急管理局安全事故应急救援管理科负责牵头调查处理。涉及市内跨行政区的事故，由市应急管理局安全事故应急救援管理科负责牵头调查处理。涉及省份内跨行政区的事故，由市应急管理局安全事故应急救援管理科负责协助上级部门调查处理。

（3）成立调查组。相关负责政府授权成立事故调查组，并按回避原则确定事故调查组人员（可以聘请有关专家参与调查）。牵头组织事故调查部门及其派出人员要负责：勘查事故现场、确定人员伤亡情况及直接经济损失、调查询问有关人员、收集事故有关资料、查明事故经过及原因、认定事故性质和责任、提出对事故责任单位和责任者的处理建议、提出事故防范和整改措施。

（4）制定调查方案。调查方案应包含5个要素：一是事故调查的组织及分工，二是事故调查的目的和内容，三是事故调查的程序，四是确定事故调查的时限，五是明确事故调查过程中工作纪律等方面的要求。

2. 调查取证

（1）现场物证搜集。督促有关单位和人员妥善收集和保管现场破损部件、碎片、残留物等物证，所有物证应保持原样，不得冲洗擦拭。对健康有危害的物品，应采取不损坏原始证据的安全防护措施。

（2）事故事实材料的收集。收集的材料主要包含以下类别：一是与事故鉴别、记录有关的材料，二是事故发生的有关事实，三是证人材料，四是现场视频和照片，五是事故单位提供的事故书面报告。

3. 事故分析

（1）要素分析。在充分取证的基础上，按照事故中受伤害部位、受伤害性质、起因物、致害物、伤害方式、不安全状态、不安全行为等七项内容，对事故进行分析，确定事故的直接原因和间接原因，确定事故的责任者。

（2）原因分析。主要包含以下两个方面：一是直接原因，机械、物质或环境的不安全状态，人的不安全行为；二是间接原因，技术和设计上的缺陷，管理上的缺陷，教育培训不到位，劳动组织不合理，对现场工作缺乏检查或指导错误，安全操作规程不健全，对事故隐患防范整改不力，未实施事故防范措施等。在分析事故时，应从直接原因入手，逐步深入到间接原因，从而掌握事故的全部原因，再分清主次，进行责任分析。

（3）责任分析。在进行责任分析时首先要根据事故调查所确认的事实，通过对直接原因和间接原因的分析，确定事故中的直接责任者和领导责任者。接着在直接责任者和领导责任者中，根据其在事故发生过程中的作用，确定主要责任者。最后根据事故后果和事故责任者应负的责任提出处理意见。

4. 事故结案

调查评估结束后要召开事故分析会。事故调查组组长负责召集成员单位召开事故分析会，事故相关单位可以列席。事故调查组成员单位经充分讨论，达成一致意见，形成事故调查报告。意见不一致的，调查组组长应当根据多数成员单位的意见作出结论，并在事故调查报告中如实表述各方的不同意见。

事故调查报告的内容应当包括：企业名称和地址，企业性质、业别和隶属关系，事故发生时间和事故发生地点，事故类别，事故伤亡情况，直接经济损失，事故发生经过，事故原因及性质分析，事故整改及防范措施，事故责任认定及处理建议，事故调查组成员名单（姓名、单位、职务等）。同时，事故调查报告应当附具有关证据材料，事故调查组成员应当在事故调查报告上签名。

5. 事故处理

应急管理部门按照同级政府的批复，转入事故处理程序。事故调查经办科室负责将事故中涉嫌的安全生产违法行为移交监察执法支队施以行政处罚。事故发生单位落实整改情况由相关职能科室负责监督检查，对未按要求落实整改仍存在安全生产违法行为的，应及时移交监察执法支队立案查处。

6. 事故材料归档

全流程结束后要将事故调查报告与批复、现场调查记录、图纸、照片、技术鉴定和试验报告、物证、人证材料、直接和间接经济损失材料、医疗部门或公安法医中心对伤亡人员的诊断书、赔偿协议书、发生事故时的工艺条件、操作情况和设计资料、事故相关单位的证照、合同、制度规范、事故调查组人员名册、有关事故的通报、简报及文件、行政处罚的文书资料、司法鉴定报告等进行归档保存。

（三）应急调查评估实践成果的展示与分享

1. 图片展示

将图片制成 PPT，PPT 可以分为调查评估基本情况、实操经历、最有感触的一次调查评估实践活动、记忆深刻的事故案例、经验与感想、致谢几个部分。

2. 视频展示

分享者根据自己的设想设计有特色的分享形式，比如短视频等。

3. 体验分享

通过简单的问卷或询问，了解老师和同学对你分享的评价，分享体验过程和感受。

三、 劳动赋能站：劳动安全的意义

1. 劳动安全保证安全生产

劳动安全意识淡薄是重大安全生产事故时有发生的重要原因之一，只有提升劳动安全意识，才能带来行动上的作为，加强全民劳动安全意识教育是贯彻落实《安全生产法》的重要环节。

2. 劳动安全保护劳动者的生命

保护劳动者在劳动过程中的安全与健康，是劳动者家庭幸福和企业稳定的基础。让每位劳动者深刻认识到劳动安全的重要性，是落实《安全生产法》的根本要求，有利于促进单位和谐稳定可持续发展。

3. 劳动安全促进社会和谐稳定

劳动者的劳动安全关系到社会和谐稳定。每个劳动者的背后都有一个家庭，家庭是社会的组成单元。如果劳动者在劳动过程中，出现劳动安全事故，会使得一个家庭遭受经济和精神上的双重打击。如果是重大的安全事故可能导致许多个家庭的悲剧，甚至引发社会问题。因此，劳动安全与社会和谐稳定息息相关。保障劳动者的安全，有利于促进社会的和谐稳定。

四、劳动提升站：总结、反思与评价

（一）应急调查评估实践总结

1. 素材总结

整理应急调查评估实践记录和相关图片，并有序分类。重点总结应急调查评估实践过程中遇到的问题、出现的差错、产生的原因、解决的办法等。

2. 数据总结

截至目前的应急调查评估实践数据，如应急调查评估实践的时间、人物、事件等。

3. 经验总结

提炼总结收获、经验和感想。首先，描述自己真实的体验，特别是情感方面的体验。如受到挫折时的伤感、得到帮助时的感动以及获得成功时的喜悦等。其次，总结自己得到提升的方面。譬如学到了哪些方面的知识，哪些能力得到了提升，学习态度有什么样的改变等。

（二）应急调查评估实践反思与感悟

完成应急调查评估实践后，请进行自我反思和感悟，从而提升对劳动安全的认识，提高劳动安全意识，并增强对劳动精神的理解。请同学们反思本次实践的过程，填写应急调查评估实践反思与感悟表（表14-1）。

表14-1　应急调查评估实践后的反思与感悟表

时间：	地点：		应急调查评估实践项目名称：
主要工作内容			

我的优势（本次实践体验中我做得好的方面）	
我的劣势（本次实践体验中我做得不足的方面）	
我的反思（对安全应急调查评估实践的认识、安全劳动意识的理解）	
我的感悟（对一丝不苟、诚实劳动的精神感悟）	

（三）应急调查评估实践自我评价

完成应急调查评估实践后，请进行自我评价，填写应急调查评估实践自我评价表（表14-2），为本次的实践体验画上一个圆满的句号，为下次实践积累经验。

表14-2　应急调查评估实践自我评价表

姓名：	
应急调查评估实践项目：	
岗位：	
胜任情况：A. 完全胜任　　B. 基本胜任　　C. 不胜任	
期望尝试岗位：	
工作态度（工作态度是否积极正面）： 工作态度积极、主动，时常保持良好的状态完成工作并解决问题	优秀 良好 一般 较差
工作技能（应用相关知识的能力）： 能掌握比较全面、专门的业务知识，熟悉工作流程和方法	优秀 良好 一般 较差
工作效率（完成工作的速度与预期的标准相比）： 高于预期效率，能早于期限完成	优秀 良好 一般 较差

执行力（落实并完成工作）： 快速完成常规任务和领导指派的临时任务	优秀 良好 一般 较差

拓展资料

1. 电影：《中国机长》

《中国机长》是一部剧情传记灾难片。该片根据 2018 年 5 月 14 日川航航班备降成都事件改编，讲述了"中国民航英雄机组"成员与 119 名乘客遭遇极端险情，在万米高空直面强风、低温、座舱释压等多重考验的故事。该片对于学生在劳动过程中如何化解不安全因素、提升劳动安全素养具有重要启迪作用。

2. 调查报告：《江西丰城发电厂"11·24"冷却塔施工平台坍塌特别重大事故调查报告》

2016 年 11 月 24 日，江西丰城发电厂三期扩建工程发生冷却塔施工平台坍塌特别重大事故，造成 73 人死亡、2 人受伤，直接经济损失 10 197.2 万元。事故造成的危害特别巨大，该报告以血淋淋的事实告诉大家，我们学习的每一项劳动安全本领，都将会减少未来可能产生的巨大损失。在劳动安全教育过程中，该报告能够起到很好的警示作用。

3. 书籍：《讲故事话安全应急避险在身边（交通安全）》（钱家庆著）

该书以普及应急避险科学知识为目的，采用漫画的形式，将生产、生活中各类交通活动的应急避险知识介绍给广大群众。书中重点介绍了行人、道路交通、轨道交通、民用航空、水上交通等群众广泛参与的交通类型，在遭遇突发事件时的应急避险措施和逃生方法，以讲述发生在身边的突发事件小故事的形式普及应急避险和逃生科学知识。该书告诉我们，安全就在我们身边，劳动安全必须常抓不懈！

4. 纪录片：《生命重于泰山》

这是一部安全生产专题片，由应急管理部和中央广播电视总台联合制作，讲述了党的十八大以来，习近平总书记对安全生产工作提出的重要论述，通过专家解读和案例分析系统解读了安全发展、严守底线、强化责任、依法治理、改革创新、夯实基础、严抓落实等重要内容，强调只有警钟长鸣、常抓不懈，才能真正守住安全生产的底线和红线，让观影人认识到"安全生产无小事，防微杜渐是关键"。

第十五章

据理力争的劳动权益谈判

学习目标

1. 知识目标：掌握劳动权益保护知识，并通过劳动赋能站，拓展劳动权益保护的知识。

2. 能力目标：通过完成劳动权益谈判项目，切身体验劳动权益谈判，具备劳动权益谈判所需的能力和技巧。

3. 素养目标：通过对劳动权益谈判的学习、体验、反思与拓展，提升对劳动权益保障的认识，具备劳动安全意识，形成对劳动权益保护的充分理解。

劳动权益保障就是保护劳动者在劳动过程中的合法权利和利益。在校期间，参加劳动权益保障的实践体验，可以提高大学生的劳动权益保障意识，帮助大学生培养在日后求职、就业、工作中解决劳动纠纷等问题的能力。本章将带领同学们体验劳动权益谈判。

一、 劳动观摩站：劳动维权小故事

（一）劳动金句

努力建设高素质劳动大军。

劳动者素质对一个国家、一个民族发展至关重要。当今世界，综合国力的竞争归根到底是人才的竞争、劳动者素质的竞争。

健全劳动法律法规体系，为维护工人阶级和广大劳动群众合法权益提供法律和制度保障。

——习近平总书记在全国劳动模范和先进工作者表彰大会上的重要讲话

（二）职业讲堂

职场小白维护自身劳动权益的故事

毕业季，很多企业都会争先恐后地来到大学校园举办各式各样的招聘会，将优秀的毕业生招入麾下。而即将踏入社会的毕业生们也纷纷参加招聘会，以便能够挑选到合适自己的心仪岗位，顺利进入职场工作。

张同学在校园招聘会上看到了好几家公司都有自己心仪的岗位，于是积极投出简历等待回复。在陆续参加各公司面试后，张同学终于收到了人生中的第一份录用通知，这是他所投简历中工资待遇最高、岗位最喜欢、面试官最和善的企业。虽然后续张同学也陆续收到了其余几家公司的录用通知，但都被他拒绝了。

入职的第一天，张同学收到了他人生中的第一份劳动合同，合同约定：工作岗位为销售岗位，每周休息1天，每天工作10小时，合同期限3年，试用期6个月，试用期每月固定工资为3 000元，转正后工资另定，试用期期间不缴纳社保。张同学疑惑，劳动合同的约定和面试时所承诺的完全不一致，甚至工作岗位都不是专业对口的。经与公司人事经理和部门主管沟通，张同学得到的回复是，先积累一段时间的市场经验更有利于今后从事技术工作，市场竞争压力大，公司也需要投入培养成本，只要过了试用期，转正工资就会翻倍。就这样，张同学在半信半疑和半推半就中，签订了这份劳动合同，并开始上班。

一晃5个多月过去了，正当张同学想着马上就可以转正换岗加薪的时候，公司一纸辞退通知书让他始料未及，公司以不符合试用期录用条件为由单方面辞退张同学，并限令他在一天内完成工作交接。张同学感到疑惑，公司在他入职时没有告知转正的条件，现在也没有告诉他具体是基于什么原因未予以录用。

张同学被辞退后越想越觉得不对劲，他结合之前在大学时学习的劳动法课程，意识到公司可能是违法解雇，经咨询法律援助律师，张同学才知道公司已经严重损害了劳动者的合法权益。在律师的指导下，张同学准备了考勤记录、工资流水、劳动合同、辞退通知书、离职证明等相关证据，申请了劳动仲裁，请求事项为要求公司支付在职期间的加班工资和违法解除劳动合同的经济赔偿金。同时张同学向社保局和公积金管理中心投诉，要求公司补缴社保和公积金。

经过劳动仲裁审理，由于公司每月支付的 3 000 元工资不能覆盖张同学的加班时长，公司依法应当支付加班工资。同时公司既不能证明已经提前告知张同学试用期的录用条件，也不能证明张同学哪方面不符合录用条件，最终仲裁委支持了张同学的全部仲裁请求。社保局和公积金管理中心也责令公司为张同学按期足额补缴社保和公积金。

案例分析：劳动权益保障关系到每个劳动者的切身利益，尤其是刚毕业的大学生。通过学习张同学的维权经历，我们可以总结经验如下。首先，劳动合同签订之时，劳动者应当认真查阅工作岗位、工作地点、劳动报酬、合同期限等重要条款，确认条款约定是否符合自身需求；其次，劳动者入职时对于用人单位所订立的录用条件、岗位职责、规章制度等内容应当认真查阅，了解用人单位的用工管理要求；再次，劳动者要有证据留存意识，与劳动关系相关的任何材料如考勤记录、工资条、所签署的文件等均需保管妥当；最后，当意识到自己的劳动权益受损时，劳动者应当及时咨询律师，采取法律手段维护自身合法权益。

（三）诉讼律师的一天

8:30—8:50　起床洗漱，用完早餐后，前往律所上班。

8:50—9:00　到达律所整理今天要做的工作事项：上午有一个劳动争议纠纷案的一审开庭，开庭前约当事人到律所简单沟通开庭事宜；下午又安排了另外一个劳动争议纠纷案件的咨询接洽；日常处理手上跟进的其他诉讼案件事宜。

9:00—9:30　上午劳动争议纠纷案案件开庭的当事人到达律所，因为之前已经就案件基本情况和当事人进行过详细交流，所以本次沟通主要是与当事人核对上午开庭所需携带的证据原件，提前就庭审流程以及仲裁员在庭审过程可能会问到的问题和当事人进行沟通。

9:30—10:10　和当事人沟通完毕后，准备好案卷材料，一同前往劳动人事争议仲裁委员会开庭。

10:10—10:30　到达劳动人事争议仲裁委员会，按照开庭传票的指引找到对应的庭审室，将材料准备好，与书记员核验执业证原件后，等待开庭。

10:30—11:40　案件准时开庭，当事人是被申请人（用人单位），因申请人（劳动者）在试用期期间存在旷工、多次迟到早退、工作质量不达标等情形，不符合被申请人事先告知的试用期录用条件，被申请人以此为由解除劳动合同，现申请人诉求被申请人支付违法解除劳动合同的经济赔偿金。庭审中，仲裁员主要对被申请人是否有制定并告知申请人书面的试用期录用条件，有无固定申请人不符合试用期录用条件的证据，以及是否在试用期届满前告知申请人不录用等情形进行审查。

11:40—12:00　案件开完庭，确认并签署庭审笔录，对于庭审情况尤其是仲裁员问的问题和当事人进行沟通，讲解庭审逻辑，分析庭审重点，并且结合庭审争议焦点，庭后补充代理词提交劳动人事争议仲裁委员会。

12:00—14:00　午休时间，吃完午饭回到律所后，休息片刻后，准备下午的工作。

14:00—16:00　预约的劳动争议纠纷案件客户到达律所，沟通案件情况。公司以其工作不达标为由，直接辞退该员工，现员工来律所咨询申请劳动仲裁之事宜。经分析，公司存在违法解雇之情形，该员工可以诉求经济赔偿金，同时公司存在未足额支付员工加班工资和足额休满法定年休假的情形。明确诉求后，员工签订委托代理合同后，开始着手起草仲裁申请书、整理证据材料等事宜，并尽快完成立案工作。

16:00—16:30　与法院联系，跟进手上其他案件进展，并分别和当事人汇报案件情况。

16:30—18:00　撰写目前手上其他跟进案件的相关文书材料。认真熟悉明天开庭案件的证据材料，制作庭审备忘录。

18:00—18:30　总结今天的工作内容并形成工作日报。

18:30—20:00　晚餐。饭后适当锻炼身体。

20:00—21:30　打开在线会议软件，参加律师协会举办的线上讲座，学习其他同行在案件处理、业务拓展方面的专业知识及累积经验。

21:30—22:00　洗漱休息。

二、 劳动体验站：体验劳动权益谈判

通过法院以诉讼的方式来维护自身合法权益，往往是当事人在采取包括谈判、和谈、调解等各种非诉方式无果的情况下，迫不得已所做的最后选择。基于劳动争议的特殊性，在采取诉讼手段之前，劳动者应当先向用人单位所在地的劳动争议仲裁委员会申请劳动仲裁，经过劳动仲裁的法定前置程序后，若对结果不服，才可向用人单位所在地法院提起诉讼。这也意味着，劳动争议案件的整个处理周期可能要比其他类型的案件长一些。

实际上并非所有争议都必须走到诉讼这一步才能解决，哪怕案件已经进入审理阶段，只要双方有调解的意愿及空间，劳动争议仲裁委员会或法院也都会尽力促成调解。相反，如若双方都抱着"官司打到底"的心态，到最后反而可能达不到诉讼目的，还会消耗双方大量的时间、精力、金钱等成本，更会对整个司法资源造成浪费。

因此，在调解、和解过程中，若劳动者具备一些谈判经验及技巧，必定会有助于其在谈判桌上占据有利地位，从而更加高效、从容地维护自身合法权益。同时，亦可将劳动权益谈判的技巧迁移至其他谈判中，高效解决工作、生活中遇到的其他争议。为此，劳动体验站将展开劳动权益谈判的实践模拟，给予学生们切身的谈判体验，进而掌握谈判技巧。

（一）劳动权益谈判实践准备

1. 了解法律知识与谈判知识

（1）了解法律知识。掌握法律知识是劳动权益谈判的前提要件，以保证谈判过程在合法合规的基础上进行。我们可以通过图书、社交媒体、中国裁判文书网等方式，检索有关试用期定义、用人单位合法解雇、经济补偿金/经济赔偿金计算标准等内容的法律法规，以及各级人民法院对试用期解雇案件的判决。

注意要点：需要确认检索到的法条是否现行有效；从社交媒体检索信息时需要筛选来源主体是否可靠；案例检索以当事人所在地的中级人民法院为主，以所在地的县区级人民法院、高级人民法院以及最高人民法院为辅。

（2）了解谈判知识。谈判是一个通过不断调整各自需求，最终使谈判各方的需求得以相互调和、互相接近从而达成一致意见的过程。要提前熟悉谈判的一般流程，了解谈判的技巧，知悉谈判的价值，这样更有助于谈判实践的顺利进行。

2. 了解谈判主题与案件背景

在谈判正式开始之前，请同学们先了解本次谈判实践活动的主题与案件背景。

谈判主题：试用期解雇的谈判模拟

案件背景：

雷博是一名毕业不久的职场小白，2个半月前入职某公司，劳动合同签订的期限为1年，其中试用期3个月，工作岗位为销售经理。入职时公司与雷博书面确认试用期考核条件为：试用期内应当至少签订一个5 000元以上的订单。

现在试用期临近结束，公司没有看到雷博签字的销售订单，认为其没有达到考核条件。但是雷博却认为有笔15 200元的订单是自己争取来的，那家公司老板是雷博的邻居，前期谈判及报价跟进都是雷博负责的，但是签合同那天雷博因为生病所以让同事王涛在合同上签了字。同时，雷博在试用期内有10余次迟到行为，但是每次迟到都不超过5分钟；公司虽有考勤管理制度，但是并没有人按照考勤制度对雷博的迟到行为进行过任何警告或处分，月底结算工资时也没有扣罚。

现在，公司不想继续录用雷博，想让他自己辞职；雷博认为自己没有问题，不想退让，但是如果公司跟他谈不拢，按照法律规定拿到应得的利益后他也可以离职，不想跟公司有过多纠缠。双方约定某天下午两点半在公司会议室进行沟通谈判。

3. 做好具体实践安排

（1）人员安排。以班级为单位组织，可将全班同学分为用人单位方和劳动者方，各方内部自行组织做好知识准备。各方选举3名代表参与最终实际的谈判活动，其余学生为各方的后援团。同时需要邀请劳动法律从业人员或具有劳动争议调解经验的人员参与谈判全过程，并作复盘及点评。另需一名摄像人员负责摄像机架设及拍照工作。

（2）场地安排。可容纳班级全部人员的教室。教室中间相对放置两排桌子作为谈判桌，其余学生围坐即可。场地需配备电子屏或黑板。

（3）时间安排。预计60分钟，其中角色谈判25分钟，双方后援团参与补充谈判15分钟，点评、复盘20分钟。

（4）物料准备。印有劳动者方和用人单位方的桌签各1个、"谈判高手"奖杯2个、雷博的劳动合同2份、公司的规章制度1份、雷博签字的《试用期考核条件确认书》1份、王涛签字的15 200元销售订单1份、雷博跟进订单的微信记录打印件2份、考勤机导出的考勤记录1份、雷博请病假的假条1份、雷博员工档案（包括家庭关系、职业经历等）1份、摄像（照相）机1个。

4. 确认谈判目标

谈判实际上是双方在各自目标的指引下，相互妥协并最终达成一致的过程。因此，对于谈判双方而言，均需要明确己方的谈判目标，具体可以包括理想目标、最低限度目标以及可接受目标。在明确目标的过程中需要注意：罗列为达成一致己方可以做出的让步有哪些，并且按照重要程度排序；思考在谈判陷入僵局时是否有一些创造性建议，譬如做出一些非原则性的让步。

5. 形成谈判方案

各方确认完谈判目标后，应当梳理形成谈判方案。

用人单位方应当重点关注：订单归属确认是否合理，迟到行为是否可以作为解除理由，经济补偿金和赔偿金的成本分别有多少，员工家庭背景及个人负担情况，后续应对方式及行为等。

劳动者应当重点关注：试用期设置是否合法，是否有充足证据证明订单归属，迟到行为是否有正当事宜，迟到行为是否属于严重违纪的行为，自己长远的职业发展等。

（二）劳动权益谈判过程与操作要点

1. 角色谈判

围绕双方各自拟定的谈判目标，双方各自选定3个角色先进行谈判，由用人单位方开启谈判，谈判初期注意营造良好的谈判氛围。

用人单位方可以通过陈述不能胜任的事实、依据来提出己方的观点及意见，也可以通过先询问劳动者工作期间的感受和想法，然后逐步引导到谈判主题。

劳动者方则需要重点明确用人单位发起本次谈判的目的，并积极往己方的目标上进行争取。谈判过程中，建议结合自身实际情况，切忌确认或否认某些事项。如谈判中出现新状况，劳动者切忌贸然答应或明确拒绝，建议与用人单位说明需考虑后再作回复。

谈判过程及节奏由双方自行把控，但是当谈判出现明显僵局的时候，任课老师可以适时介入，引导谈判继续进行。

2. 后援团帮谈

针对角色谈判的情况，双方后援团可以继续围绕己方的目标补充谈判意见。一方面，注意不要重复之前已表达的观点，另一方面，尽量避免谈判破裂。

3. 谈判确认

后援团帮谈完毕，双方确认列出达成一致的内容，再最终确认是达成一致还是谈判破裂。如果谈判成功，现场确认离职协议的具体条款；如果谈判失败，各方需确认后续各自的行为方案。

4. 现场点评

点评嘉宾针对整个谈判过程进行复盘，重点关注双方在争议焦点确认、谈判技巧使用等方面的表现，并在全场范围内评选出 2 名"谈判高手"进行奖励。最后全体人员合影留念。

5. 成果展示

活动结束后一周内跟进大学生参加本次模拟谈判实践活动的实践报告，进行项目复盘，形成最终成果并留档活动照片和视频，本次实践项目正式结束。

（三）劳动权益谈判的原则

1. 证据留痕

在不侵犯他人隐私权的情况下，谈判期间全程录音，如双方系通过邮件、微信等电子方式往来，则建议保留好相应的原始载体。

2. 目标清晰

明确具体的诉求是指劳动者在有法律依据或事实依据的前提下尽可能地多提诉求，而不是随意提诉求或是提无理诉求，多提诉求的目的是在后期的谈判中给自身留出更多的退让空间，根据谈判的进度和效果不断调整诉求目标。除外，劳动者还要事先考虑清楚自己的退让底线，即明确最低可以接受的补偿方案，不足底线就不予同意。

3. 充分自信

既然双方选择劳动谈判这一方式解决争议问题，即意味着双方处于平等的谈判地位，因此劳动者应当具备充分的谈判自信和主动意识，促进问题和平解决。

（四）劳动权益谈判实践成果展示与分享

1. 图片展示

将图片制成 PPT，PPT 可以分为自我介绍、负责的谈判工作内容、经验与感想、致谢等部分。

2. 视频展示

分享者也可以根据自己的设想采用有特色的分享形式，如短视频等。

3. 体验分享

通过简单的问卷或询问，了解老师与同学对你分享的评价，提高以后的分享质量。

三、 劳动赋能站：劳动权益保护的内容与要求

要保障自身的劳动权益，劳动者应当了解劳动者权益的含义、特点以及主要内容。劳动者在争取合法权益的同时，也要清楚自身应履行哪些相应的义务。

1. 劳动权益的含义及特点

劳动权益是指劳动者在劳动关系中因付出劳动而依法享受的权利和利益。

劳动关系的基础是劳动合同，而合同的基本原则便是意思自治，即只要合同各方就合同内容达成一致即可，其他任何单位和个人都不得非法干预。但是意思自治并不意味着合同各方可以毫无忌惮地滥用自己的权利，例如不能给社会的公共秩序造成严重影响。具体到劳动合同中，由于用人单位作为具有一定经济基础、秩序结构、向心文化的组织，相较劳动者个体而言，用人单位一般在劳动合同内容的谈判方面具有优势地位，劳动者的个人权益也相对更容易受到侵害，所以国家以法律条文的形式对劳动者的合法权益进行兜底保护，以此维护劳动用工关系的和谐。所以劳动法属于典型的社会法。

2. 劳动者权益保护的内容

（1）就业权。劳动者享有平等的就业机会与就业权利，有权自由选择从事某种职业，劳动者的就业选择权不因民族、种族、性别、年龄、文化、宗教信仰、经济能力等而受到限制。

（2）劳动报酬权。劳动者付出体力或脑力劳动后有权享有劳动报酬，常见的劳动报酬包括计时工资、计件工资、奖金、津贴和补贴、加班加点工资以及特殊情况下支付的工资等。

（3）休息休假权。劳动者在法定工作时间外，有权自行支配时间。目前我国

"没身份"的实习生该如何维护自己的合法权益？

法律规定的休息休假主要体现在工作日的休息时间（一般指的是标准工时制下8小时工作时间外的休息时间）、休息日（星期六与星期日）、法定节假日（每年总计为11天）、带薪年休假、病假、丧假、婚假、产假及护理假和其他假期。

（4）劳动安全卫生保护权。劳动者有权要求用人单位提供符合相关规定的劳动物品、条件及环境用以保障自身的人身财产安全及心理健康，避免遭受职业危害。

（5）职业培训权。劳动者有权根据工作岗位及内容，结合自身实际情况，为提高自己的劳动技能而要求接受相关专业知识及实践操作的提升培训。

（6）获得社会保险福利权。劳动者自与用人单位建立劳动关系之日起，有权要求用人单位登记缴纳社会保险（具体包括养老保险、医疗保险、失业保险、工伤保险、生育保险）和住房公积金；而用工福利并非法律强制要求的，用人单位有权自主确定，劳动者可在入职时学习规章制度或以协议方式书面固定可享有的相应福利。

（7）提请劳动争议处理权。劳动者在劳动关系存续期间及终止/解除一年内，在认为自身劳动权益受到侵害时，有权向有关部门及机构提交处理劳动争议的申请。

除上述内容外，劳动者还享有以下权益：依法参加和组织工会，民主管理，参加劳动竞赛，向用人单位提出合理化建议，依法解除劳动合同，对用人单位管理人员违章指挥、强令冒险作业拒绝执行，对危害生命安全和身体健康的行为提出批评、检举和控告，对违反劳动法的行为进行监督等。

3. 严格履行劳动义务

劳动者诉求合法权益保护的前提条件便是履行相应的劳动义务。一般而言，劳动义务包括以下几个方面：

（1）完成劳动任务。劳动者应当严格按照用人单位制定的岗位职责和工作要求，努力完成相对应的劳动任务。

（2）提高职业技能。劳动者应当在劳动关系存续期间，不断提高自身专业能力及职业技术，在提高劳动效率的同时，也能保证个人价值与社会价值的统一。

（3）遵守劳动纪律和职业道德。劳动纪律和职业道德是劳动者坚守的最后一道道德底线，其相较于书面的规章制度，范畴更为宽泛；如果劳动者有严重违反劳动纪律的行为，用人单位有权单方解除劳动关系且无须支付任何经济补偿及赔偿。

（4）履行劳动合同约定的义务。用人单位自用工之日起即与劳动者建立劳动关系，双方应当在劳动关系建立之日起一个月内签订书面劳动合同。劳动者在签订劳动合同前，应当仔细审查试用期、工作内容、工作地点、工作岗位、劳动薪酬等与自身利益关联密切的条款，并本着诚信、尽责的态度履行约定义务。

（5）遵守用人单位依法建立和完善的规章制度。劳动法赋予用人单位用工自主权，用人单位可自行制定内部管理的规章制度，劳动者应当清楚了解并严格遵守用人单位依法制定的各项规章制度。

（6）不泄露用人单位的商业秘密。商业秘密是每个用人单位极为重要的核心利益之一，劳动者应当本着诚信的角度对自己在工作中接触到的各种信息做好保密工作，坚守作为一名劳动者最基本的职业道德及素养。

四、劳动提升站：总结、反思与评价

（一）劳动权益谈判实践总结

1. 知识总结

通过模拟劳动权益谈判的实践，学习劳动法律法规，学习常见的劳动关系纠纷问题及其对应的法律后果，掌握离职时各项劳动权益数额计算的法律规定。

2. 技巧总结

结合模拟谈判的实践情况，按照谈判前、谈判中、谈判后分别总结三个阶段的谈判技巧，并将谈判技巧学习迁移至其他谈判情形中。

3. 经验总结

通过模拟劳动权益谈判的实践，归纳知识点，提炼收获、经验和感想。

（二）劳动权益谈判实践反思与感悟

完成劳动权益谈判实践后，请进行自我反思和感悟，从而提升对劳动权益保障的认识，增强对劳动精神的理解。请同学们反思本次实践的过程、填写劳动权益谈判实践反思与感悟表（表15-1）。

表 15-1　劳动权益谈判实践反思与感悟表

时间：	地点：	模拟谈判主题：
我的优势（本次实践体验中我做得好的方面）		
我的劣势（本次实践体验中我做得不足的方面）		
我的反思（对劳动谈判的认识以及劳动权益保障的理解）		

我的感悟（对诚实劳动、勇于维权的精神感悟）	

（三）劳动权益谈判实践自我评价

完成劳动权益谈判实践后，请进行自我评价，填写劳动权益谈判实践自我评价表（表15-2），为本次的实践体验画上一个圆满的句号，为下次实践积累经验。

表 15-2　劳动权益谈判实践自我评价表

姓名：	
劳动权益谈判模拟的主题：	
劳动权益谈判模拟的参与角色：	
最终谈判结果：A. 用人单位方成功　　B. 双方协商一致　　C. 劳动者方成功	
期望参与的谈判主题和角色：	
学习态度（学习态度是否积极正面）： 在确定了劳动权益谈判的主题和角色后，是否有认真学习劳动相关的法律法规，是否有结合谈判角色的实际情况进行法律分析、确定符合法律规定的谈判方案	优秀 良好 一般 较差
谈判技能（应用相关知识的能力）： 在模拟谈判过程中，是否有熟练应用劳动法律法规，对于相关法律知识是否掌握全面，能否敏锐意识到谈判对方提出的问题点，是否熟悉整个谈判流程并尝试运用谈判技巧	优秀 良好 一般 较差
谈判结果： 最终谈判结果是否为预期结果或者优于预期结果，谈判过程中是否是己方在掌握谈判节奏，是否有准确预估到谈判结果的发展趋势	优秀 良好 一般 较差
谈判复盘： 模拟谈判结束后，是否有及时复盘总结，归纳己方不足之处，落实完善并且形成书面实践报告	优秀 良好 一般 较差

1. 电影:《十二公民》

影片主要讲述的是国内一所政法学校,由学生模拟组成西方法庭,12 位学长家长组成陪审团,审理一桩社会上饱受争议的"20 岁富二代弑父案"。12 位学生家长听取了学生法庭审理后,将对本案做出最后"判决"。家长们互不认识,通过案件的人证、物证等既有证据,就案件线索进行逐一讨论,并就自身观点进行激烈辩论,最终达成"审判结果"的故事。影片彰显了法律的严谨正义,以及庭审辩论的独特魅力。

2. 电影:《购物车》

影片主要讲述了在大型超市工作的非正式员工,每天兢兢业业、安分守己,但却因公司无故解约而在一天之内全部失去了工作。为了生计,这些普通平凡且束手无策的员工,联合起来与公司斗争,为自己争取合法利益。

3. 书籍:《劳动争议实务操作与案例精解》(王勤伟著)

该书从常见的劳动争议案件入手,选取了劳动争议纠纷中常见的 10 个方面的法律问题,并挑选来自近年来劳动争议仲裁委员会和人民法院审理中具有代表性的真实案件,就案件进行分析点评,从法律规定和实务操作两个方面阐述了用人单位与劳动者在日常劳动管理及处理劳动争议纠纷中应当注意的法律问题。本书以案释法,便于劳动者准确理解和掌握相关法律规定,正确理解法律规定背后蕴藏的立法精神,促进依法维权。

4. 电视节目:《现场》

《现场》是中央电视台社会与法频道的一档融媒体法治记录节目。节目聚焦法庭审理、公益诉讼、环境保护、海关稽查、海警巡查等各类司法及执法活动现场,对热点案件及重大法治事件进行现场深度报道。通过真实事件的记录报道,嵌入法律知识讲解,让电视观众了解法律程序与类型,感悟法律精神,学习法律知识。

［1］施春风.中华人民共和国乡村振兴促进法解读 [M].北京：中国法制出版社，2022.

［2］孙若风，宋晓龙，王冰等.中国乡村振兴发展报告（2021）（乡村振兴蓝皮书）[M].北京：社会科学文献出版社，2022.

［3］董旭花，张海豫.从头到脚玩绘本——如何从绘本阅读到绘本游戏 [M].北京：中国轻工业出版社，2019.

［4］王春光.从农业现代化到农业农村现代化：乡村振兴主体性研究 [M].北京：社会科学文献出版社，2021.

［5］中国法制出版社著.中华人民共和国农业农村法律法规全书（含全部规章及法律解释 2021 年版）[M].北京：中国法制出版社，2021.

［6］周小虎.面试幼儿园 [M].上海：华东师范大学出版社，2019.

［7］刘晓春.一位银行家的管理笔记 [M].北京：中信出版社，2019.

［8］卢秉恒等著.高端装备制造业发展重大行动计划研究 [M].北京：科学出版社，2019.

［9］林晓东.员工之过与银行之责：银行从业人员必须远离的 50 个法律禁区 [M].北京：法律出版社，2018.

［10］孙志春.装备制造业文化与职业素养 [M].北京：北京理工大学出版社，2018.

［11］李可为.集成电路芯片封装技术 [M].2 版.北京：电子工业出版社，2013.

［12］周翔.一园青菜成了精 [M].济南：明天出版社，2008.

［13］孙国华，冯玉军.银行法律基础知识 [M].北京：中国金融出版社，2004.

［14］马自强.银行应用文书写作 [M].北京：中国金融出版社，2002.

［15］朱乐尧.运营效率的灵魂与保障 [M].北京：中国金融出版社，2001.

［16］于奕雯.新型职业农民创新素养：内涵、结构及培育策略 [J].河北大学成人教育学院学报，2022，24(02)：21–27.

［17］赵文金.新型职业农民信息素养提升策略研究 [J].江苏科技信息，2022，39(05)：39–41.

［18］胡润，陈静.乡村振兴战略下新型职业农民核心素养的培育路径 [J].当代职业教育，2021(06)：88–93.

［19］赵春江，赵英霞.论乡村振兴进程中新型农民职业能力培育创新 [J]. 继续教育研究，2018(10)：27–34.

［20］朱玲娇.模拟实训活动中的"点评"与"总结"策略——以 ERP 沙盘实训为例 [J]. 职教论坛，2018(03)：62–65.

［21］李祎.落实《安全生产法》重在增强全民安全生产意识 [J]. 法制与社会，2016(31)：148–149.

［22］金百炼，许慧.综合实践活动阶段性成果交流展示的指导 [J]. 教学月刊·中学版（教学管理），2013(02)：40–42.

读者意见反馈

为收集对教材的意见建议，进一步完善教材编写并做好服务工作，读者可将对本教材的意见建议通过如下渠道反馈至我社。

咨询电话　400-810-0598

反馈邮箱　gjdzfwb@pub.hep.cn

通信地址　北京市朝阳区惠新东街 4 号富盛大厦 1 座
　　　　　高等教育出版社总编辑办公室

邮政编码　100029